中國學術思想 研究輯刊

三十編

林慶彰 主編

第 5 冊

徐復觀《周禮》學研究

郭成東 著

花木蘭文化事業有限公司

國家圖書館出版品預行編目資料

徐復觀《周禮》學研究／郭成東 著 — 初版 — 新北市：花木蘭
文化事業有限公司，2019〔民 108〕
序 2+ 目 2+186 面：19×26 公分
（中國學術思想研究輯刊 三十編：第 5 冊）
ISBN 978-986-485-860-6（精裝）
1. 徐復觀 2. 周禮 3. 研究考訂
030.8   108011709

ISBN-978-986-485-860-6

中國學術思想研究輯刊
三十編　第 五 冊   ISBN：978-986-485-860-6

徐復觀《周禮》學研究

作　　者　郭成東
主　　編　林慶彰
總 編 輯　杜潔祥
副總編輯　楊嘉樂
編　　輯　許郁翎、王筑、張雅淋　美術編輯　陳逸婷
出　　版　花木蘭文化事業有限公司
發 行 人　高小娟
聯絡地址　235 新北市中和區中安街七二號十三樓
　　　　　電話：02-2923-1455 ／傳真：02-2923-1452
網　　址　http://www.huamulan.tw 信箱 hml810518@gmail.com
印　　刷　普羅文化出版廣告事業
封面設計　劉開工作室
初　　版　2019 年 9 月
全書字數　155493 字
定　　價　三十編 18 冊（精裝）新台幣 39,000 元　　版權所有・請勿翻印

徐復觀《周禮》學研究

郭成東 著

作者簡介

郭成東，香港中文大學中國語言及文學系、香港新亞研究所碩士班畢業，現於香港神託會培基書院任職中國語文科教師，兼任聯課活動主任。學術興趣在周禮、經學、先秦諸子等方面，學士論文爲〈《周禮》杜子春注研究〉，在碩士班研讀期間獲得夢周文教基金會獎學金殊榮。

提　要

《周禮》，前稱《周官》，爲《十三經》之一。《周禮》的成書時代一直爲學者關注的問題。近代新儒家代表人物徐復觀先生晚年撰作《周官成立之時代及其思想性格》一書，旨在找出《周禮》的成書時代及中心思想。徐氏從《周禮》各種制度的內容作分析，與其他文獻內容作比較，並按古代思想發展的線索作驗證，認爲《周禮》爲王莽草創，而成於劉歆。在研究過程中，徐氏點出《周禮》一書的經學問題，如《周禮》非古文經、《周禮》爲古文經始於許愼說、鄭玄注《周禮》的訓詁用詞等，皆具有學術價值。

本文以探討徐氏《周官成立之時代及其思想性格》爲中心，以文本細讀、比較同期學者的研究等方法，考察徐氏的說法是否恰當，並論及其研究的價值與影響。第一章先概述徐氏的生平及學術成就；第二章論及徐氏研究《周禮》的緣起，並追溯徐氏《周禮》學的源起及衍生的流派。第三章分析徐氏《周禮》學；第四章指出徐氏《周禮》學的研究特色；第五章比較徐氏與當代學者的《周禮》研究；第六章總結徐氏《周禮》研究的貢獻和不足。筆者認爲徐氏的說法值得商榷，但其以思想發展考察成書時代的方法和文中提及的經學問題，則具有學術價值，並影響往後的《周禮》研究，值得受到重視。

郭成東〈徐復觀《周禮》學研究〉序

何廣棪　新亞研究所教授

　　《十三經》之《周禮》素稱難治，研究者撰文論辯，往往齟齬不休。前人研治此經，兩漢以迄隋唐，則著重於注疏；北宋而至晚清，則放眼於考究其書之撰人及其書之眞僞。撰者窮篇累牘，所成篇卷之富，足以充棟盈屋。民國以後，學人對《周禮》之研究又另開新頁，如徐復觀教授撰就《周官成立之時代及其思想性格》，即展開對《周禮》成書及其書之思想進行多方面之新探研，因而引起同時代學人爭相討論。廿年前，余仍任教臺灣華梵大學東方人文思想研究所時，即有同事金春峰教授撰著《周官之成書及其反映的文化與時代新考》，用與徐氏商榷。其後，大陸學者彭林教授則撰〈《周禮》成書年代研究〉，張國安教授亦撰〈《周禮》成書年代研究方法論及其推論〉加入切磋，辯論氣氛頗見熱烈。

　　至本書撰者郭成東君，亦篤嗜《周禮》，畢業香港中文大學中國語言文學系，其所撰之學士論文即爲〈《周禮》杜子春注研究〉。郭君所憑據者雖僅爲清人馬國翰《玉函山房輯佚書》所輯錄得之杜子春注 189 條，然其論文探究深邃，考據綿密，故亦厚有所獲，爲其他日跟進研治《周禮》，打下良好基礎。

　　溯余二零零九年暑期自臺灣退休，乃回歸母校新亞研究所服務。二零一五年九月，郭君考入本所碩士班文學組，隨余問學。修業期間，勤攻書卷，成績優異，屢獲師長推譽，榮獲本所頒發「夢周文教基金會獎學金」，亦良難也。郭君修畢學科學分後，乃與余斟酌碩士論文之選題。余以其既熟習《周禮》，入所後又好鑽研徐復觀教授之著作，爰以〈徐復觀《周禮》學研究〉爲題，指導其論文之撰寫。

　　郭君論文，以探討徐氏《周官成立之時代及其思想性格》一書爲中心，著重考察徐氏立論之當否，從而論及其書研究之價值與對後人之影響。全文凡六章，遍及於徐氏生平與學術、徐氏研究《周禮》之緣起、徐氏之《周禮》學、徐氏《周禮》學之特色、徐氏與當代學者《周禮》研究之比較，最後且考及徐氏《周禮》研究之貢獻與不足。內容既富贍，結構又完整，修辭安雅，考究且見深度。即其附錄之〈《周禮》與《逸周書》對照表〉、〈《周禮》與《大戴禮記》對照表〉亦寫來認眞細緻，頗有參研價值。論文撰成後，郭君出席答辯，對答如流，講論清晰，甚得鄧國光教授、許子濱教授二位校外考試委員好評，成績甲等。

　　邇者，余遊臺北，臺灣花木蘭文化事業有限公司總編輯杜潔祥先生與余談及郭君此書，多予褒譽，慨允給予出版，余固樂觀厥成。郭君請序於余，爰將其治學業績及撰作論文之經過，縷述如前，謹以爲序。

　　　　　　西元二零一九年五月十九日，何廣棪撰於新亞研究所。

目

次

導　言

　　徐復觀（1903～1982）爲現代新儒家的代表人物，在政治和學術上都有很大的成就和影響力。在探尋中國文化的源頭方面，現代新儒家一方面追尋中國文化流傳不息的統緒，另一方面重視儒家與六經傳承古代文化的重要作用。〔註 1〕思想史是徐氏的主要研究範圍，撰有《中國思想史論集》、《中國人性論史》、《兩漢思想史》等。思想史以外，徐氏亦把研究範圍延伸至文學、經學等方面。《周官成立之時代及其思想性格》正正能反映他的研究特色——把研究思想史的方法，運用在經學研究上。此書爲徐氏晚年的研究成果，嘗試以新角度考證爭論已久的《周禮》成書時代的問題。惟此書於《周禮》研究並未受到學術界高度重視，但其方法卻是進步的，並且對學術研究有莫大貢獻。本文擬據《周官成立之時代及其思想性格》一書，探究徐氏對《周禮》成書時代的看法、研究方法，及相關的經學問題。〔註 2〕

〔註 1〕 金小方：〈現代新儒家的文化自覺〉，《孔子研究》第 3 期（2005 年），頁 110。
〔註 2〕 《周禮》，原名爲《周官》。學者對其稱謂各有不同，或稱《周禮》，或稱《周官》。然《尚書》中亦有〈周官〉一篇，故本文爲便於理解和統一，除了學術專著名和引文外，其餘一律以《周禮》一名稱之。

第一章　徐復觀生平與學術

　　徐復觀是現代新儒家的代表人物，早期參與政治工作，與臺灣的關係特別密切。後期從事學術研究，其中以思想史爲研究重心。徐氏的學術成就和時政言論都受到中、港、臺三地學者重視，加上其在政治上具爭議性的角色，更讓人留意他的一舉一動。以下將分述徐氏的生平和主要學術成就，期對其學術生命有一梗概的瞭解。

第一節　徐復觀生平

　　徐復觀，原名秉常，曾改名佛觀，〔註 1〕於 1903 年 1 月 31 日生於湖北省浠水縣的一個農家，家境相當貧寒。父親是鄉村教師，徐氏由八歲起跟隨父親學習，十二歲考入高等小學。後於 1918 和 1923 年分別畢業於湖北省第一師範學校和湖北省立國學館，曾受業於國學大師黃侃（1886～1935）。〔註 2〕1928年前往日本留學，並組織了「群不讀書會」，專門研讀馬克思主義的著作。1931年開始，在國民黨軍隊任職，曾任陸軍少將，一直抱「由救國民黨來救中國」的想法。雖然他得到國民黨中樞高層的支持，但其多次向蔣介石（1887～1975）進言都不被接納。1943 年，師從熊十力（1885～1968），熊氏「亡國族者常自亡其文化」的教誨，使徐氏明白文化問題的重要性，開始由從事政治轉向研究學術。1947 年，徐氏在南京與商務印書館合作創辦《學原》月刊，結識了很多

〔註 1〕李維武：《徐復觀學術思想評傳》（北京：北京圖書館出版社，2001 年），頁 1。
〔註 2〕方克立、李錦全．《現代新儒家學案（下冊）》（北京：中國社會科學出版社，1995 年），頁 584。

知名學者，如楊樹達（1885～1956）、錢穆（1895～1990）、朱光潛（1897～1986）、唐君毅（1909～1978）、牟宗三（1909～1995）等。〔註3〕1949 年，他脫離國民黨，離開大陸，流亡到香港。在香港期間，他創辦《民主評論》雜誌，成爲五十至六十年代新儒家思潮的主要輿論陣地，〔註4〕並在 1958 年與張君勱（1887～1969）、唐君毅（1909～1978）、牟宗三（1909～1995）共同署名，發表《爲中國文化敬告世界人士宣言》，副標題是「我們對中國學術研究及中國文化與世界文化前途之共同認識」，成爲新儒家在港臺地區崛起的重要標誌。自1952 年起，徐氏先後在臺灣省立農學院、私立東海大學、香港新亞研究所擔任教授，並着力於思想史研究和撰作時政雜文。面對動蕩的時代，敢於論爭、敢於批評，故被人們共稱爲「勇者型」的儒者。〔註5〕《周官成立之時代及其思想性格》是徐氏晚年（1980）的著作，目的是希望從思想史的角度，了解《周禮》的內容，並考證其成書時代及中心思想。同年，徐氏不幸患上胃癌。至 1982年，因癌細胞擴散使病情惡化，於 4 月 1 日在臺灣大學醫院逝世。

第二節　徐復觀學術成就

　　徐復觀早年積極參與政治活動，常常提出自己對政治的看法和建議，故撰作了不少時政雜文，後結集成書，有《學術與政治之間》二集（1956、1957 年）、《徐復觀文錄》四冊（1971 年）、《儒家政治思想與民主自由人權》（1979 年）、《徐復觀雜文集》四冊（1980 年）、《徐復觀雜文集・續集》（1981 年）、《論戰與譯述》（1982 年）、《徐復觀最後雜文集》（1984 年）等。及後，由於在政治上的不得意，加上受到熊十力的指導，使徐氏的研究重心從政治轉到學術上。

　　在學術研究上，徐氏着力於思想史研究，特別是先秦兩漢的思想史，如翻譯日人著作《中國人之思維方法》（1953 年），又著有《中國思想史論集》（1959年）、《中國人性論史・先秦篇》（1963 年）、《公孫龍子講疏》（1966 年）、《兩漢思想史》三卷（1972、1976、1979 年）、《中國思想史論集續篇》（1982 年）等。

〔註3〕　《學原》編委會多爲留德學者，門檻甚高。《學原》在香港曾發行過兩期，後來因缺乏經費停刊。

〔註4〕　《民主評論》於 1949 年 6 月 16 日以半月刊形式出版，標榜以政治民主、經濟平等和學術思想自由爲原則。至 1951 年因未能繳納雜誌註冊費用而停刊半年，及後在臺灣復刊，至 1966 年 8 月停刊。

〔註5〕　李維武：《徐復觀學術思想評傳》（北京：北京圖書館出版社，2001 年），頁 33。

　　徐氏以思想史為研究的重心，因為他認為「沒有一部像樣的中國哲學史，便不可能解答當前文化上的許多迫切問題」。〔註6〕而他認為中國文化思想的起源在於先秦時期，因此在思想史的研究上，他以先秦時期作起點。至於他的思想史研究，並非以時序演進的形式寫出每個時期的思想史特徵和演變過程，而是「以特定問題為中心」。〔註7〕所謂「以特定問題為中心」，是指「先集中力量作若干有系統的專題研究，由各專題的解決，以導向總問題的解決」。〔註8〕如他著作的《中國人性論史‧先秦篇》和《兩漢思想史》三卷，都是以這樣的方式作研究核心，如前者談及「周初宗教中人文精神的躍動」、「《中庸》的性命思想」等；後者談及「漢代專制政治下的封建問題」、「《呂氏春秋》及其對漢代學術與政治的影響」等，從而梳理出先秦時期和兩漢時期的思想特徵。

　　除此之外，徐氏亦十分留意典籍中的專有名詞。他認為「過去研究思想史的人，常常忽略了同一抽象名詞的內涵，不僅隨時代之演變而演變；即使在同一時代中，也因各人思想的不同而其內涵亦因之不同」。〔註9〕因此，他會留意專有名詞在不同典籍上的意涵，如「性」或「性命」在《中庸》、《易傳》、孔門、孟子、荀子的分別。又如《中國人性論史‧先秦篇》展現了中國精神文化，由原始宗教向人文精神發展，直到人性論建立的漫長過程，揭示中國道德精神的內涵與價值，並創造「憂患意識」一詞，簡明扼要地抓住了中國文化的性格，成為當代使用頻率甚高的一個詞彙。〔註10〕至於《兩漢思想史》三卷，是其研究兩漢思想史中最具代表性的著述。徐氏認為「不了解兩漢，便不能徹底了解近代。即就學術思想而言，以經學、史學為中心，再加以文學作輔翼，亦無不由兩漢樹立其骨幹，後人承其緒餘，而略有發展」，〔註11〕可知徐氏對漢代學術思想的重視。此外，他亦強調思想史中的「發展」特質。在研究方法上，他亦「很小心的導入了『發展』的觀點，從動進的方

〔註6〕　徐復觀：《中國人性論史‧先秦篇》序（臺北：臺灣商務印書館，1969年），頁1。
〔註7〕　徐復觀：《中國人性論史‧先秦篇》序（臺北：臺灣商務印書館，1969年），頁1。
〔註8〕　徐復觀：《中國人性論史‧先秦篇》序（臺北：臺灣商務印書館，1969年），頁6。
〔註9〕　徐復觀：《中國人性論史‧先秦篇》再版序（臺北：臺灣商務印書館，1969年），頁2。
〔註10〕　李維武：《徐復觀學術思想評傳》（北京：北京圖書館出版社，2001年），頁75。
〔註11〕　徐復觀：《兩漢思想史（卷二）》，（臺北：學生書局，1979年），頁1。

面去探索此類抽象名詞內涵在歷史中演變之跡；及在演變中的相關條件；由此而給與了『史』的明確意義」。〔註12〕在他研究漢代思想史的過程中，亦讓他留意到漢代經學的一些問題，影響他在晚年進行的經學研究。

在文學研究上，徐氏著有《中國藝術精神》（1966 年）、《石濤之一研究》（1968 年）、《中國文學論集》（1974 年）、《黃大癡兩山水長卷的眞僞問題》（1977年）、《中國文學論集續篇》（1981 年）等。在《中國文學論集》、《中國文學論集續篇》中，輯錄了徐氏在文學批評、唐宋詩方面的研究。其研究的範圍十分廣泛，如涉及《文心雕龍》文體論、《人間詞話》、杜甫〈戲爲六絕句〉研究、李商隱〈錦瑟〉研究、韓偓詩研究、黃庭堅詩論等，亦有對近代文學作品或作家的研究，如《紅樓夢》、魯迅等。在類別上，詩歌、散文、小說、畫作等皆有研究，可見其學識淵博。其中，在《文心雕龍》的研究上，取得突破性的成就。學者指出，其用「追體驗」的方法來解讀古代文學，達到出神入化的地方，見前人之未見，發前人之未發。〔註13〕除了學術研究外，徐氏亦有創作，如古詩創作、時政評論等。

經學的研究，是徐氏晚年比較重視的，亦可以說是在研究思想史的過程中得到啓發，撰有《周官成立之時代及其思想性格》（1980 年）、《中國經學史的基礎》（1982 年）。他認爲「經學奠定中國文化的基型，因而也成爲中國文化發展的基線。中國文化的反省，應當追溯到中國經學的反省」。〔註14〕而撰作的原因是「已有的經學史著作，有傳承而無思想，等於有形骸而無血肉，已不足以窺見經學在歷史中的意義」，〔註15〕他的經學著作並非以詮釋經典爲核心，而是以思想史的角度爲中心，分別考察《周禮》的成書年代、文獻所體現的思想和經學在先秦至漢代的發展過程。傳統的經學研究，往往重視考據、訓詁，較少以思想史的角度考察經學問題。徐氏既重視思想發展，亦重視文字訓詁的考據，集合二者的方法從事研究，於當時可說是創新的。

《周官成立之時代及其思想性格》的研究方法正正是以思想和文獻作線索，考察一個爭論不休的經學問題——《周禮》的成書時代。〔註16〕徐氏以

〔註12〕徐復觀：《中國人性論史・先秦篇》再版序（臺北：臺灣商務印書館，1969年），頁 2。

〔註13〕李維武：《徐復觀學術思想評傳》（北京：北京圖書館出版社，2001 年），頁 87。

〔註14〕徐復觀：《中國經學史的基礎》自序（臺北：學生書局，1982 年），頁 1。

〔註15〕徐復觀：《中國經學史的基礎》自序（臺北：學生書局，1982 年），頁 1。

〔註16〕張玖霞、張社霞〈《周禮》作者與成書年代研究綜述〉一文中，概述大陸、台

思想發展的角度考察《周禮》的內容，加上文獻資料，嘗試考證《周禮》的成書年代。這種創新的方法，對後來研究《周禮》或研究經學者皆有所影響。

　　至於在治學方法上，徐氏如其他新儒家學者一樣，反對清代乾嘉考據學，其謂：「（中國學問的傳統文化）其中心乃在追求人之所以為人的道理，包括人與人之間，如何可以諧和共處在裏面，並加以躬行實踐……但這一文化傳統，在乾嘉學派手上，完全被否定了，這還有什麼中國文化可言。」〔註17〕徐氏在詮釋上「以今釋古」，把個人經歷和對現實世界的關懷揉合於研究裡，故謂「沒有五十年代臺灣反中國文化的壓力，沒有六十年代大陸反孔反儒的壓力，我可能便找不到了解古人思想的鑰匙，甚至我不會作這種艱辛地嘗試」。〔註18〕

　　簡而言之，徐氏著作豐碩，涵蓋政治、時事、思想史、經學、文學、藝術等層面。其中，思想史研究可以說是徐氏的研究重心，如《兩漢思想史》三卷即為其代表作。至於經學研究，是其晚年比較在意的範疇，啟發亦是源自過往研究思想史所得。徐氏認為就學術思想發展而言，漢代學術思想乃源頭，其後的發展都是由此而衍生、演變。在考察的過程中，難免要處理很多爭論不休的經學問題，而《周官成立之時代及其思想性格》便是一例。徐氏嘗試以研究思想史的方法，考察《周禮》的成書時代及其所體現的思想核心。

灣和日本對《周禮》研究的情況，總論指出「《周禮》作者與成書年代的探討，已經有大量有價值的論著出現，但此研究仍沒有定論。因此，系統全面地探討和總結《周禮》學研究是非常有必要的」。見張玖霞、張社霞：〈《周禮》作者與成書年代研究綜述〉，《文學語言學研究》下旬刊（2007 年 9 月），頁 4～5。
〔註17〕徐復觀：《中國思想史論集》（臺北：學生書局，1981 年），頁 261。
〔註18〕徐復觀：《兩漢思想史（卷三）》（臺北：學生書局，1980 年），頁 3～4。

第二章　徐復觀《周禮》學源流

　　章學誠（1738～1801）謂：「辨章學術，考鏡源流。」〔註 1〕研究學者的意見，亦需追溯其說之本源。研究有承襲，有創新。知其源，始知學說的流傳和演變；知其流，方知學說的發展和對後學的影響。徐復觀的《周禮》學研究對古人，乃至近代學者皆有所承，而其研究方法對以後研究《周禮》的學者亦有一定的影響。

第一節　《周禮》研究緣起

　　《周禮》的成書年代及真偽問題，是自古至今研究《周禮》的重心。〔註 2〕由漢代至清代，甚至現代治《周禮》的學者，無不就此問題作一番考證。〔註 3〕然而，歷代學者眾說紛紜，說法計有十多種。徐復觀認為文化的來源和內涵，能夠從經典中看出，故期望以思想史的角度，考證出《周禮》的成書年代，並書中所涵含的文化意義。

　　徐氏選擇《周禮》為研究對象，原因有二。第一，他認為古人誤信《周禮》為先秦作品，產生出一系列的學術問題。茲舉例如下：（一）《漢書》以

〔註 1〕　〔清〕章學誠；葉瑛校注：《文史通義校注》（北京：中華書局，2014 年），頁 1101。
〔註 2〕　葉純芳指出「從作者、成書年代、定名、源流到〈冬官〉是否亡佚，《考工記》又為何人所補，《周禮》是否劉歆偽造，歷代的學者都各有不同的解釋。各自揣度的結果，已逐漸成為《周禮》研究的歷史公案，也是後代每個《周禮》研究者必須面對的問題」。詳見葉純芳：《孫詒讓〈周禮〉學研究（下）》（臺北：花木蘭出版社，2013 年），頁 247。
〔註 3〕　周書燦曾綜述漢代至清代的《周禮》學研究，詳見周書燦〈20 世紀以前的《周禮》學述論〉，《河北師範大學學報（哲學社會科學版）》第 4 期（2006 年），頁 118～128。葉純芳《孫詒讓〈周禮〉學研究》一書中，有「清代《周禮》學探究」一章，概述清以前的《周禮》學發展，並詳述清代不同階段的《周禮》學發展。詳見葉純芳：《孫詒讓〈周禮〉學研究（上）》（臺北：花木蘭出版社，2013 年），頁 17～64。

《周禮》作周初信史的材料，後人便誤信《周禮》所載的制度是周代的制度，因而對周代的歷史有錯誤的理解；（二）許慎（58～148）援引《周禮》說明文字的原形原義，徐氏認為《周禮》非先秦作品，許慎卻以《周禮》為本，說明文字的原始意義，便是不當的做法；（三）鄭玄（127～200）注對《周禮》的回護，徐氏指出鄭玄為三《禮》作注，對於《周禮》內容不合理或不解之處，或避而不談，或砌辭回護，使後世不知《周禮》的真義。陳漢平《西周冊命制度研究》亦謂：「在當今的學界中，普遍有這樣一種情況，即在總體上不以《周禮》為周公時代的文獻，但是在言及周代政治和社會生活時卻每每引用其中的材料，似乎很是矛盾。」〔註 4〕對此，徐氏曾謂：「當代學者由錯誤考證所導出的錯誤想法，我一定要用更精確的考證來辨證。」〔註 5〕

　　第二，徐氏認為前賢對《周禮》的研究不足，如漢代馬融（79～166）、鄭玄（127～200）、唐代賈公彥（生卒年不詳）、宋代朱熹（1130～1200）、清代孫詒讓（1848～1908）、皮錫瑞（1850～1908）、廖平（1852～1932）、康有為（1858～1927），至近代顧實（1878～1956）、顧頡剛（1893～1980）、錢穆（1895～1990）等，雖對《周禮》作出一番研究，惟皆有錯誤和不足之處。徐氏指出，學者研究《周禮》往往只着眼於文獻資料，卻忽略了以思想作研究線索。他認為該考察《周禮》制度的思想意義，再與思想史作對照，找出《周禮》的制度屬於哪個或哪些時期的思想史，便可對其成書時代有所瞭解。

第二節　徐復觀《周禮》學之本源

　　徐復觀的《周禮》研究是在前人的基礎上推展，以下從研究結果和研究方法兩方面，追溯徐說的本源。

　　在研究結果方面，徐氏認為《周禮》乃王莽（前 45～23）、劉歆（前 46～23）合著，部分內容乃承襲漢以前的文獻。前人並無王莽、劉歆共同偽作《周禮》的說法，惟劉歆偽作《周禮》之說則早見於北宋時期，如司馬光（1019～1086）、蘇轍（1039～1112）、晁說之（1059～1129）、〔註 6〕胡安國（1074～1138）、胡寅

〔註 4〕陳漢平：《西周冊命制度研究》（上海：學林出版社，1986 年），頁 218。

〔註 5〕徐復觀：《徐復觀雜文續集》（臺北：時報文化出版事業有限公司，1981 年），頁 410。

〔註 6〕晁說之：「尊其名，不覈其實，玩其讀，莫適於事者，《周禮》之為書也。其出為最晚，劉歆初獻之新莽，莽即拜歆《周禮》博士者，乃傳焉。」見〔宋〕晁說之：

（1098～1156）、胡宏（1105～1161）父子、〔註7〕洪邁（1123～1202）、〔註8〕
包恢（1182～1268）、劉克莊（1187～1269）、稅與權（生卒年不詳）。〔註9〕及
至清人方苞（1668～1749）《周官辨》認爲王莽「誦六藝，以文姦言」，劉歆則「承
其意而增竄」。〔註10〕清季康有爲（1858～1927）《新學僞經考》云「至《周官經》
六篇，則自西漢前未之見，《史記・儒林傳》、《河間獻王傳》無之。其說與《公》、
《穀》、《孟子》、《王制》今文博士皆相反。《莽傳》所謂：發得《周禮》，以明因
監。故與莽所更法立制略同，蓋劉歆所僞撰也」。〔註11〕近代，梁啟超（1873～
1929）認爲「非歆自造，也許有所憑藉」。〔註12〕他認爲「劉歆爲新莽爭國，爲
自己爭霸，添上些去，自然不免，或者有十之一二，好像《左傳》一樣」。〔註13〕
日人津田左右吉（1873～1961）〈「周官」の研究〉一文雖無明確指出《周禮》的
作者爲誰，但他認爲《周禮》於西漢末期成書。他認爲《史記》提到的《周官》
與今本《周禮》完全不同，而且《周禮》所包含的陰陽、五行思想，儒家到漢代
才採納。此外，他認爲《禮記・王制》以前僅有《荀子・王制》，制度不夠完善，
因而需要另撰《禮記・王制》；《周官》以前僅有《禮記・工制》，所以必須制作
《周官》。《周官》比《禮記・王制》更爲詳密，故時代應在其後。〔註14〕徐氏的

　　　《嵩山文集》卷十四，載《四部叢刊續編》（上海：上海書店，1984年），頁8。
〔註7〕朱熹謂：「胡氏父子以爲是王莽令劉歆撰，此恐不然。《周禮》是周公遺典也。」
　　　見〔宋〕朱熹：《朱子語類》卷八十六（臺北：正中書局，1962年），頁3556。
〔註8〕洪邁謂：「歆之處心積慮，用以濟莽之惡。」詳見〔宋〕洪邁撰；孔凡禮點校：
　　　《容齋隨筆》（北京：中華書局，2005年），頁421。
〔註9〕朱彝尊《經義考》載「劉克莊曰：宏齋包公著《六官疑辨》。蓋先儒疑是書者非一
　　　人，至宏齋始確然以爲國師之書。一日，克莊於緝熙殿進講天官至漁人。奏曰：《周
　　　禮》一用於新室，再用於後周，三用於熙寧，皆爲天下之禍。臣舊疑其書，近見恢
　　　《疑辨》豁然與臣意合。陛下試取其書觀之，便見其人識見高，非世儒所及。上領
　　　之。是日，貴主將下降講退，見箱茭塞殿廡。竊意所奏未必留聖慮矣。及還，舍坐
　　　未定，得宏齋柬，謂有旨宣諭劉某奏卿有《周禮解義》可錄進呈。宏齋既奉詔，遂
　　　抄其書奏御。吳澂曰：毀《周禮》非聖經，在前固有其人，不若吾鄉宏齋包恢之甚，
　　　毫分縷析，逐節詆排，如法吏定罪辛難解釋。觀者必爲所惑。近年科舉不用《周禮》，
　　　亦由包說惑之也。然愚嘗細觀，深嘆其無識而已。」見〔清〕朱彝尊：《經義考》
　　　卷一二四，載《四庫全書》（上海：上海古籍出版社，1987年），頁9～10（總頁569）。
〔註10〕〔清〕方苞著；劉季高校點：《方苞集》（上海：上海古籍出版社，1983年），
　　　頁17～18。
〔註11〕康有爲：《新學僞經考》（長春：吉林人民出版社，2012年），頁62。
〔註12〕梁啟超：《古書眞僞常識》（北京：中華書局，2012年），頁140。
〔註13〕梁啟超：《古書眞僞常識》（北京：中華書局，2012年），頁141。
〔註14〕工藤卓司：《近百年來日本學者〈三禮〉之研究》（臺北：萬卷樓，2016年），
　　　頁80～81。

研究亦有涉獵津田氏的方向。徐氏的王莽、劉歆合著《周禮》說，大抵承襲自以上各家。不同的是，以上諸家談及劉歆偽作《周禮》時，缺乏有力的證據，皆只以劉歆把《周官》改名《周禮》，而王莽以《周禮》爲據改制作爲偽作的理由。徐氏亦明白諸家所忽略的，因此在論證的過程中，分別從王莽、劉歆的事跡，並比較漢代制度和《周禮》內容兩方面作進路，以求爲王莽、劉歆合著說提出更有力的證據。

在研究方法上，徐氏一方面建構「以官制表達政治理想」的思想史，一方面從文獻角度分析，從而找出《周禮》的成書時代。這種方法可以說是徐氏始用，徐氏以前的研究，往往集中在文獻角度分析，如錢穆《周官成書時代考》，以《周禮》制度內容對應社會現況比較，得出結果；亦有從思想史角度分析，如顧頡剛〈「周公制禮」的傳說和《周官》一書的出現〉一文，以周初的政治環境作起始點，繼而論及戰國時代，並孟子、荀子、管子主張的制度，止於西漢禮制的記載。顧氏從整體的政治環境來論述當中的演變，而徐氏則集中在《周禮》的核心——「以官制表達政治理想」的層面，了解西周以前至漢代關於「以官制表達政治理想」的思想演變。徐氏的研究方法雖不完全與顧氏、錢氏相同，但其重視思想和文獻兩種線索的思路，亦與顧氏、錢氏有所繼承。〔註15〕此外，日人宇野精一（1910～2008）著有多篇《周禮》的研究，他從「思想的要素」、「制度的要素」、「其他要素」三方面作切入點。徐氏表示曾參考宇野精一的研究，相信其研究方法，亦受宇野氏的影響。

第三節　徐復觀《周禮》學之流派

在研究結果上，承襲徐復觀說法的是侯家駒（1928～2007）《周禮研究》。侯氏認爲《周禮》並非全部偽造，乃是劉歆根據武帝時所獲《周官》，予以損益而成。其損益之原則，乃投王莽之所好；其損益所據，乃秘府所藏有關資料，以及窺探莽意而提出的己見。〔註16〕

〔註15〕彭林指出「近代有些學者開始將目光轉到《周禮》思想的時代特徵上，他們着力研究此書的思想脈絡」，當中提及的著作有：錢穆《〈周官〉著作時代考》、楊向奎《〈周禮〉內容的分析及其制作時代》、顧頡剛《周公制禮的傳說和〈周官〉一書的出現》、徐復觀《〈周官〉成立之時代及其思想性格》、侯家駒《〈周禮〉思想淵源》等。詳見彭林《〈周禮〉主體思想與成書年代研究（增訂版）》（北京：中國人民大學出版社，2009年），頁13～14。
〔註16〕侯家駒：《周禮研究》（臺北：聯經出版事業公司，1987年），頁27。

　　近代學者大多不同意徐氏的說法，但在研究方法上，徐氏的研究對往後的《周禮》研究則有較大的影響。徐氏的研究進路有二：一是以歸納法，建構中國古代「用官制表達政治理想」的思想史系統和把握《周禮》全書的結構；二是比勘，把《周禮》的思想內容和思想史發展過程中作比較，以找出《周禮》的成書年代。徐氏認為在思想史中言考據必然向三個層面擴展，其中一個是在歷史中探求思想發展演變之跡的層面。〔註17〕徐氏強調思想史中的「發展」，他認為不僅思想的內容由發展演變而來，而內容表現的方式，有時也有發展演變之跡可考。〔註18〕他指出過去研究思想史的人，常忽略同一個名詞，在同一個時代，也常由不同的思想而賦予以不同的內容。〔註19〕因此，他認為只有在「發展」的觀點中，才能把握到一個思想得以形成的線索。〔註20〕

　　徐氏以建構思想史，再以《周禮》制度的思想內容作比勘的研究方法，於《周禮》研究為第一人。往後的學者研究《周禮》都對「用官制表達政治理想」的思想發展作出研究，亦有以《周禮》全部的官制思想內容，歸納出其時代背景。如金春峰（1935～）《周官之成書及其反映的文化與時代新考》、彭林（1949～）《〈周禮〉主體思想與成書年代研究》皆從思想史和全書制度思想作研究。侯家駒《周禮研究》、徐啟庭（1949～）《周禮漫談》則全面從官制的思想中作研究。在金氏和侯氏的研究中，都有略及徐氏的研究方法。金氏的研究結果雖然異於徐氏，甚至對徐氏的思想線索分析加以駁斥，但其研究也是以「考證與思想分析相結合，用考證來確定《周官》成書的時代及其文化內涵的背景，用分析來系統說明《周官》各種制度的性質與全書的思想傾向」，〔註21〕其研究的進路與徐氏可謂同出一轍。至於侯氏的研究，其大綱中心部分亦以分析《周禮》不同官制的思想為主，且書中多處引用徐氏的研究，可知徐氏對其研究有影響。

〔註17〕徐復觀：《兩漢思想史（卷三）》（臺北：學生書局，1979年），頁4。

〔註18〕徐復觀：《兩漢思想史（卷三）》（臺北：學生書局，1979年），頁4。

〔註19〕徐復觀：《中國人性論史・先秦編》（臺北：臺灣商務印書館，1969年），頁2。

〔註20〕徐復觀：《兩漢思想史（卷二）》（臺北：學生書局，1976年），頁2。

〔註21〕金春峰：《周官之成書及其反映的文化與時代新考》（臺北：東大圖書股份有限公司，1993年），頁7。

第三章　徐復觀《周禮》學研究重心

　　《周官成立之時代及其思想性格》是徐復觀晚年着力的一項研究，希望以思想史作研究的切入點，加上文獻線索，以求解決一系列與《周禮》相關的經學問題，並且探究《周禮》所蘊含的思想特質。下文就其研究所得歸納成七個重點，並作出分析和評鑑。

第一節　《周禮》的作者

　　《周禮》作者問題爲歷代學者所重視，但眾說紛紜。徐氏的結論並非創新，但亦非完全承襲前人的說法。周何（1931～）《禮學概論》把作者問題概括爲「周公作」、「非周公所作」、「持平之論」三種。〔註 1〕《周禮》爲周公所作，是最早的說法。鄭玄云：「周公居攝而作六典之職，謂之《周禮》。營邑於土中。」〔註 2〕然而，古代文獻大多託名周公所作，故此說多不爲學者所採。

〔註 1〕詳參周何：《禮學概論》（臺北：三民書局，1998 年），頁 42～44。常佩雨〈《周禮》成書時代、作者及其價值論略〉一文中，根據《周禮》的成書時代、作者，分成「西周周公手作說」、「成書於西周，作者不詳說」、「作於春秋說」、「作於周室東邊之後，平王至惠王之間說」、「成書於春秋戰國之際，孔子及其弟子爲寫定說」、「成書於戰國說」、「成書於秦朝說」、「成書於漢初，專人寫成說」、「成書於西漢末年，由劉歆偽造說」九種，其分類更爲細緻，亦羅列古今學者所持何說。見常佩雨：〈《周禮》成書時代、作者及其價值論略〉，《湖北工程學院學報》第 1 期（2014 年），頁 9～21。王利明則按成書時代分成「春秋說」、「戰國說」、「周秦之際說」、「漢代說」四類，見王利明：〈《周禮》成書年代蠡測〉，《文化長廊》第 7 期（2014 年），頁 151。
〔註 2〕〔漢〕鄭玄注；〔唐〕賈公彥疏：《周禮注疏》（上海：上海古籍出版社，2010 年），頁 2。又賈公彥〈序周禮廢興〉謂「唯有鄭玄遍覽羣經，知《周禮》者，

〔註 3〕至於「非周公所作」一類，主要的說法有二：一是六國陰謀之書，〔註 4〕二是劉歆。〔註 5〕最後的「持平之論」，是嘗試調和兩者的說法，一般認爲《周禮》乃周公所草創的，但未曾實行，後來經過改易。〔註 6〕

前人雖有謂《周禮》乃劉歆所僞作，然而徐氏對此說並不感滿意。徐氏對《周禮》作者的看法，大抵是繼承第二種，而作出修訂的。他認爲單以劉歆一人，並不能僞作《周禮》，故他指出《周禮》乃王莽草創，經過劉歆所整理的一本未完成之書。簡單而言，即王莽、劉歆集團僞作《周禮》。徐氏認爲《周禮》的作者問題，一直「都缺乏可以籠罩全書大局的論證」。〔註 7〕以劉歆僞作《周禮》一說爲例，他認爲宋人有此說，是因爲「反對王安石援《周官》以變法爲背景」，而清代今文家則「陷在今古文的門戶之見中來處理這一問題」，故此他嘗試以思想發展和文獻資料兩方面作進路，以求使《周禮》作者的說法更具說服力。

徐氏認爲《周禮》草創於王莽，最後由劉歆整理的理據有三：一是王莽習禮，二是王莽依據周代禮制改定制度，三是劉歆能讀懂《周禮》。

首先，徐氏認爲研究《周禮》的作者問題，並不能忽視王莽在當中的角色。徐氏根據《漢書·王莽傳》「〔王莽〕受《禮經》，師事沛郡陳參，勤身博學，被服如儒生」，〔註 8〕指出王莽自小習禮，是重禮之人，故其對古禮有相當的認識。王莽第一次擔任大司馬時，更曾以《禮》黜傅太后的母親，最後被罷官。相隔五年多後，因哀帝崩而再任大司馬。徐氏據其性格推測，認爲在「五年多的韜光養晦的時間，以王莽的性格，也必有所作爲」。〔註 9〕徐氏

乃周公致太平之迹。」見《周禮注疏·周禮正義序》，頁 7。

〔註 3〕劉起釪引《左傳·文公十八年》、《尚書大傳》、《逸周書·明堂》，指出「這些都只是說周公制定周代制度，並沒有說他曾撰著《周禮》」。詳劉起釪：《古史續辨》（北京：中國社會科學出版社，1991 年），頁 622。

〔註 4〕賈公彥〈序周禮廢興〉記載林孝存和何休認爲《周禮》乃戰亂時期所作之書，以圖謀反。其謂：「附離之者太半，故林孝存以爲武帝知《周官》末世瀆亂不驗之書，故作《十論》、《七難》以排棄之。何休亦以爲六國陰謀之書。」見《周禮注疏·周禮正義序》，頁 7。

〔註 5〕劉起釪羅列「劉歆僞作《周禮》說」的有宋人胡安國、胡宏、司馬光、胡寅、蘇轍、晁以道、洪邁、包恢、稅與權；清人姚際恒、方苞、廖平、康有爲；近人梁啓超、崔適、錢玄同、顧頡剛、周予同等都持此說。詳見劉起釪：《古史續辨》（北京：中國社會科學出版社），頁 627～628、630。

〔註 6〕鄭樵《周禮辨》、《四庫全書總目提要》、朱彝尊《經義考》皆有相關記載。

〔註 7〕徐復觀：《周官成立之時代及其思想性格》（臺北：學生書局，1980 年），頁 2。

〔註 8〕〔漢〕班固著；〔唐〕顏師古注：《漢書》（北京：中華書局，1962 年），頁 4039。

〔註 9〕徐復觀：《周官成立之時代及其思想性格》（臺北：學生書局，1980 年），頁 51。

推測王莽有一定的作爲是合理的，《漢書》亦記載他「外交英俊，內事諸父，曲有禮意」，﹝註10﹞又曾因淳于長的才能居其前，而暗中找其罪，最後使淳于長伏誅。﹝註11﹞由此可見，《漢書》強調王莽與《禮》的關係。王莽得位，與其對禮的重視有關。徐氏以王莽對禮的熟悉，推測其在被罷官至再次擔任大司馬期間，必有所作爲——草創《周禮》。以王莽的性格言，徐氏的推測是合理的，既配合人物性格，亦與其對禮的熟悉相合。這種推測是合理的，然而，這也僅是一種推測，並沒有任何文獻能確切證明王莽曾草創《周禮》。

其次，由平帝元始五年開始，王莽有四次議禮的言論，其中四引《禮記》，兩引《周禮》。其中一次記載他「又頗改其祭禮」，徐氏認爲王莽「若無所制作」，則如何能「頗改定其祭禮」。而且，他曾謂「得盡力畢制禮作樂事」。此外，《漢書》記載他「據周制改變幣制」、下詔據《周禮》「開賒貸，張五均」之法，證明王莽熟識《周禮》。徐氏的說法是合理的，然而仍未有明證王莽草創《周禮》。王莽多次議禮，證明他對禮十分熟悉，但不代表他必然會草創《周禮》。至於「制禮作樂」一詞，徐氏認爲這暗示了王莽制作《周禮》的說法值得商榷。蓋「制作」一詞，不一定代表創造一件新事物。《史記・秦始皇本紀》「三十七年，兵無所不加，制作政令，施於後王」﹝註12﹞中，「制作」不一定是創作新政令，也可以指補充原有的政令，如周公制禮作樂實皆有所沿襲，亦有所損益，難以因「制作」一詞而指周公擬定的制度全是新創的。如此，王莽則不是草創《周禮》了。再者，王莽依據周制、《周禮》而改變漢制，只可以說是對古代禮制的認同。﹝註13﹞新莽時期以前，只有周、漢兩個朝代的制度爲人稱譽，且國祚長久。而王莽身處漢世，爲了立異，必不採漢制，故可採之法制，又令人信服的當選周制。因此，王莽採周制、用《周禮》，並非因爲他要推行自己所草創的。對於徐氏「制禮作樂」的分析，金春峰亦不以爲然。金氏指出該段文字的中心意思，是要求太后允許王莽不必爲母服三年

﹝註10﹞　〔漢〕班固著；〔唐〕顏師古注：《漢書》（北京：中華書局，1962 年），頁 4039。

﹝註11﹞　《漢書・王莽傳》「是時，太后姊子淳于長以材能爲九卿，先進在莽右。莽陰求其罪過，因大司馬曲陽侯根白之，長伏誅，莽以獲忠直，語在《長傳》」，見〔漢〕班固著；〔唐〕顏師古注：《漢書》（北京：中華書局，1962 年），頁 4041。

﹝註12﹞　〔漢〕司馬遷撰；〔唐〕司馬貞索隱；〔唐〕張守節正義；〔宋〕裴駰集解：《史記》（北京：中華書局，1982 年），頁 291。

﹝註13﹞　劉起釪指出「王莽所建官制，是自己亂據古意七拼八湊、奇形怪狀形成的。眞正依仿《周官》只建立了幾個卒正、連率等小官。實際上他沒有眞正實行《周官》」。詳見劉起釪：《古史續辨》（北京：中國社會科學出版社，1991 年），頁 624～625。

之喪，進言的對象是太后，而非以王莽爲對象。接下來「制禮作樂」數句則是羣儒通過表揚王莽攝政後的政績而稱讚太后。〔註14〕

最後，劉歆能讀懂《周禮》，則知其當整理《周禮》。徐氏的理據有二：第一，劉歆爲王莽所重用，獲安排負責「典文章」。第二，賈公彥〈序周禮廢興〉中提到《周禮》一書「唯歆獨識」。徐氏推測王莽第二次擔任大司馬後，「沒有『親自制作』的時間，只好委之於『典文章』的劉歆，由他整理成書」。〔註15〕關於劉歆僞撰《周禮》一說，早在宋代已流傳，至清康有爲更斷言爲劉歆所僞撰。錢穆〈劉向歆父子年譜〉對此作出反駁，指出據《周禮》設官一事，始見於平帝二月置義和官、外史、閭師。至劉歆奉詔爲太中大夫，相距不出半年，難以憑空僞撰。而劉歆事先不知王莽篡位，故不可能事先撰作。〔註16〕金春峰認爲，徐氏爲了彌縫劉歆個人僞撰的困難，改爲王莽、劉歆兩人合著說。〔註17〕徐氏的說法是合理的，然而並無明證，一如其言「推測」。《漢書・王莽傳》記載劉歆負責「典文章」。「典」字解作主持、主管，如《尙書・堯典》有「命汝典樂」句。劉歆負責主管文獻，是繼承父親劉向的工作，並非王莽處心積慮的安排，讓劉歆從中整理他所草創的《周禮》，〔註18〕而兩者的學術意趣亦有所不同。〔註19〕此外，賈公彥〈序周禮廢興〉中提到唯有劉歆獨識《周禮》。徐氏以此連結劉歆和《周禮》，認爲兩

〔註14〕 金春峰：《周官之成書及其反映時代新考》（臺北：東大圖書股份有限公司，1993 年），頁 234～236。

〔註15〕 徐復觀：《周官成立之時代及其思想性格》（臺北：學生書局，1980 年），頁 52。

〔註16〕 錢穆：「歆非能先見，必知莽之當漢政，又何緣爲此？」詳見錢穆：〈劉向歆父子年譜〉，《兩漢經學今古文平議》（臺北：東大圖書股份有限公司，2003 年），頁 81。

〔註17〕 金春峰：《周官之成書及其反映時代新考》（臺北：東大圖書股份有限公司，1993 年），頁 223。

〔註18〕 此外，楊新賓指出「建國元年之後，王莽本傳中關於劉歆的記載，基本都以負面消息爲主」，可知劉歆受王莽重用，似乎只是在王莽篡漢以前。詳見楊新賓：〈劉歆、王莽與《周禮》問題考辨〉，《理論月刊》第 12 期（2015 年），頁 73。

〔註19〕 王葆玹指出王莽和劉歆在古文經學中屬於不同派別，其謂「劉歆的興趣主要集中在《左傳》上，王莽的依據則主要來自《周禮》；劉歆所注重的『禮』主要是儀式，王莽所注重的『禮』卻是制度；劉歆不支持王莽『即眞』，對那些應合王莽篡位要求的『符命』或圖讖可能持冷漠態度，而王莽則熱衷符命，使古文經學與圖讖發生了聯繫」。此外，劉歆只推崇《禮古經》五十六卷，不重視《周官》；王莽則在參考《禮古經》的同時推崇《周官》，視爲改制的依據之一。詳見王葆玹：《今古文經學新論》（北京：中國社會科學出版社，1997 年），頁 112、131。

者關係密切，而劉歆整理《周禮》正好解釋「唯歆獨識」的原因。然而，《漢書·河間獻王傳》曾記載獻王得《周禮》一書，很大可能把《周禮》或《周禮》的抄本獻至秘府。〔註 20〕秘府乃宮廷保藏圖書秘記的地方，《漢書·藝文志》謂「建藏書之策，置寫書之官，下及諸子傳說，皆充秘府」。〔註 21〕秘府所藏書，並非一般人所能看到。〔註 22〕劉歆〈移書讓太常博士文〉曾提及古書「藏於秘府，伏而未發」，加上《周禮》的性質與其他記事的文獻不同，甚至說是六國陰謀之書而被禁，因此不被人所注意，〔註 23〕或不被廣泛流傳是可以理解的。

　　綜合而言，徐氏根據王莽的性格、歷史發展和文獻資料，認爲王莽草創《周禮》，再交由劉歆整理。徐氏的說法是合理的，然而並未具強而有力的明證。個人性格和歷史發展背後牽涉很多因素，可以推論出不同的結果。而徐氏所選取的文獻資料，在解說上略嫌牽強，如「制禮作樂」、「典文章」，可以指一般的整理工作，不一定有創新、撰作的意思。徐氏在推測《周禮》的作者上，重視思想發展與文獻的關係。然而，不免有以思想線索爲主，再連結文獻中相合的部分，加以推測。

〔註 20〕王葆玹則指出司馬遷寫《史記》時也不可能看到河間王國的文獻，因此《史記》和《漢書》對河間獻王收集古文舊書的記錄有所不同。王氏指出：「河間王國的官方文獻資料一直留在該國的王宮裡，到漢元帝時才有可能上交到中央，當時司馬遷已去世多年了。」詳見王葆玹：《今古文經學新論》（北京：中國社會科學出版社，1997 年），頁 118。

〔註 21〕〔漢〕班固著：〔唐〕顏師古注：《漢書》（北京：中華書局，1962 年），頁 1701。

〔註 22〕楊新賓認爲劉歆與《周禮》的關係並不密切，理由有四：首先，「依據《漢志》的體例，〈六藝略〉羅列典籍的順序是先古後今、先經後傳，而禮類典籍中，《周官》的位置比較靠後，不但晚於《禮古經》與當時立於官學之后氏及戴氏《禮經》，甚至也排在《記》、《明堂陰陽說》等傳記之後。可見劉歆對其（《周官》）未予留意，更不可能將之視爲周公制作的大法」；再者，「在《禮》類小序中，劉歆將重點放在了《禮》的梳理和評述上。如《禮》之緣起、傳承及《禮古經》發現的過程等，對《周官》無一字提及」；第三，劉歆「所爭立博士的典籍，也只限於《左傳》、《毛詩》、《逸禮》和《古文尚書》，也不及《周官》」；第四，王莽和劉歆的學術根基不一樣，王莽精於《禮》，劉歆長於《左傳》。詳見楊新賓：〈劉歆、王莽與《周禮》問題考辨〉，《理論月刊》第 12 期（2015 年），頁 71～72。

〔註 23〕王葆玹指出劉歆等人在居攝三年稱讚王莽「開秘府，發得《周禮》」，而在「發得」之前十四年，劉歆卻先已在《七略》當中著錄了《周官》。劉歆既早知《周官》存在，爲何要等十餘年後由王莽去「發得」？問題的答案應是明顯的，即劉歆對《周官》本未注意，眞正重視此書的乃是王莽。詳見王葆玹：《今古文經學新論》（北京：中國社會科學出版社，1997 年），頁 132～133。

第二節 《周禮》的成書年代

早期的《周禮》研究較多集中在作者問題上，然而大部分古籍往往並非成於一人，故學者轉移討論文獻的成書年代。〔註24〕楊天宇（1943～2011）曾就此問題作出整理，〔註25〕概而述之，有「作於西周」、「作於春秋」、「作於戰國」、「作於周秦之際」、「作於漢初」諸說。徐復觀從不同的角度作出考證，認為《周禮》由王莽草創、劉歆整理，部分內容為漢代始有。以下從三方面分述其觀點：

首先，徐氏從官制架構、官職和制度內容中作出研究，認為當中的設計於漢代以前皆無，甚至部分內容是為王莽度身訂造。王莽、劉歆偽作《周禮》，既是以托古的方法鞏固帝位，又是為了解決當時的社會問題。在王莽的時代，人民流亡是主要的社會問題，並衍生如盜賊橫生等問題。因此，《周禮》針對這些問題，以「均」的方法來解決貧富懸殊，又把管仲的內政寄軍令的範圍擴大，嚴密監控人民，以解決人民流亡的問題。徐氏試圖從制度所反映的思想性格作出論證，有關《周禮》制度的具體內容，下文將作具體分析，此處不贅。

其次，徐氏亦以文本互證的方式，指出《周禮》亦非全為王莽、劉歆偽作，當中有承襲漢以前的典籍內容。其中，《周禮》與《周書》、《大戴禮記》、《管子》有密切關係，如《周書·作雒》的地方規劃，乃《周禮·地官》規劃之所出；《周書·常訓》「政維今，法維古」啟發《周官》的全書結構、〈大聚〉啟發內政寄軍令的組織；《周書》和《周禮》同樣重視「藝能」的「藝」、重視賓客、有「極」和「均」的觀念，又以數字表達事物及道德法則；又《周禮》的部分官職內容，與《大戴禮記·朝事》多有相同；《周禮》的地方組織十分嚴密，組織的構成和《國語》、《管子》相類，特別是和管仲提出的內政寄軍令有密切關係。據徐氏考證，《國語》的相關部分，該是從《管子》而來，

〔註24〕 彭林指出「多數學者則是從《周禮》所載各種制度上尋找攻擊點，他們把《周禮》與先秦文獻相比較，或指出某一制度謬於史實，或證明某一制度為晚出，以此推定其成書年代」。此外，彭氏亦指出「近代不少學者注重運用金文材料研究《周禮》。金文是未經後人竄改的第一等史料，較之文獻材料，它能更真實地反映史實，理應受到重視」。詳見彭林《〈周禮〉主體思想與成書年代研究（增訂版）》（北京：中國人民大學出版社，2009年），頁10～11。
〔註25〕 楊天宇〈略述《周禮》的成書時代與真偽〉、《周禮譯注·前言》有「《周禮》的成書時代與真偽」一節，皆對此作出整理。

再重新編定。而《周禮》則是受了《國語》和《管子》二書所影響。徐氏認為《周禮》的作者資取了其他古代文獻的資料，再放進《周禮》當中。對於《周禮》資取的古代文獻，本文另有章節分析。

第三，徐氏從文字方面作出分析，考訂了《周禮》中「五嶽」、「三皇」、「三易」的用字問題，指出這些名詞或概念皆在西漢時才流行，論證《周禮》斷非周公所作，亦非戰國時期所作之書。

「五嶽」一詞，兩見於《周禮・春官》。徐氏指出《尚書・堯典》、《詩・大雅》毛《傳》皆言「四嶽」，而非「五嶽」。至《禮記・王制》始言「五嶽視三公」，則知「五嶽」一詞的流行，乃西漢時代之事。〔註26〕攷《周禮・春官》兩見「五嶽」一詞，一見於「大司樂」職，〔註27〕一見於「大宗伯」職。〔註28〕鄭注於兩處對「五嶽」的解釋略有不同，其中談及東南西北四嶽都一致，惟「中嶽」一作「雍州」，一作「嵩高山」。「雍州」一詞見於《尚書・禹貢》，惟提及大禹分天下為九州，以豫州為中心，故鄭注對中嶽的解釋非取自《尚書》。至於「嵩高山」，早見於《國語・周語上》。〔註29〕後漢武帝於元封元年曾登此山，並詔改為崇高山。鄭注或以此解釋「中嶽」。徐氏認為四嶽增至五嶽，始於秦統一天下之後，其據大抵源自《史記・封禪書》，其謂「至秦稱帝，都咸陽，則五嶽、四瀆皆并在東方」。〔註30〕徐氏「漢人始創五嶽」的說法，清人胡渭、邵晉涵已有提及。金鶚（1771～1819）《求古錄禮記》加以駁斥，指出《爾雅》已載有五嶽。金氏指出中嶽和其他四嶽不同，中嶽的設定是根據當時的首都中心地而定。因四嶽的作用是會見諸侯，而中嶽則是帝都之鎮。因此，不同朝代提到的中嶽而有所不同，〔註31〕若以嵩高山為中嶽，則或從殷制；

〔註26〕徐復觀：《周官成立之時代及其思想性格》（臺北：學生書局，1980年），頁181。

〔註27〕《周禮・春官・大司樂》「凡日月食，四鎮、五嶽崩，大傀異烖，諸侯薨，令去樂」，鄭注「五嶽，岱在兗州，衡在荊州，華在豫州，嶽在雍州，恒在并州」。詳見《周禮注疏》，頁852～853。

〔註28〕《周禮・春官・大宗伯》「以血祭祭社稷、五祀、五嶽，以貍沈祭山林、川澤，以副辜祭四方百物」。鄭注「五嶽，東曰岱宗，南曰衡山，西曰華山，北曰恒山，中曰嵩高山」。詳見〔漢〕鄭玄注；〔唐〕賈公彥疏：《周禮注疏》（上海：上海古籍出版社，2010年），頁657。

〔註29〕《國語・周語上》：「昔夏之興也，融降於崇山。」見徐元誥撰：王樹民、沈長雲點校：《國語集解》（北京：中華書局，2002年），頁29。

〔註30〕〔漢〕司馬遷撰；〔唐〕司馬貞索隱；〔唐〕張守節正義；〔宋〕裴駰集解：《史記》（北京：中華書局，1982年），頁1371。

〔註31〕金鶚〈五嶽考〉中謂：「此四嶽之名，唐虞夏殷周歷代所不變也。至于中嶽，

若以雍州爲中嶽，則或從周制，故不能因此而以爲漢人始創五嶽。

至於「三皇」一詞，徐氏認爲始見於《史記‧秦始皇本紀》。而《周禮‧內史》「掌三皇五帝之書」，鄭注並未能明確指出三皇五帝爲何人。〔註32〕後來，《春秋緯》以天皇、地皇、人皇爲三皇，王莽深信並以地皇爲年號。徐氏認爲「三皇」一詞於秦皇以後才出現，故《周禮》不可能是周公所作。〔註33〕攷《史記》亦有載三皇（多作「王」）、五帝二詞。《史記‧趙世家》記載武靈王的說話：「先王不同俗，何古之法？帝王不相襲，何禮之循？虙戲、神農教而不誅，黃帝、堯、舜誅而不怒。及至三王，隨時制法，因事制禮。」〔註34〕「帝王不相襲」句，「帝」、「王」該各有所指。「帝」，即文中提到的虙戲、神農、黃帝、堯、舜；「王」，即後文的「三王」，蓋指夏、殷、周的君主。先言「五帝」，再言「三王」，於《史記》中常見，如《史記‧李斯列傳》「是以地無四方，民無異國，四時充美，鬼神降福，此五帝、三王之所以無敵也」，〔註35〕又《史記‧叔孫通列傳》「五帝異樂，三王不同禮」〔註36〕等例子比比皆是。至於《周禮》記載內史掌三皇、五帝之書，實際指甚麼呢？上文叔孫通提及五帝、三王的「樂」、「禮」時，謂「禮者，因時世人情爲之節文者也。故夏、殷、周禮所因損益可知者，謂不相復也。臣願頗采古禮與秦儀雜就之」。〔註37〕從叔孫通的說話，可知五帝

非巡狩、朝會之所，特爲帝都之鎮，以其在邦畿之中，謂之中嶽。中嶽之名，歷代隨帝都而移焉。堯都平陽、舜都蒲阪、禹都晉陽，皆在冀州之域，故並以霍大山爲中嶽也。殷湯都西亳，在豫州之域，故以嵩高爲中嶽也。周武王都鎬，在雍州之域，故以嶽山爲中嶽也。」詳見〔清〕金鶚：《求古錄禮記》，（上海：上海古籍出版社，1995 年），頁 25～26。

〔註32〕劉起釪認爲古代文獻的作者「憑空提出『三皇五帝』這一稱謂，可是提不出甚麼人名，顯然只是被『三、五』概念支配久了，『三皇五帝』就像『三王五霸』一樣脫口而出，原未必就是實指三個甚麼『皇』的」。詳見劉起釪：《古史續辨》（北京：中國社會科學出版社，1991 年），頁 109。

〔註33〕劉起釪指出《周禮》的官名不出春秋之世，除了保存周、魯、鄭、衛四國官制原有者外，不少是受戰國制度的影響，更有不少是受漢代制度影響……「三皇五帝」一詞是習用後所採入，時間是必然在《呂氏春秋》之後。詳見劉起釪：《古史續辨》（北京：中國社會科學出版社，1991 年），頁 108。

〔註34〕〔漢〕司馬遷撰；〔唐〕司馬貞索隱；〔唐〕張守節正義；〔宋〕裴駰集解：《史記》（北京：中華書局，1982 年），頁 1810。

〔註35〕〔漢〕司馬遷撰；〔唐〕司馬貞索隱；〔唐〕張守節正義；〔宋〕裴駰集解：《史記》（北京：中華書局，1982 年），頁 2545。

〔註36〕〔漢〕司馬遷撰；〔唐〕司馬貞索隱；〔唐〕張守節正義；〔宋〕裴駰集解：《史記》（北京：中華書局，1982 年），頁 2722。

〔註37〕〔漢〕司馬遷撰；〔唐〕司馬貞索隱；〔唐〕張守節正義；〔宋〕裴駰集解：《史

的「樂」、三王的「禮」各有不同，而禮是按當時的情況而制定的，相信必定有文字記載，叔孫通才可搜集古禮和秦儀。如果以此內容理解內史「掌三皇五帝之書」，大抵就是指古代的典籍，特別是和禮、樂相關的典籍。把上古的君主歸納成五帝、三王，大抵是戰國以後的事，五帝實際所指不盡相同，但同指上古時候的君主。至於三王，在《史記》中亦無明指何人，大抵是指夏、殷、周三代的明君，故三王可能不實指三人，而是指夏、殷、周的賢君。徐氏認爲王莽誤信「地皇」爲三皇之一，而立年號，故在《周禮》中亦有三皇五帝的記載，是主觀地把王莽的行動，套用在《周禮》中。然「三王五帝」的說法，應該早在戰國後期出現。至秦統一時，群臣才以此對秦王作出建議，而非無中生有的說法。〔註38〕

　　至於「三易」之說，徐氏認爲是王莽、劉歆捏造的說法。《周禮·大卜》「掌三易之灋」、「以八命者贊三兆、三易、三夢之占」，又《周禮·簪人》「簪人掌三易」。徐氏指先秦沒有「三易」的記載，並且《易》在《周禮》出現之後，才偶有加上「周」字成「周易」一詞。《周禮》謂「三易」是連山、歸藏、周易。鄭注引杜子春的說法，指連山是屬宓戲、歸藏屬黃帝；孔穎達引《世譜》謂連山屬神農、歸藏屬黃帝。徐氏認爲說法不一，正是因前人並沒有此說，後來的學者不知此說法爲僞作，而嘗試加以注疏。攷《漢書·藝文志》無載《歸藏》一書，至晉荀勗《中經簿》和《隋書·經籍志》則有載。《太平御覽》引桓譚《新論》云：「《歸藏》四千三百言。是西漢末已有此書。《漢志》本《七略》，偶失載耳。」〔註39〕然而，據徐氏的說法，東漢學者或因《周禮》的出現而被誤導，但楊慎的說法亦未能證明桓譚確知《歸藏》的存在。然而，1993年3月湖北江陵市荊州鎮邱北村王家台15號秦墓出土394枚易占簡書。學者根據內容認爲相關的占簡屬於《歸藏》。雖然不同學者對相關竹簡的內容有不同看法，但基本上都認爲是屬於《歸藏》，當中的文字大約是戰國末年的抄本。〔註40〕若此，徐氏認爲王莽、劉歆僞作三易之說便不成立了。而且，《歸

記》（北京：中華書局，1982年），頁2722。

〔註38〕劉起釪認爲秦博士所知的三皇就只是天神中的三皇，所知的三皇名字就只有天皇、地皇、泰皇。詳見劉起釪：《古史續辨》（北京：中國社會科學出版社，1991年），頁110。

〔註39〕〔清〕嚴可均校輯：《全上古三代秦漢三國六朝文（第一冊）》（北京：中華書局，1958年），頁1（總頁104）。

〔註40〕梁韋弦認爲「文獻所記歷史上曾有過殷易《歸藏》的說法是可信的」。詳見梁韋弦〈《歸藏》考〉，《古籍整理研究學刊》第三期（2011年），頁4。

藏》簡的發現正正推翻了徐氏認爲王莽、劉歆僞作《周禮》的其中一個論據。
再者，《歸藏》簡的發現更能指出《周禮》的內容是參考了不同的文獻，當中
有屬於西周時期的產品，有屬於戰國末年的產物，亦有屬於漢初的產物。

有關《周禮》的成書時代問題，現時仍未有定論。如楊天宇所言，各種
說法都各有一定的理由，但都不可盡釋讀者之疑。〔註 41〕李晶曾把春秋官制
與《周禮》職官系統作出比較研究，其結論指出：

> 《周禮》中有超過三分之一的職官在春秋文獻和金文中可找到
> 根據，西周官制與春秋官制比較言之，後者更接近於《周禮》職官
> 體系。《周禮》書中的西周職官資料是作者添加進去的零磚散瓦，與
> 整個職官系統無涉。〔註 42〕

李氏從官制的內容作出具體分析，是可信的。至於《周禮》有關西周職官的
資料，是後來添加進去，或是作者在已有的零碎資料中建立《周禮》的官職
系統，則仍有可商榷的地方。〔註 43〕另外，許子濱比較《周禮》和《左傳》

〔註41〕 楊氏指出：「如持西周說者，就很難解釋《周禮》中爲甚麼有那麼多春秋戰國
乃至秦漢時代的材料，所謂後世增入說，也只是推測，很難有切實的證據。
持春秋、戰國諸說者，又很難解釋《周禮》中爲甚麼沒有鐵器和牛耕。持漢
初說者，則對於《周禮》中的畿服制和王權分封制與大一統的漢代所實行的
中央集權制的矛盾很難作出令人滿意的解釋，且《周禮》所設計的職官系統
與漢代的官制也根本不類，如果《周禮》的作者是漢人而以漢代的情況爲背
景來設計的建國規劃，怎麼可能搞出這樣一套同現實制度如此大相逕庭的東
西來呢？」詳見楊天宇：《周禮譯注·前言》（上海：上海古籍出版社，2004
年），頁 16～17。楊氏的分析得當，似乎難以單一的成書年代來論斷《周禮》
的成書時代。竊以爲《周禮》難以成書於一人一時，至於要證明後世如何增
入，即《周禮》的哪些內容實資取自哪種文獻，則仍需多作研究。

〔註42〕 李晶：〈春秋官制與《周禮》職官系統比較研究——以《周禮》成書年代的考
察爲目的〉，河北師範大學碩士論文，頁 52。另外，劉起釪引王國維說，指出
「除舉賣公獻〈大司樂〉、《大戴禮記·朝事》取〈典瑞〉等四職文，《小戴禮
記·內則》取〈食醫〉等三職文，〈燕義〉取〈夏官諸子〉職文外，復舉《禮
記·玉藻》取〈春官·占人〉職文，又先於漢武時賈誼《新書·禮篇》拜生
民之數及穀數，同於〈春官·天府〉、〈秋官·司民〉兩處職文」。由此證成先
秦確已有《周禮》之書存在。詳見劉起釪：《古史續辨》，頁 633。劉氏的立場
是「《周官》一書，最初作爲官職之匯編，至遲必成於春秋前期。它錄集自西
周後期以來逐漸完整的姬周系統以外諸國之官制，尤與戰國官制不相干」。詳
見劉起釪：《古史續辨》（北京：中國社會科學出版社，1991 年），頁 642。

〔註43〕 范文瀾〈經學講演錄〉則謂「今日的《周禮》，大約在戰國時出現。戰國時，
儒家將商、周、春秋各時期的官制匯編在一起，加上儒家的政治理想，形成
《周禮》一書」。詳見范文瀾：《范文瀾歷史論文選集》（北京：中國社會科學

的內容，指出兩者可以互證的地方就有八十八例，足以證明《周禮》部分禮文的制訂確有事實依據，可以論斷「周禮行於春秋時」。〔註44〕

第三節　《周禮》的思想：以官制表達政治理想

　　《周禮》的內容是古代的官制，而官制的官屬設置，蘊含著古人的天道思想，即把對天道的理解和官制結合，以求突顯官制的權威性。徐復觀從思想史的角度為進路，指出大約在戰國中期，古人開始以官制來表現政治理想，目的有二：一是提高政治效率，限制君權；二是把官制和天道思想結合，以構想一種理想性官制。而理想性的官制，就是把政治與天道相合，即把官制與代表天道的數字或陰陽五行拉上關係。

　　徐氏嘗試整理這兩種理想性官制在戰國至漢代的演變。在把官制與代表天道的數字拉上關係方面，他推測是始於「三公」、「九卿」。因為「三」這數字具理想性的意思，如《說文》指出「三，天地人之道也」、〔註45〕《周易》的卦象也是以三爻組成。這說法大抵是可信的。「三才」、〔註46〕「三極」〔註47〕等詞，皆以「三」字代表天、地、人，也就囊括了天地之間的一切。《論語》有「益者三友，損者三友」句，〔註48〕當中的「三」除實指三種有益、有害的朋友外，也有「完全」的意味。「公」，則是王以外最高的爵位。因此，「三公」合起來說就是具理想性的官位，使政治與天道相合。至於「九卿」，徐氏

出版社，1979年），頁304。楊向奎認為「就《周禮》所載的典章制度言，不可能偽造，沒人能夠憑空撰出合乎社會發展規律的政治經濟社會各方面的著作」。詳見楊向奎：《宗周社會與禮樂文明（修訂本）》（北京：人民出版社，1991年），頁291。

〔註44〕　許子濱：〈陳漢章《《周禮》行於春秋時證》析論〉，《變動時代的經學與經學家：民國時期（1912～1949）經學研究》第三冊（臺北：萬卷樓圖書股份有限公司，2014年），頁314。

〔註45〕　〔漢〕許慎編撰；〔宋〕徐鉉校定：《說文解字》卷一上（香港：中華書局，2009年），頁6（總頁9）。

〔註46〕　《周易·說卦》：「立天之道曰陰與陽，立地之道曰柔與剛，立人之道曰仁與義。兼三才而兩之，故易六畫而成卦。」見〔漢〕王弼注；〔唐〕孔穎達疏：《周易注疏》（北京：北京大學出版社，2000年），頁383～384。

〔註47〕　《周易·繫辭上》：「六爻之動，三極之道也。」見〔漢〕王弼注；〔唐〕孔穎達疏：《周易注疏》（北京：北京大學出版社，2000年），頁309。

〔註48〕　〔魏〕何晏注；〔宋〕邢昺疏：《論語注疏》（北京：北京大學出版社，2000年），頁257。

認爲「九」是從「三」演變出來的，概念是以自乘數或乘數體現天地生物。這種說法與《說文》「陽之變也」同，〔註49〕也是《周易》的說法。〔註50〕徐氏的說法可備一說。然而，「九」亦可解作「多」，如《公羊傳・僖九年》「葵丘之會，桓公震而矜之，叛者九國」，〔註51〕「九國」中的「九」言叛者衆，非實有九國，故「九卿」亦不一定指九個不同官職，而是泛指三公以下眾多的官職。然而，即便以「九」者囊括眾職的，其理想性的意味仍然存在。又如《呂氏春秋・十二紀》，把全年的日子分成十二個部份，如今天一年十二個月，以不同月份安排不同的工作，如天子於孟春正月要祈穀於上帝和命樂正入學習舞、冢宰於季秋九月要備收農事等，都是按古人對自然定律（即天道）的理解，而安排不同的官職，就是嘗試把現實的官制配合代表天道的十二月。

及至漢代，這種理想性官制繼續演變。徐氏指出，漢初文帝命博士作《禮記・王制》，當中的官制是承接着上文的三公九卿系統，其謂：「天子三公、九卿、二十七大夫、八十一元士。」〔註52〕當中的「三」、「九」、「二十七」、「八十一」，都是「三」的自乘數。當中的數字不一定實指官職的數量，但明顯地是刻意構成這種完整的結構，即徐氏所謂天道數字所代表的理想性。及淮南王劉安與其幕僚所著《淮南子・時則訓》中，則在每個月的後面，增加了官名，如「正月官司空」、「五月官相」、「十月官司馬」等。這是刻意把官職與代表天道的十二月拉上關係，但卻在規劃上缺乏邏輯。因爲相關的官職不會只在該月才工作，似乎只是把較重要的官職配上十二月，使官職更具理想性。《春秋繁露》中有兩篇文章記載官制，也記載了包含天道數字的官制，其中〈官制象天〉記載「王者制官，三公、九卿、二十七大夫、八十一元士，凡百二十人，而列臣備矣」。〔註53〕這裡的官制架構和《禮記・王制》的相同，卻補充說明了官職數字和天道的關係。其謂：

　　吾聞聖王所取儀，金天之大經，三起而成，四轉而終，官制亦

〔註49〕〔漢〕許慎編撰；〔宋〕徐鉉校定：《說文解字》卷十四下（香港：中華書局，2009年），頁8（總頁308）。

〔註50〕《周易・乾文言》：「乾元『用九』，天下治也。」見〔漢〕王弼注；〔唐〕孔穎達疏：《周易注疏》（北京：北京大學出版社，2000年），頁22。

〔註51〕〔漢〕公羊壽傳；〔漢〕何休解詁；〔唐〕徐彥疏：《春秋公羊傳注疏》（北京：北京大學出版社，2000年），頁260～261。

〔註52〕〔漢〕鄭玄注；〔唐〕孔穎達疏：《禮記正義》（北京：北京大學出版社，2000年），頁409。

〔註53〕蘇輿：《春秋繁露義證》（北京：中華書局，1992年），頁214。

> 然者，此其儀與？三人而爲一選，儀於三月而爲一時也。四選而止，
> 儀于四時而終也。三公者，王之所以自持也。天以三成之，王以三
> 自持。立成數以爲植而四重之，其可以無失矣。〔註54〕

「三起而成，四轉而終」，道出了三的理想性，以三月爲一時，一年有四時，故經歷四轉而完成。作者嘗試強調「三」、「九」、「二十七」、「八十一」等數字的理想性，然當中的解說並不明確。但可以肯定的是，作者身處的時代認爲這些數字代表天道是毋庸置疑的。此外，徐氏認爲〈爵國〉開始以官制配一歲的日數，使官制與天道作進一步的結合。〈爵國〉記載：

> 豪傑俊英不相陵，故治天下如視諸掌上。其數何法以然？曰：
> 天子分左右五等，三百六十三人，法天一歲之數。〔註55〕

《春秋繁露》這裡的說法，明顯是解釋官數的安排和天道數字有密切的關係。至於「三百六十三」這數字的來源，作者並無詳加解釋，徐氏亦未加以研究。「三百六十三」或「三百六十」（徐氏認爲三字爲衍字）代表天一歲之數，未知源自何時。不過，在《史記・天官書》記載：

> 塡星出百二十日而逆西行，西行百二十日反東行。見三百三十
> 日而入，入三十日復出東方。〔註56〕

這裡所指的是土星運轉一次的日數爲三百六十日，可知古人對天上諸星的運行有一定的認識。我們由此可推測古人對天一歲之數有一定的認識，但實際上源自何人何時，則仍須研究考證。但《史記・天官書》、《春秋繁露・爵國》的記載大抵不可能是虛構附會的。〈爵國〉是第一篇以三百六十官作爲官制來體現天道的資料。《周禮》亦有類似的情況，徐氏認爲《周禮》是受到〈爵國〉的影響。及至西漢末成書的《大戴禮記・千乘》記載的官制，把官名和天時相配，如：

> 司徒典春，以教民之不則時、不若、不令。成長幼老疾孤寡，
> 以時通于四壇。〔註57〕

> 司馬司夏，以教士車甲。〔註58〕

〔註54〕蘇輿：《春秋繁露義證》（北京：中華書局，1992 年），頁 214～215。

〔註55〕蘇輿：《春秋繁露義證》（北京：中華書局，1992 年），頁 238。

〔註56〕〔漢〕司馬遷撰；〔唐〕司馬貞索隱；〔唐〕張守節正義；〔宋〕裴駰集解：《史記》（北京：中華書局，1982 年），頁 1322。

〔註57〕〔清〕王聘珍《大戴禮記解詁》（北京：中華書局，1989 年），頁 157。

〔註58〕〔清〕王聘珍《大戴禮記解詁》（北京：中華書局，1989 年），頁 158。

司寇司秋，以聽獄訟，治民之煩亂，執權變民中。〔註59〕

司空司冬，以制度制地事，準揆山林，規表衍沃，畜水行衰濯
浸，以節四時之事。〔註60〕

徐氏認爲「司徒典春」、「司馬司夏」、「司寇司秋」、「司空司冬」和《周禮》
的「春官宗伯」、「夏官司馬」、「秋官司寇」不同。他指出《大戴禮記》是以
四官配四時，而《周禮》卻是以四時名官。徐氏的說法是牽涉到官制設計時，
是先有官制，再配以四時，還是以四時爲框架，再安排官職。竊以爲前者是
以四職來表達官制的全面，因四職可囊括四時；後者是建立理想的制度，表
現出制度的設立是按四時而定。兩者同樣把官職與四時連上關係，然而，我
們難單憑比較兩者的不同，來判斷兩者成書孰先孰後。

除了以天道數字與官制結合外，徐氏指出古代亦有以陰陽五行思想結
合官制的記載。〔註61〕徐氏認爲《管子‧幼官》是按照陰陽五行來分配政
令及衣服飲食的，以五行爲綱，將四時十二月配進去。〔註62〕攷《管子‧
幼官》載：

五和時節，君服黃色，味甘味，聽宮聲，治和氣，用五數，飲
於黃后之井，以倮獸之火爨。〔註63〕

八舉時節，君服青色，味酸味，聽角聲，治燥氣，用八數，飲
於青后之井，以羽獸之火爨。〔註64〕

七舉時節，君服赤色，味苦味，聽羽聲，用七數，飲於赤后之
井，以毛獸之火爨。〔註65〕

九和時節，君服白色，味辛味，聽商聲，治濕氣，用九數，飲
於白后之井，以介蟲之火爨。〔註66〕

〔註59〕〔清〕王聘珍《大戴禮記解詁》（北京：中華書局，1989年），頁159。
〔註60〕〔清〕王聘珍《大戴禮記解詁》（北京：中華書局，1989年），頁160。
〔註61〕王啓發《禮學思想體系探源》有「《周禮》與陰陽五行思想」一節。他指出「《周
禮》中所透露的齊學與魯學、陰陽家與儒家趨於融合的迹象則是一種先聲，
也是《周禮》的思想特點之一」。見王啓發：《禮學思想體系探源》（鄭州：中
州古籍出版社，2006年），頁211～215。
〔註62〕徐復觀：《周官成立之時代及其思想性格》（臺北：學生書局，1980年），頁12。
〔註63〕黎翔鳳撰；梁運華整理：《管子校注》（北京：中華書局，2004年），頁135。
〔註64〕黎翔鳳撰；梁運華整理：《管子校注》（北京：中華書局，2004年），頁150～151。
〔註65〕黎翔鳳撰；梁運華整理：《管子校注》（北京：中華書局，2004年），頁152～153。
〔註66〕黎翔鳳撰；梁運華整理：《管子校注》（北京：中華書局，2004年），頁154。

六行時節，君服黑色，味鹹味，聽徵聲，治陰氣，用六數，飲
於黑后之井，以鱗獸之火爨。〔註67〕

楊儒賓《中國古代思維方式探索》中認為《管子・幼官》大約作於春秋。全
篇的佈局是從「中」位開始，依次言「東」、「南」、「西」、「北」，明顯以空間
方位作為文、圖展開的構架。作者將君主置於中位，正說明「中」為君之本
位，而東南西北四宮分附於中宮之四方，表示作為中央政權的代表對國土四
方的統轄。〔註68〕他指出作者把東南西北四方與春夏秋冬四時相配。在五行
學說形成過程中，是先建立起四時和五方的統一，後來才與五行相配。〔註69〕
楊氏的說法和徐氏的不同，徐氏認為作者以五行為綱，才配以四時；楊氏則
認為先有四時、五方的統一，才配以五行的學說。

除了〈幼官〉篇外，徐氏指出《管子・五行》乃《周禮》天地四時六官
的雛型。〈五行〉篇以天地四時和「六相」相配，其謂：

昔者黃帝得蚩尤而明於天道，得大常而察於地利，得奢龍而辯
於東方，得祝融而辯於南方，得大封而辯於西方，得后土而辯於北方。
黃帝得六相而天地治，神明至。蚩尤明乎天道，故使為當時。大常察
乎地利，故使為廩者。奢龍辯乎東方，故使為土師。祝融辨乎南方，
故使為司徒，大封辨於西方，故使為司馬。后土辨乎北方，故使為李，
是故春者土師也，夏者司徒也，秋者司馬也，冬者李也。〔註70〕

日至，睹甲子木行御。天子出令，命左右士師內御……七十二
日而畢。〔註71〕

睹丙子，火行御。天子出令，命行人內御……七十二日而畢。
〔註72〕

睹戊子，土行御。天子出令，命左右司徒內御……七十二日
而畢。〔註73〕

〔註67〕黎翔鳳撰；梁運華整理：《管子校注》（北京：中華書局，2004年），頁157～158。
〔註68〕楊儒賓、黃俊傑編：《中國古代思維方式探索》（臺北：正中書局，1996年），頁318。
〔註69〕楊儒賓、黃俊傑編：《中國古代思維方式探索》（臺北：正中書局，1996年），頁320。
〔註70〕黎翔鳳撰；梁運華整理：《管子校注》（北京：中華書局，2004年），頁865。
〔註71〕黎翔鳳撰；梁運華整理：《管子校注》（北京：中華書局，2004年），頁868～869。
〔註72〕黎翔鳳撰；梁運華整理：《管子校注》（北京：中華書局，2004年），頁872。
〔註73〕黎翔鳳撰；梁運華整理：《管子校注》（北京：中華書局，2004年），頁874。

　　　　睹庚子，金行御。天子出令，命祝宗選禽獸之禁……七十二日
而畢。〔註74〕

　　　　睹壬子，水行御。天子出令，命左右使人内御……七十二日
而畢。〔註75〕

《管子・五行》把全年日數分成五部分，每部分分別佔七十二日，並且以金、木、水、火、土相配，以五行代表天道。而天子和各官亦按天道的規律而處理不同的工作，如在甲子之日，天子要下令司空内侍查列官爵，並論功行賞罰。至戊子，以土行御時，天子則須命司徒内侍以農事爲重，緩辦有罪者、減少徭役，以求五穀豐收。黃帝安排六相時，把他們與天地四時相配，就是刻意把官制和代表天道的方位（上下四方）拉上關係。把官制和方位連合，象徵全面的統治權。不過此處的官制和《周禮》的不盡相同。《周禮》的六官是配上天地四時爲官名，而〈五行〉則是把六相安排到不同的方位。徐氏認爲〈五行〉是先有六相，再分派到不同方位，配合天道，在發展上該比《周禮》早。

　　徐氏認爲上文《管子》有關官制和天道的記載，影響了董仲舒《春秋繁露》。《春秋繁露・五行相生》有以下的記載：

　　　　天地之氣，合而爲一，分爲陰陽，判爲四時，列爲五行。行者
行也，其行不同，故謂之五行。五行者，五官也，比相生而間相勝
也。故爲治，逆之則亂，順之則治。〔註76〕

這裡把抽象的天道，嘗試客觀地陳述。作者指出「天地之氣」可分爲「陰陽」、「四時」、「五行」，更把這些代表天道的事物與政治連上關係。若順着天道而行，政局才會穩定、順利；若逆天道而行，政局便會混亂。繼而，作者在代表天道的五行框架下，安放官職，如「司農爲木，在東方」、「司馬爲火，在南方」、「司營爲土，在中央」、「司徒爲金，在西方」、「司寇爲水，在北方」。五者彼此有相生的觀念，即「木生火」、「火生土」、「土生金」、「金生水」、「水生木」。這種循環不息的觀念，正正寓意天道運行生生不息，亦呼應前文「爲治，逆之則亂，順之則治」的意思。作者在這個框架下，安放五官，便是期望建立一種理想的官制。這種官制背後便有天道的權威性支撐着。

〔註74〕黎翔鳳撰；梁運華整理：《管子校注》（北京：中華書局，2004 年），頁 876。
〔註75〕黎翔鳳撰；梁運華整理：《管子校注》（北京：中華書局，2004 年），頁 878～879。
〔註76〕蘇輿：《春秋繁露義證》（北京：中華書局，1992 年），頁 362。

　　除此之外，徐氏指出《春秋繁露·五行相勝》把合理的政治內容，安排在非合理的五行格套之內，賦予了官職來自天道的莊嚴使命。目的是突破現實權力意志的干擾歪曲，以求政治理想有實現的可能。〔註77〕在〈五行相勝〉中記載：

　　　　夫木者農也，農者民也，不順如叛，則命司徒誅其率正矣。故曰金勝木。〔註78〕

　　　　夫火者，大朝，有邪讒熒惑其君，執法誅之。執法者水也，故曰水勝火。〔註79〕

　　　　夫土者，君之官也，君大奢侈，過度失禮，民叛矣。其民叛，其君窮矣。故曰木勝土。〔註80〕

　　　　金者，司徒，司徒弱，不能使士眾，則司馬誅之，故曰火勝金。〔註81〕

　　　　夫水者，執法司寇也。執法附黨不平，依法刑人，則司營誅之，故曰土勝水。〔註82〕

這裡的記載是把五行相剋的觀念套用到官制上。作者把官職與五行相配，相剋的觀念亦由此而延伸至官制上。誠如徐氏所言，把相剋的觀念安放到官職上，是無道理可言的。因為官職的設置本來是處理不同的工作，並沒有互相克制的概念。作者把官職和五行相剋的觀念掛勾，就是期望把五行相剋這種理想延伸至官制上，使官制能平穩發展，不會因某一官職的問題，而引致整個官制的敗壞。這種設計和安排，正正能體現作者對理想官制的想法。不過，《周禮》並沒有這樣的設計。《周禮》的官職安排並沒有相剋的觀念，反而是以嚴密的地方組織來限制、監察，以避免官制的崩壞。丁進在分析《周禮》六官的來源時，認為《周禮》「不是建立在陰陽五行思想基礎上的。它有陰陽觀念，卻沒有五行觀念，更不用說陰陽與五行的結合了。這個結論說明，《周禮》沒有受到戰國時代學說的影響，因此它的成書年代要早於戰國」。〔註83〕

〔註77〕徐復觀：《周官成立之時代及其思想性格》（臺北：學生書局，1980年），頁24。
〔註78〕蘇輿：《春秋繁露義證》（北京：中華書局，1992年），頁367。
〔註79〕蘇輿：《春秋繁露義證》（北京：中華書局，1992年），頁368。
〔註80〕蘇輿：《春秋繁露義證》（北京：中華書局，1992年），頁369～370。
〔註81〕蘇輿：《春秋繁露義證》（北京：中華書局，1992年），頁370。
〔註82〕蘇輿：《春秋繁露義證》（北京：中華書局，1992年），頁371。
〔註83〕丁進：《周禮考論——周禮與中國文學》（上海：上海人民出版社，2008年），

　　除了把代表天道的數字或陰陽五行放到官制中，對君主的職責和身分的概念也有轉變。最早記載官制的文獻為《荀子・王制》，當中「序官」的部分記錄了不同的官職，有宰爵、司徒、司馬、大師、司空、治田、虞師、鄉師、工師、傴巫跛擊、治事、司寇、冢宰、辟公、天王等十五職。其中，七個官職名稱亦見於《周禮》，且官屬職責亦有相近處。〔註84〕此處雖非完整的制度，但從記載亦能略知整個官制的梗概，其謂「政事亂則冢宰之罪也；國家失俗則辟公之過也」，〔註85〕則知天子（即「序官」中的天王）之下，以冢宰和辟公的權力最重，前者處理政事，即整個政治制度的運作；後者處理禮樂事宜，化民成俗。〈王制〉所載的官職權力，並非天子一人獨大，冢宰和辟公亦有一定的份量。雖然此處的天子仍有一定的權力，如「全道德，致隆高，綦文理，一天下，振毫末，使天下莫不順比從服，天王之事也」，〔註86〕但是與過往的天子一人掌權的情況有分別，及後官制中的天子權力甚至有弱化的情況。

　　至於《管子・立政》，徐氏以為是繼承《荀子・王制》的官職，且內容完全是對政教和人民負責的。攷〈立政〉內容，並不如〈王制〉般以天子為一職。天子依然在地位和權力上高人一等，但對不同官職的工作有明確的分類，如「修火憲，敬山澤林藪積草，夫財之所出，以時禁發焉。使民於宮室之用，薪蒸之所積，虞師之事也」，〔註87〕其餘還有「司空」、「由田」、「鄉師」、「工師」等四職。此外，在地方組織上也有明確劃分，如「分國以為五鄉，鄉為之師。分鄉以為五州，州為之長。分州以為十里，里為之尉。分里以為十游，游為之宗。十家為什，五家為伍，什伍皆有長焉」。〔註88〕以上安排的目的，

頁 62。

〔註84〕「司徒」、「司馬」、「大師」、「鄉師」、「司寇」、「冢宰」之名皆能見於《周禮》。「冢宰」、「司徒」、「司馬」、「司寇」更為六官之內。至於「司空」一職，見於《周禮・地官司徒》「既役，則受州里之役要，以攷司空之辟，以逆其役事」、《周禮・地官司徒・司救》「凡民之有邪惡者，三讓而罰，三罰而士加明刑，恥諸嘉石，役諸司空」、《周禮・秋官司寇》「以嘉石平罷民，凡萬民之有罪過而未麗于法而害於州里者，桎梏而坐諸嘉石，役諸司空」。依文意所見，「司空」該為《周禮》中的一職，可能是缺失的〈冬官〉一篇中的其中一職，甚或是「司空」即冬官。攷《大戴禮記》，「司空」一職和「司徒」、「司馬」、「司寇」地位同等。再細看以上《周禮》引文，司空的權力大，很多要接受徭役責罰的人，都交由司空處理。若司空只為小職，則未免權力過大。因此，「司空」或即冬官。

〔註85〕〔清〕王先謙：《荀子集解》（北京：中華書局，1988年），頁 171。

〔註86〕〔清〕王先謙：《荀子集解》（北京：中華書局，1988年），頁 171。

〔註87〕黎翔鳳撰；梁運華整理：《管子校注》（北京：中華書局，2004年），頁 73。

〔註88〕黎翔鳳撰；梁運華整理：《管子校注》（北京：中華書局，2004年），頁 65。

都是針對人民的生活。對於世襲制度下的王族血統或王室子弟的身分，並不多涉及，可見此處的官制並不只爲王室服務，而更強調對人民生活的影響。

　　徐氏認爲官制中天子權力弱化的思想，至漢代繼續演進。賈誼《新書》記載了一套理想的官制，而這種官制是以人民爲主體，並且天子的角色只是虛君，實際的權力在大相手中。這種演進，徐氏認爲是繼承着《荀子·王制》和《管子·立政》的思想。《新書·大政上》強調人民是國家之本，其謂：

> 聞之於政也，民無不爲本也。國以爲本，君以爲本，吏以爲本。
> 故國以民爲安危，君以民爲威侮，吏以民爲貴賤。此之謂民無不爲
> 本也。〔註89〕

此處強調人民是國家、君主、官吏的根本。因此，主宰國家命運的並不是天子，而是人民。這種「以民爲本」的思想，似乎是要解決王權高漲的問題，避免出現如商紂、周幽王般「一人喪邦」的局面。此外，在《新書·大政下》提及人民選取鄉吏的情況：

> 察吏於民，然後隨之。夫民至卑也，使之取吏焉，必取其愛焉。
> 故十人愛之有歸，則十人之吏也；百人愛之有歸，則百人之吏也；
> 千人愛之有歸，則千人之吏也；萬人愛之有歸，則萬人之吏也。故
> 萬人之吏，選卿相焉。〔註90〕

此處指出官吏有着人民的授權，強調的是人民對官吏的支持。背後牽涉到官吏本身的道德行爲，是否得到人民的信任和愛戴。雖然官吏的安排，並非由人民投票選出，但是作者認爲得民心是成爲官吏的先決條件。當然，這種敍述具有一定的理想性，因爲人民對官吏的要求，不一定以其道德行爲作先決條件。然而，《新書》強調了政治是以人民爲中心，而非天子。這與《荀子·王制》、《管子·立政》強調官吏爲人民服務的思想是一致的。

　　另外，《新書·輔佐》記載了作者構想的官制架構，以「大相」居首，「大拂」爲上執政，「大輔」爲中執政，「道行」、「調訊」、「典方」、「奉常」、「桃師」爲下執事職。徐氏認爲作者構想的大相，是當時丞相職權的擴大，擴大到不是對皇帝負責，而是對「大義」負責。〈輔佐〉對「大相」的職責有以下的記述：

〔註89〕　〔漢〕賈誼撰；閻振益、鍾夏校注：《新書校注》（北京：中華書局，2000 年），
　　　　　頁 338。
〔註90〕　〔漢〕賈誼撰；閻振益、鍾夏校注：《新書校注》（北京：中華書局，2000 年），
　　　　　頁 349。

> 大相，上承大義而啓治道，總百官之要，以調天下之宜。正身
> 行，廣教化，修禮樂，以美風俗；兼領而和一之，以合治安。故天
> 下失宜，國家不治，則大相之任也。〔註91〕

這裡記述「大相」的職權甚廣，總攬百官之要。但除了制度上的工作外，亦
強調對「大相」在道德行爲上的要求。「大相」需要「正身行」、「廣教化」，
達到「美風俗」的效果。更甚的是，把「天下失宜」、「國家不治」的責任，
都歸究到「大相」身上。過往，一般對於天下、國家的責任，都認爲是由天
子肩負的。此處把責任轉移至大相身上，就是把過往的王權弱化，天子成爲
「虛君」，而大相才是「實君」，掌握大權。徐氏認爲作者有這樣的構想，是
因爲瞭解專制政治的問題，即世襲制度下的天子並不一定才德兼備。徐氏的
推測是正確的，作者身處的時代，不能把世襲制度貿然廢棄。既然不能保證
天子是才德兼備，便要從輔助天子的官職入手，進行改革。作者認爲官吏有
着民意的支持，其可靠度比世襲的繼承人高。因此，作者期望以這個制度，
彌補專制政治的不足。這種把天子設計成「虛君」的思想，比《荀子‧王制》
更甚。而《周禮》的天子與此同樣是「虛君」，兩者之間該有互相承繼的關係。

《新書》的官制對官員有道德的要求，特別是「大相」。《大戴禮記‧盛
德》亦把官職與道德要求掛勾，並擴充至六官，其謂：

> 古之御政以治天下者，冢宰之官以成道，司徒之官以成德，宗
> 伯之官以成仁，司馬之官以成聖，司寇之官以成義，司空之官以成
> 禮。故六官以爲轡，司會均入以爲軜。故御四馬，執六轡，御天地
> 與人與事者，亦有六政。〔註92〕

此處把六官配六德。「冢宰」配「道」、「司徒」配「德」、「宗伯」配「仁」、「司
馬」配「聖」、「司寇」配「義」、「司空」配「禮」。雖然六德和對應的官職並無
必然的關係，甚至可以說是強加上去，但是這種附加的元素，正正就是官制設
計者對官員有道德上的要求。再者，〈盛德〉同樣把實權放在六官手上，天子的
角色也如「虛君」。因此，社會上所遭遇的問題，歸究到是六官的責任，故謂：

> 是故官屬不理，分職不明，法政不一，百事失紀，曰亂也，亂
> 則飭冢宰。地宜不殖，財物不蕃，萬民飢寒，教訓失道，風俗淫僻，

〔註91〕 〔漢〕賈誼撰；閻振益、鍾夏校注：《新書校注》（北京：中華書局，2000 年），
　　　　頁 204～205。

〔註92〕 王聘珍：《大戴禮記解詁》（北京：中華書局，1989 年），頁 146～147。

百姓流亡，人民散敗，曰危也，危則飭司徒。父子不親，長幼無序，
君臣上下相乘，曰不和也，不和則飭宗伯。賢能失官爵，功勞失賞
祿。爵祿失則士卒疾怨，兵弱不用，曰不平也，不平則飭司馬。刑
罪不中，暴亂姦邪不勝，曰不成也，不成則飭司寇。百度不審，立
事失理，財物失量，曰貧也，貧則飭司空。〔註93〕

政治的混亂、社會的不和不均等問題，都是因為六官分別在六德方面有不善
之處。然而，六德和六官的職能並不具密切的關係。但我們不難發現，作者
的設計明顯是把權力放重在六官上。《大戴禮記》是西漢末的作品，可見當時
對君主、主要官員的權力，和過往的已經不同。天子的權力下放，但在制度
上仍處尊貴的位置。

　　徐氏認為官制的發展大抵就是如上文所述的演進，並從官制特質，推測
《周禮》就是在以上的思想發展下衍生而成，是集大成之產物。在官制和天
道數字結合方面，《周禮》的官數是和代表天道數字的三百六十相合：

以官府之六屬舉邦治。一曰天官，其屬六十，掌邦治，大事則
從其長，小事則專達；二曰地官，其屬六十，掌邦教，大事則從其長，
小事則專達；三曰春官，其屬六十，掌邦禮，大事則從其長，小事則
專達；四曰夏官，其屬六十，掌邦政，大事則從其長，小事則專達；
五曰秋官，其屬六十，掌邦刑，大事則從其長，小事則專達；六曰冬
官，其屬六十，掌邦事，大事則從其長，小事則專達。〔註94〕

《周禮》設六官，六官以下分別有六十官屬，共三百六十官。作者刻意設計三百
六十官，象徵制度的完備，如三百六十代表全年的日子，寓制度能囊括一切。此
外，六官以下的官屬數量相同，同為六十官。徐氏認為作者刻意湊成這個數字，
以符合三百六十。竊以為作者平均地安排六官的官屬數量，還寓意着制度的平
衡，在設計上形成互相制衡的局面，不會有一官獨大，可見官制的理想性。除此
之外，有學者從《周禮》六官思想的來源看它的成書年代，指出「《周禮》完成
了它的時空建構，冢宰、司徒象天地，春夏秋冬司官象四季，加上三百六十屬官，
正好是三百六十六天，正是〈堯典〉所說的期年成歲之數。因此，《周禮》六官
是源遠流長的遠古職官的必然產物，絕對不是某人的憑空想象」。〔註95〕雖然《周

〔註93〕王聘珍：《大戴禮記解詁》（北京：中華書局，1989 年），頁 148～149。

〔註94〕〔漢〕鄭玄注；〔唐〕賈公彥疏；彭林整理：《周禮注疏》（上海：上海古籍出
　　　　版社，2010 年），頁 77。

〔註95〕丁進：《周禮考論——周禮與中國文學》（上海：上海人民出版社，2008 年），

禮》中並非所有官數亦以六或六的倍數為單位，但以「六」這數字組成的官職或制度亦不少，如「六典」、「六職」、「六聯」、「六鄉」、「六遂」等。上文提及過，「六」這數字代表着天道的完整性，如《易》有六爻、古有六律、六曆等。〔註96〕因此，《周禮》作者在設計官制，並擬定官數時，也帶有這種的思想。徐氏認為劉歆《三統曆》中也十分強調三百六十這個數字，認為和《周禮》有密切關係。有關《周禮》和《三統曆》的關係，後文將加以述及，此處不贅。

《周禮》除了在官數方面體現天道，在官名方面也體現天道。《周禮》以冢宰為天官、司徒為地官、宗伯為春官、司馬為夏官、司寇為秋官、司空為冬官。徐氏發現《大戴禮記‧千乘》除了「司徒典春」與《周禮》不合外，其餘官名與所典的時季，與《周禮》完全相同。但〈千乘〉以官職配四季，官名與四季是配合的關係。到了《周禮》，則不是配合的關係，即冢宰不是司天，冢宰即是天，而稱為天官、司馬不是司夏，而是等於夏而稱為夏官。徐氏認為這情況在《周禮》出現以前皆找不到類似的痕跡，而是一種演進的關係，是「長期演變中所突出的結論」。因此，他認為《周禮》的成立年代，不可能出現在戴德於漢宣帝編成《大戴禮記》以前。

此外，在天子的職權上，《周禮》也是以「虛君」的形式看待「天子」。《周禮》以天官冢宰為首，並其他五官分掌國家大小事務，至於「天子」的角色並不明顯。〔註97〕每年地方進行的考核，都是由不同的地方領袖負責，最大型的考核則由冢宰負責，並把結果呈報周王，以挑選人才。雖然名義上天子還是整個國家的領袖，但是實際的權力則旁落在六官，特別是冢宰手上。竊以為作者在設計官制時，以冢宰為天、司徒為地，已是明顯地把政治權力集中在六官身上。由此推測，作者設計時已瞭解「天子」掌實權的弊處，就是「天子」的才能並不能保證長久穩定。反而，設立官制以求改善這個問題。作者認為官職並無血緣性和世襲性，以官吏的才德勝任，比天子一代傳一代更有保證。相信作者或曾經身處過天子昏庸而使政治混亂的情況，因此設計這樣的制度，嘗試扭轉這些情況。

頁 62。

〔註96〕 工藤卓司指出，山田勝芳也留意到《周禮》中「數」的整合性，不同的制度中都出現「三」、「六」、「八」、「九」，實際上是與漢代受重視的「三」的關連，並指出這與宇宙的思維很密切，認為《周禮》繼承董仲舒「官制象天」的立場，以這些宇宙觀所帶來的規律作為國家經營的組織論、運用論之基本。見工藤卓司：《近百年來日本學者〈三禮〉之研究》（臺北：萬卷樓，2016 年），頁 129。

〔註97〕 熊十力〈原儒〉亦謂：「此經雖建王號以領六官，而王實為虛位。」見熊十力著；蕭萐父主編：《熊十力全集》第六卷（武漢：湖北教育出版社，2001 年），頁 398。

第四節　《周禮》的三個經學問題

　　徐復觀在研究《周禮》的成書時代及其思想性格時，指出有關《周禮》在經學上的三個問題：（一）史書中「周官」的實際意思。（二）《周禮》在今古文經的位置。（三）鄭玄《周禮》注中「故書」的意思。徐氏談及這三個經學問題，目的是希望從文獻資料中找出線索，以考察《周禮》的成書時代和糾正學者對《周禮》的錯誤理解。

（一）史書中「周官」的實際意思

　　首先，徐氏考證史書中「周官」一詞的實際意思，指出學者往往認為史書中的「周官」是指《周禮》的說法是錯誤的。研究《周禮》作者及成書時代，一般都離不開分析史書記載《周禮》的資料，藉此推測成書時代。徐氏認為《史記》和《漢書》裡記載的「周官」一詞，並不是全指《周禮》，或指《尚書・周官》一篇，藉以否定《周禮》在西漢的典籍中早有記載，或西漢以前已有流傳。

　　徐氏認為史書中「周官」是指《尚書・周官》，理據有四：第一，以《尚書》版本，考《漢書・景十三王傳》的「周官」非《周禮》；第二，根據《史記・魯周公世家》的文句考證；第三，《史記・封禪書》引《周官》文字，皆今《周禮》所無；第四，《周禮》鄭玄注曾提及《尚書・周官》和《周禮》二書。以下將作出闡述和考證。

　　首先，徐氏認為《漢書・景十三王傳》中，提及河間獻王喜歡古學，並記載其所得之書「皆古文先秦舊書，周官、尚書、禮、禮記、孟子、老子之屬，皆經傳說記，七十子之徒所論」。〔註98〕徐氏認為當中「周官」和「尚書」二詞該連讀，即〈周官・尚書〉。他認為此處的「周官」並非《周禮》，而是《尚書》裡其中一篇。他的理據是當時的《尚書》版本有二，一是伏生所傳的《今文尚書》本，一是孔安國所傳的《古文尚書》本。若此處的「周官」和「尚書」分別指二書，則此處以先秦古文寫成的「尚書」便是在今、古文《尚書》以外的版本，但史書並無記載有其他版本的《尚書》。因此，徐氏認為把「周官、尚書」連讀便可解決這個問題。然而，徐氏這個說法仍有不足之處。若此處的「周官」是指《尚書》中的一篇，何以沒有併合在《今文尚書》或《古文尚書》中？《史記》記載漢武帝時，河內女子獻上《泰誓》，合伏生所傳的二十八篇為二十九篇。若此處的「周官」為《尚書》中的一篇，則當時整理書籍的官員亦該把它合於《今文尚書》或

《古文尚書》中。然而，今、古文《尚書》皆無記載「周官」一篇，並且無提及相關〈周官〉的內容。觀《漢書・藝文志》的記載，並無明言所記之《尚書》爲河間獻王所得之書。竊推測河間獻王或無把書獻至秘府，或把這些以古文寫成的先秦舊書，先換成漢隸，再獻至秘府。然內容或與秘府所藏無異，故《漢書・藝文志》沒有特別標明爲河間獻王所獻。〔註99〕此處之「周官」若爲《尚書》一篇，該爲時人所注目，但史書並沒有記載。此外，在句子結構上，沒有其他先列篇名，次列書名的例子，故以「周官」、「尚書」爲二書作解釋較妥。

其次，徐氏根據《史記・魯周公世家》的文句作考證。《史記・魯周公世家》記載周成王安定天下時，周公撰作了不少篇章，其謂：「成王在豐，天下已安，周之官政未次序，於是周公作周官，官別其宜，作立政，以便百姓。百姓說。」〔註100〕〈立政〉爲《尚書》其中一篇，徐氏按文意推測，〈周官〉亦當爲《尚書》中的一篇。攷《史記・魯周公世家》，提及周公攝政時，按不同情況撰作，如「恐成王壯，治有所淫佚，乃作多士，作毋逸」。〔註101〕〈多士〉、〈毋逸〉皆爲《尚書》中的篇章，因此，徐氏認爲《史記・魯周公世家》中的的「周官」爲《尚書・周官》是正確的。然而，我們未能掌握《尚書・周官》的內容，不能清楚知道〈周官〉和《周禮》的關係，但兩者皆與「官政」相關，且又相傳是周公時所撰作，可見二書的關係密切。

第三，《史記・封禪書》有一段引自〈周官〉的文字，該段文字爲今《周禮》所無，故徐氏認爲〈封禪書〉提到的「周官」亦非《周禮》，而是《尚書・周官》。攷該段文字提及天子和諸侯按時祭祀天地的情況，其謂：

> 周官曰，冬日至，祀天於南郊，迎長日之至；夏日至，祭地祇。
> 皆用樂舞，而神乃可得而禮也。天子祭天下名山大川，五嶽視三公，
> 四瀆視諸侯，諸侯祭其疆內名山大川。四瀆者，江、河、淮、濟也。
> 天子曰明堂、辟雍，諸侯曰泮宮。〔註102〕

〔註99〕 劉起釪引《漢書・藝文志》、《周禮正義・序》、荀悅《漢紀・成帝紀》、陸德明《經典釋文・敍錄》、《隋書・經籍志》，指出「這些資料大都說《周禮》由河間獻王獻上，由劉歆請立爲博士」。詳見劉起釪：《古史續辨》（北京：中國社會科學出版社，1991年），頁620～621。

〔註100〕〔漢〕司馬遷撰；〔唐〕司馬貞索隱；〔唐〕張守節正義；〔宋〕裴駰集解：《史記》（北京：中華書局，1982年），頁1522。

〔註101〕〔漢〕司馬遷撰；〔唐〕司馬貞索隱；〔唐〕張守節正義；〔宋〕裴駰集解：《史記》（北京：中華書局，1982年），頁1520。

〔註102〕〔漢〕司馬遷撰；〔唐〕司馬貞索隱；〔唐〕張守節正義；〔宋〕裴駰集解：《史

此段文字不見於《周禮》和《僞古文尚書‧周官》。徐氏認爲此段文字必出自《尚書‧周官》，並認爲此〈周官〉便是河間獻王所得的〈周官〉。關於河間獻王所得的〈周官〉，前文已作析論，此處不贅。至於此段文字是否原《尚書‧周官》的佚文，則無從稽考。然而，《周禮‧春官‧大宗伯》有兩則相類的內容：

> 冬日至，於地上之圜丘奏之，若樂六變，則天神皆降，可得而禮矣……夏日至，於澤中之方丘奏之，若樂八變，則地示皆出，可得而禮矣。〔註103〕

> 以冬日至致天神人鬼，以夏日至致地示物魅，以禬國之凶荒、民之札喪。〔註104〕

兩段文字皆提及天子於冬日祭天、夏日祭地，似乎這是對祭祀天、地的傳統安排。至於「樂舞」一詞，同樣見於《周禮‧春官‧大宗伯》中，謂「以樂舞教國子舞《雲門》、《大卷》、《大咸》、《大韶》、《大夏》、《大濩》、《大武》。以六律、六同、五聲、八音、六舞大合樂，以致鬼神示，以和邦國，以諧萬民，以安賓客，以說遠人，以作動物」。〔註105〕「樂舞」是祭祀時所跳的舞蹈的總稱，與〈封禪書〉引〈周官〉「皆用樂舞，而神乃可得而禮也」的意思相合。此外，「天子曰明堂、辟雍，諸侯曰泮宮」句，亦見於《禮記‧王制》，〔註106〕其於此句前有「大學在郊」。比較二書的文字，〈封禪書〉所引此句較突兀，前文皆談及祭祀天地，視山爲三公、川爲諸侯，後文突然提及「明堂」、「辟雍」、「泮宮」等古代大學的名稱。雖然《禮記》成書於西漢，比〈封禪書〉所記爲晚，但《禮記》的作者把不少先秦時期的儒家學說重新整理，系統性比單引佚文的內容強。竊同意徐氏認爲〈封禪書〉所引的〈周官〉爲《尚書‧周官》的佚文，然而，如上文所言，佚文內容與《周禮》亦有相合的地方，也許《周禮》的編纂者曾參考此段資料。〔註107〕另一個可能性是，〈周官〉佚文、《周禮》和《禮記‧王制》

記》（北京：中華書局，1982年），頁1357。

〔註103〕〔漢〕鄭玄注；〔唐〕賈公彥疏：《周禮注疏》（上海：上海古籍出版社，2010年），頁845。

〔註104〕〔漢〕鄭玄注；〔唐〕賈公彥疏：《周禮注疏》（上海：上海古籍出版社，2010年），頁1065。

〔註105〕〔漢〕鄭玄注；〔唐〕賈公彥疏：《周禮注疏》（上海：上海古籍出版社，2010年），頁834～836。

〔註106〕《禮記‧王制》：「天子命之教，然後爲學。小學在公宮南之左，大學在郊。天子曰辟廱，諸侯曰頖宮」。見〔漢〕鄭玄注；〔唐〕孔穎達疏：《禮記正義》（北京：北京大學出版社，2000年），頁434。

〔註107〕工藤卓司引津田左右吉〈「周官」の研究〉指出「他（津田左右吉）首先留意

皆參考相同的資料，或把口耳相傳的說法重新整理。因此，三者所記的文字略有不同，但意義相類。由此可作證明，《尚書・周官》和《周禮》的關係密切。

第四，徐氏在《周禮》鄭玄注中，發現鄭玄知道有《尚書・周官》一篇，即鄭玄知有兩本不同內容的〈周官〉。在《周禮・天官・小宰》「以官府之屬舉邦治」句下，鄭《注》謂「六官之屬三百六十，象天地四時日月星辰之度數，天道備焉。前此者，成王作〈周官〉，其志有述天授位之義，故周公設官分職以法之」。〔註108〕徐氏認為「鄭氏看到了《尚書》中的〈周官〉，與他所注的《周官》，確為兩物。於是將《尚書》中的〈周官〉，屬之於成王，而將《周官》一書，屬之於周公」。〔註109〕他認為鄭玄作注釋時已發現了有兩種〈周官〉的問題，因此在注裡嘗試以成王、周公分別作不同的〈周官〉來作出調停。但徐氏認為鄭玄的說法與《史記・魯周公世家》「周公作《周官》，官其別宜」的內容有衝突。如果從字面上看「周公作《周官》」和「成王作〈周官〉」，謂二者矛盾是正確的。然而，「成王作〈周官〉」的「作」字是否必定解為「撰作」，則值得商榷。《孟子・滕文公下》記載「孔子懼，作《春秋》」，〔註110〕當中亦用「作」字，但我們知道孔子並沒有撰作《春秋》，只是把已有的《春秋》內容作出整理。又《說文解字》「作，起也」，〔註111〕有興起之意。興起，可以是指構想，不一定指個人做一件事。鄭《注》提到「前此者，成王作〈周官〉，其志有述天授位之義」，是指安排《周禮》中的具體官屬前，成王已有志於設立這個官屬制度，而具體安排則由周公處理。如此，竊以為「周官」是一是二的問題有三個可能性：一是「周官」實為一書，成王曾作出草擬，而內容的具體安排和補充則由

到《史記・封禪書》等所引的「周官」這一詞，雖可說當時被稱為《周官》之書確實存在，但因所引用的詞句並未收於今本《周禮》中，從而指出《史記》所載之《周官》可能與今本完全不同。且把文獻上古書的記載和河間獻王發現古書之說結合起來的是在西漢末年，而《漢志》所載的《周政》六篇、《周法》九篇、《河間周制》十八篇三者都視為西漢末年的偽作，可見西漢末年曾有古書偽作的風潮，他主張《周官》也是其中一例」。見工藤卓司：《近百年來日本學者〈三禮〉之研究》（臺北：萬卷樓，2016年），頁80。

〔註108〕〔漢〕鄭玄注；〔唐〕賈公彥疏：《周禮注疏》（上海：上海古籍出版社，2010年），頁77。

〔註109〕徐復觀：《周官成立之時代及其思想性格》（臺北：學生書局，1980年），頁40。

〔註110〕〔漢〕趙岐注；〔宋〕孫奭疏：《孟子注疏》（北京：北京大學出版社，2000年），頁210。

〔註111〕〔漢〕許慎編撰；〔宋〕徐鉉：《說文解字》（香港：中華書局，2009年，再版），頁165上。

周公完成，但這說法便要解決《史記・封禪書》引〈周官〉文字爲今《周禮》所無的問題；二是「周官」爲二書，成王所作的是《尚書》中的一篇，內容是「述天授位」，而周公所作的「周官」，即今之《周禮》，因內容是在成王〈周官〉的基礎上建立，故亦名爲「周官」；三是成王有撰作《尚書・周官》的意念，但成書的是周公，而周公再在成王〈周官〉的基礎上作具體安排，亦名作《周官》，成了今天《周禮》的依據。若嘗試把《史記・魯周公世家》和鄭玄《周禮》注的說法結合，則上文提到的第三種說法便可解釋。《史記・魯周公世家》所記「周公作《周官》」，是以完成者爲作者；而鄭玄注則是以構思者爲作者。若此，當時實有兩種〈周官〉，但《尚書・周官》早已散佚。然而，兩種〈周官〉的關係相當密切，《史記・魯周公世家》提到作〈周官〉的目的是「官別其宜」，而鄭玄注提到作《周禮》的目的是「設官分職」，兩者的目的相似。《尚書・周官》已散佚，今《僞古文尚書・周官》非原本，而今《周禮》經後人增刪，亦非原本，故不能把今之〈周官〉、《周禮》作比較。孫詒讓以爲，今所傳僞古文〈周官〉非鄭玄所見之本，亦無述天授位之說。若孫說所言眞確，則徐氏據〈周官〉與《周禮》作比勘，實未必妥當。因此，比較折衷又合理的說法是，周公把成王的構想寫成《尚書・周官》，及後他根據成王的構想，設計和安排具體官制而成《周官》一書，即今之《周禮》。

總的來說，徐氏提出「周官」是一是二的問題，在經學上是一個值得研究的題目。不過，若嘗試以《尚書・周官》理解史書中的「周官」一詞，以否定《周禮》成書於漢以前，則仍未有充分的理據。但從上文的分析可知，《周禮》和《尚書・周官》的關係密切，兩者的內容有相近的地方。〔註112〕至於二書的撰作時期孰先孰後，又或是否根據相同的文獻資料或傳統資料寫成，則仍需學者再加以探討。

（二）《周禮》在今古文經的位置

徐氏第二個探討《周禮》的經學問題是，《周禮》在今、古文經中的位置。今、古文經學是漢代經學史裡重要一環。當時的經學家據經書流傳的家法和

〔註112〕翟奎鳳認爲「周公作的《周官》很有可能就是今天的《周禮》或者說是《周禮》的祖本。這樣這個線索可能就很清楚了：周公『致政』前組織一個班子制定了《周禮》；成王正式執政後就按照《周禮》的精神向群臣作出說明和告誡，這就成了後世我們看到的《尚書》裡的〈周官〉」。詳見翟奎鳳：〈《尚書・周官》與《周禮》關係考論——兼談西周的公卿官學與孔子儒學〉，《太原理工大學學報（社會科學版）》第 2 期（2006 年），頁 26。

寫成的文字，把經書分成「今文經」和「古文經」兩類，並爭立學官。傳統的說法認爲《周禮》爲古文經，然而，徐氏提出反駁，並認爲《周禮》非古文經，論據如下：

（1）〈六藝略〉中凡係古文者皆特爲標出，且錄於一家之首。未標古文者皆爲今文。〔註113〕

（2）鄭玄作注，若辨古文本之異，皆曰「古文某爲某」，或「今文某爲某」。但其注《周禮》時則曰「故書某作某」，則知其所指或爲版本差異，非今、古文之差異。

《漢書‧藝文志》據劉向、劉歆之《七略》而「刪其要，以備篇籍」，〔註114〕故〈藝文志〉所記皆爲劉向、劉歆於祕府所見。攷〈藝文志〉所載古文經有五處：《尙書古文經》四十六卷、《禮古經》五十六卷、《春秋古經》十二篇、《論語》古二十一篇和《孝經古孔氏》一篇。〈藝文志〉在書名中加上「古」字，並序列其首，是要指出以上五書皆是以古字，即秦以前的文字寫成。在兩漢時期，「古文」可理解爲「壁中書」，即指如魯恭王壞孔子宅而得、以古字寫成的經書。〔註115〕然而，《漢書》記載從壁中所得之書，只有《尙書》、《禮》、《論語》和《孝經》，並未提及《春秋》。記載《春秋》爲壁中書的有王充（27～100）《論衡‧佚文》和許慎（58～148）〈說文解字序〉。〔註116〕不知王充和許慎根據甚麼資料得知有《春秋古經》，但大抵不是根據〈藝文志〉的內容。蓋《漢書》並無記載壁中或獻書中有《春秋古經》，然〈藝文志〉「《春秋古經》十二篇，《經》

〔註113〕徐復觀：《周官成立之時代及其思想性格》（臺北：學生書局，1980年），頁174～175。

〔註114〕〔漢〕班固著；〔唐〕顏師古注：《漢書》（北京：中華書局，1962年），頁1701。

〔註115〕許慎《說文解字》：「及亡新居攝，使大司空甄豐等校文書之部，自以爲應制作，頗改定古文。時有六書：一曰古文，孔子壁中書也……壁中書者，魯恭王壞孔子宅而得《禮記》、《尚書》、《春秋》、《論語》、《孝經》。」詳見〔漢〕許慎編撰；〔宋〕徐鉉：《說文解字》（香港：中華書局，2009年，再版），頁315下。東漢時多以壁中書爲古文，然壁中書實非只有魯恭王壞孔宅一事，《漢書‧藝文志》亦載「《禮古經》出於魯淹中」。蓋魯恭王壞孔宅一事爲當時大事，或所得之書多，故以此事統稱壁中書。

〔註116〕王充《論衡‧佚文》「恭王壞孔子宅以爲宮，得佚《尚書》百篇、《禮》三百、《春秋》三十篇、《論語》二十一篇」詳見〔漢〕王充著；張宗祥校注；鄭紹昌標點：《論衡校注》（上海：上海古籍出版社，2013年），頁409。許慎《說文解字‧序》「壁中書者，魯恭王壞孔子宅而得《禮記》、《尚書》、《春秋》、《論語》、《孝經》」，詳見〔漢〕許慎編撰；〔宋〕徐鉉：《說文解字》（香港：中華書局，2009年，再版），頁315下。

十一卷」下，班固注「公羊、穀梁二家」。〔註117〕《公羊》、《穀梁》於西漢前已流傳，這裡所指的古經也許是一直流傳在秘府中，由古文寫成的《春秋》。

至於《周禮》是否古文經的問題，若按〈藝文志〉所記古文經皆標出古文，且錄於一家之首的原則，則《周禮》並非古文經。然而，單憑此原則判辨《周禮》是否古文經或不準確。因爲〈藝文志〉所記乃秘府藏書，而《漢書》提及過《周禮》的地方爲〈景十三王傳〉，其謂「獻王所得書，皆先秦舊書，《周官》、《尚書》、《禮》、《禮記》、《孟子》、《老子》之屬，皆經傳說記，七十子之從所論」。〔註118〕此處指出《周禮》爲獻王所得之書，至於獻王有否把書獻進秘府，或所獻的《周禮》是原始版本，或是經校定的版本，則不得而知。〔註119〕攷五經流傳皆有今、古文之別，如屬古文之毛《詩》、費氏《易》等。〈藝文志〉載有《毛詩》二十九卷，班固亦無標爲古文，且錄於一家之首。此或與記載《周禮》的情況相似，兩經皆可以是古文經，惟存於秘府內的並非古文本，而是經校定而用今文寫成的本子。

許慎《說文解字・序》謂：「其偁《易》孟氏、《書》孔氏、《詩》毛氏、《禮》《周官》、《春秋》《左氏》、《論語》、《孝經》，皆古文也。」〔註120〕徐氏認爲此話證明許慎以爲《周禮》爲古文經，而後世亦因此有錯誤的理解。徐氏推測許慎有此誤解，蓋因馬融曾說《周禮》出於山巖屋壁，並且書中多存古字。孫詒讓《周禮正義》曾談及相關問題，其謂「至馬序云『出山巖屋壁』，祇謂薶藏荒僻，與淹中、孔壁絕無關涉」。〔註121〕至於許慎有否受馬融的話影響而認爲《周禮》是古文經，不得而知，但按字面的理解似乎是沒有的。竊以爲許慎此段「古文」一詞，非指壁中書，實泛指隸書以前的文字。蓋《說文解字・序》有「孔子書六經，左丘明述《春秋傳》，皆以古文」、〔註122〕「初

〔註117〕　〔漢〕班固著；〔唐〕顏師古注：《漢書》（北京：中華書局，1962 年），頁 1712。

〔註118〕　〔漢〕班固著；〔唐〕顏師古注：《漢書》（北京：中華書局，1962 年），頁 2410。

〔註119〕　工藤卓司引《禮記・禮器》和清儒俞正燮說，《漢志》的作者也認爲〈大司樂〉章即今本《周禮・春官宗伯・大司樂》。他指出「雖然無法確認當時是否已收於《周官》一書中，或者是否有被稱爲《周官》的書，但由《漢志》可知，在河間獻王得《周官》之前，可能已有今本《周禮》的一部分流傳」。見工藤卓司：《近百年來日本學者〈三禮〉之研究》，頁 75。

〔註120〕　〔漢〕許慎編撰；〔宋〕徐鉉：《說文解字》（香港：中華書局，2009 年，再版），頁 316 上。

〔註121〕　〔清〕孫詒讓著；汪少華整理：《周禮正義》（北京：中華書局，2015 年），頁 6。

〔註122〕　〔漢〕許慎編撰；〔宋〕徐鉉：《說文解字》（香港：中華書局，2009 年，再

有隸書，以趣約易而古文由此絕矣」、〔註123〕「郡國亦往往於山川得鼎彝，其
銘即前代之古文，皆自相似。雖叵復見，遠流其詳，可得略說也」〔註124〕等
句，當中「古文」一詞所指的，非特指壁中書，如孔子書六經、鼎彝銘文斷
非指壁中書。因此，上文所引〈序〉末所指各書「皆古文」，實指以先秦以前
的文字寫成，非謂皆出自壁中書。由此可知，許慎於《說文解字》實無明言
《周禮》為出自壁中的古文經。也許他知道河間獻王所得的《周禮》是先秦
舊書，是用古文寫成，故亦謂「古文」，而非指許慎知道秘府所藏有古文本《周
禮》。錢穆〈兩漢博士家法考〉一文中指出：「兩漢諸儒稱此諸書率曰《費氏
易》、《左氏春秋》、《周官》、《逸禮》，皆不冠以古文字。知文之今古，本不為
當時所重，當時辨學術分野，則必曰『古學』、『今學』，不稱『古文』、『今文』，
大略率如是」。〔註125〕錢氏認為要把「今文」、「古文」和「今學」、「古學」分
清，並指出：「『古學』者，乃指兼通數經大義，不守博士一家章句；『古文』
則指文字形制義訓之異於俗隸而言。」〔註126〕徐氏認為《周禮》不屬於古文
經學派，因為它是用當時流行的隸書所寫；但又不屬於今文經學派，因為《周
禮》並沒有由漢初經師所傳授下來的。竊以為徐氏「《周禮》既非古文經學，
又非今文經學」的說法是正確的。分辨經籍屬於哪個學派，並非單以其書寫
的文字。《詩》有今學，有古學，但漢人並非全看得懂先秦文字，把以古文字
寫成的典籍，以當時的隸書抄成是必然的。如錢穆和徐復觀所言，兩學派的
重點在於其是否守一家章句，還是兼通數經大義。《周禮》和《詩》、《易》、《春
秋》、《禮記》不同，《周禮》的流傳並沒有不同的家派，而《詩》、《易》、《春
秋》、《禮記》在流傳的時候產生了不同的家派。因此，《周禮》並不干涉屬於
今文經學或是古文經學的問題上。至於《周禮》被捲入今古文經學之爭，乃
因為劉歆曾爭立古文諸經博士、《周禮》又在王莽時曾設博士，而受到當時今
文經學派大力排斥，故學者把《周禮》和《左氏春秋》、《毛詩》等經混為一

版），頁 314 下。

〔註123〕〔漢〕許慎編撰：〔宋〕徐鉉：《說文解字》（香港：中華書局，2009 年，再
版），頁 315 上。

〔註124〕〔漢〕許慎編撰：〔宋〕徐鉉：《說文解字》（香港：中華書局，2009 年，再
版），頁 315 下。

〔註125〕錢穆：《兩漢經學今古文平議》（臺北：東大圖書股份有限公司，2003 年，三
版），頁 225。

〔註126〕錢穆：《兩漢經學今古文平議》（臺北：東大圖書股份有限公司，2003 年，三
版），頁 228。

談。實際上，今文經學派所以大力排斥，是由於利祿之爭。當時獲設博士的都是今文經學派，若朝廷爭設博士，即多一家之言，勢必對自身的利益有損，而並非學術上的眞僞抉擇問題。至於許慎《五經異義》的「古《周禮》說」，是否代表許慎曾見古文《周禮》，則仍存疑。蓋《五經異義》久佚，現存僅清人陳壽祺（1771～1834）所輯《五經異義疏證》。當中所載五經內容，大部份都在經書前標有「古」、「今」，以資識別，惟《周禮》只言「古《周禮》」，無「今《周禮》」，不知許慎確見古文《周禮》，或此「古」只代表不同版本的《周禮》，如鄭玄注所謂「故書」，則難以考究。

　　有關「故書」的問題，下文將再析述。總括徐氏認爲《周禮》非古文經的看法，竊以爲並未有充分的理據證明《周禮》非古文。《周禮》記載不少生僻字，或認爲是古字，徐氏認爲是奇字怪字，但我們難以單憑文字來判斷其屬於今文或是古文。再者，徐氏認爲《周禮》非古文經，乃與其認爲《周禮》乃王莽草創、劉歆整理相關。因爲若《周禮》爲古文經，王莽和劉歆僞作的說法便相對難以成立。然而，《周禮》作爲十三經之一，徐氏把它放在今、古文經學這重要的課題上探究，是具有珍貴的學術價值。

（三）鄭玄《周禮》注中「故書」的意思

　　至於鄭玄《注》中所謂「故書」的問題，徐氏認爲正好反映《周禮》並非古文經，因爲鄭玄用「故書」而不全用「古文」一詞。若二詞所指相同，則無必要分「故書」、「古文」；〔註127〕若「故書」是指不同版本的古文經，而這些版本存在着不少錯字，則流傳價值不高，注者不該如此保留。

　　對於「故書」一詞的理解，說法有二：賈公彥、阮元（1764～1849）和宋世犖（1765～1821）皆認爲「故書」即秘府所藏之古文本，與鄭玄的「今文」本相對；徐養源（1758～1825）和王鍔（1964～）則認爲《周禮》爲古文經學，無所謂今文，而「故書」所指爲古文本中的不同版本。〔註128〕李玉

〔註127〕徐復觀認爲「鄭注中有古文與故書對舉的。若故書是古文，何必不並稱爲古文。由他的對舉，也可證明古文與故書有別」。見徐復觀：〈答陳勝長先生「周官非古文質疑」〉，《中國思想史論集續篇》，頁622。

〔註128〕孫詒讓對「故書」、「今書」的問題亦有所研究。葉純芳歸納孫氏的說法有以下幾點：一、秘府藏本僅有劉歆得見，杜子春、二鄭從劉歆學《周禮》，應爲劉歆校過之本。二、所謂的「故書」，不必一定是秘府舊帙，只是比「今書」較早的版本。三、「今書」亦是當時治《周禮》者之傳寫本，如馬融、賈逵、張恭祖等皆是。葉氏指出，「在鄭玄時存有多本，傳寫不同，各家又有所改定，

平從訓詁學的角度作研究進路，認爲鄭玄《周禮》有「古文」、「故書」兩個術語，分別承擔不同的職責。「古文」是指「比鄭玄所見古文經《周禮》文字更早的文字寫法」，是「歷時溝通字際關係術語」，屬訓詁學術語；「故書」則是「溝通《周禮》不同版本用字的術語」，屬文獻學術語。〔註129〕

　　李玉平認爲鄭玄注中的「古文」，是指二字意思相同，惟古人在不同時期，或用不同的字來表達，如《周禮・天官・庖人》「賓客之禽獻」，鄭注謂「獻，古文爲獸」。鄭注指出「獻」字，古文寫作「獸」字。我們在文獻中雖然找不到「獻」、「獸」二字互通或互用的情況，但從鄭玄的注解，我們可知道他是肯定「獻」、「獸」二字在某個時間是意義相通，只是寫法不同。又如《周禮・考工記》「衡四寸」，鄭注謂「衡，古文橫，假借字也」。鄭玄指出「衡」字，古文寫作「橫」，並且指出兩字爲假借字的關係。考「衡」、「橫」二字於上古音同屬陽部，意思皆可指橫直之橫，二字同源，〔註130〕可見二字在某個時間亦是意義相同，而寫法不同。

　　至於「故書」，李玉平認爲是指版本上的文字不同，當中二字不一定是通假的關係，可能是傳抄過程中產生不同版本，記錄了不同的字詞。《周禮・天官・小宰》「四曰聽稱責以傅別」，鄭注謂「傅別，故書作傅辨」。〔註131〕「辨」、「別」二字皆有分別的意思，且辨、別雙聲，同屬並母。辨屬元部，別屬月部，元、月對轉，音近可通。此處鄭注用「故書」而不用「古文」，其所見的版本有二，一寫作「傅別」，一寫作「傅辨」。鄭玄並指出不同注家對此字有不同理解，如鄭衆讀爲「符別」，杜子春讀爲「傅別」，而鄭玄最後選擇的是杜子春的說法。鄭玄所記錄的不同版本，皆漢人的版本，如鄭衆、杜子春之說，非不同文字或用先秦古文所寫的版本。又如《周禮・天官・小宰》「七事者，令百官

即『故書』有眾本，各家説法不定；『今書』亦有眾本，其中又存有差異，鄭玄擇善而從」。詳見葉純芳：《孫詒讓〈周禮〉學研究（下）》（臺北：花木蘭出版社，2013年），頁263。

〔註129〕李玉平：〈試析鄭玄《周禮注》中的「古文」與「故書」〉，《古籍整理研究學刊》第5期（2005年），頁53。

〔註130〕《王力古漢語字典》載「『衡』的本義是繫在牛角上的橫木；『橫』，《説文・木部》：『闌木也。』引申爲橫直之橫……而『衡』與『橫』又同屬匣母陽部（唯開合不同），故同源。」見王力主編：《王力古漢語字典》（北京：中華書局，2000年），頁1203。

〔註131〕〔漢〕鄭玄注：〔唐〕賈公彥疏：《周禮注疏》（上海：上海古籍出版社，2010年），頁81。

府共財用」，鄭注謂「七事，故書爲小事。杜子春云：『當爲七事，書亦爲七事。』」〔註 132〕鄭玄知道或見到的版本有作「七事」，有作「小事」。兩詞絕不會是通假的關係，從鄭玄所引杜子春的注解可知，當時確有不同的版本，而杜注便在不同版本的《周禮》中作出訂正。李玉平認爲，《周禮注》中的「故書」、「今書」目的都是要展示舊本和新本在用字上的不同，鄭玄在此基礎上擇優而從，同時提供學者以選擇判斷的餘地。〔註 133〕攷孫詒讓《周禮正義‧略例》提到「此經舊義，最古者則《五經異義》所引古《周禮》說，或出杜、鄭之前」。〔註 134〕孫氏指出「古文」爲杜子春、鄭眾之前的版本，可備一說。分辨「古文」和「故書」二者，雖未能直接解決《周禮》屬今文經或古文經的問題，但至少可從鄭注中，對於《周禮》版本的流傳有多一點了解。

　　總括徐氏提出的三個經學問題，竊據前文的分析作一整理：河間獻王所得《周禮》由古文寫成，再以當時的文字抄寫，而秘府所藏的或是抄寫本，或獻王並未把《周禮》獻於秘府之中。〔註 135〕因此，鄭玄注《周禮》時，既有使用「古文」一詞，亦有使用「故書」一詞。至於徐氏批評流傳「價值不高」的本子，竊以爲若從文字正誤而言，流傳的版本或許如徐氏所言「價值不高」。然而，《周禮》於當時流傳不廣，研究或作注解的人不多，加上流傳並非以古文本，故作注者皆保留之，不敢貿然捨棄是可以理解的。徐氏提出有關《周禮》的經學問題，對研究《周禮》有莫大的裨益，縱或在其論證的過程裡，並不全面提供充分的證據。然而，古籍資料有時候並不充裕，但徐氏所觸及的問題，無疑能擴闊後學對《周禮》研究的範圍。

〔註 132〕〔漢〕鄭玄注；〔唐〕賈公彥疏：《周禮注疏》（上海：上海古籍出版社，2010年），頁 85。

〔註 133〕李玉平：〈鄭玄《周禮注》從歷時角度對字際關係的溝通〉，《古漢語研究》第 3 期（2009 年），頁 70。

〔註 134〕〔清〕孫詒讓著；汪少華整理：《周禮正義》（北京：中華書局，2015 年），頁 11。

〔註 135〕《漢書‧景十三王傳》：「河間獻王德以孝景前二年立，修學好古，實事求是。從民得善書，必爲好寫與之，留其眞，加金帛賜以招之。繇是四方道術之人不遠千里，或有先祖舊書，多奉以奏獻王者，故得書多，與漢朝等。」詳見〔漢〕班固著；〔唐〕顏師古注：《漢書》（北京：中華書局，1962 年），頁 2410。此處提到獻王得善本書後，會繕寫副本給對方，自己留下眞本。竊以爲獻王除了保留善本，或亦請文士繕寫副本。至於獻王有否把書獻到秘府，則沒有提及。即使《周禮》被送至秘府，亦難以知道該文本是善本，或是副本。因此，〈藝文志〉無明言《周禮》爲古文經，或秘府所藏非古文本。

第五節 《周禮》的制度特色

徐復觀從《周禮》的軍事、農業、商業、賦役、刑罰、教育等制度中作出分析，指出《周禮》的制度特點是建立統治者人格，把權力集中掌政者手上，而且深受法家思想影響。當中雖有與儒家思想相合的地方，卻有不合理或難以推行之處，可見其書乃經多人之手而未有詳加校定。

（一）緊密而多元化的地方組織

《周禮》的地方組織嚴密，並且在整個政治制度裡扮演着重要的角色。因為不同的制度都以地方組織為單位，地方組織的長官就負責監察、施行和考覈等。地方組織多元化，就是指行政、軍事、黜陟、經濟等方面，都以地方組織為單位，可見這種地方組織制度的重要性。有關內政寄軍令的記載，可見於《國語·齊語》。管仲指出國安仍不足以事諸侯，謂：

> 君若正卒伍，修甲兵，則大國亦將正卒伍，修甲兵，則難以速得志矣。君有攻伐之器，小國諸侯有守禦之備，則難以速得志矣。
> 君若欲速得志於天下諸侯，則事可以隱令，可以寄政。〔註136〕

管仲指出這就是「作內政而寄軍令」，具體的行動就是要「制國」，其謂：

> 五家為軌，軌為之長；十軌為里，里有司；四里為連，連為之長；十連為鄉，鄉有良人焉。以為軍令：五家為軌，故五人為伍，軌長帥之；十軌為里，故五十人為小戎，里有司帥之；四里為連，故二百人為卒，連長帥之；十連為鄉，故二千人為旅，鄉良人帥之；五鄉一帥，故萬人為一軍，五鄉之帥帥之。三軍，故有中軍之鼓，有國子之鼓，有高子之鼓。春以蒐振旅，秋以獮治兵。是故卒伍整於里，軍旅整於郊。內教既成，令勿使遷徙。伍之人祭祀同福，死喪同恤，禍災共之。人與人相疇，家與家相疇，世同居，少同遊。故夜戰聲相聞，足以不乖；晝戰目相見，足以相識。其歡欣足以相死。居同樂，行同和，死同哀。是故守則同固，戰則同彊。君有此士也三萬人，以方行於天下，以誅無道，以屏周室，天下大國之君莫之能禦。〔註137〕

管仲的「內政寄軍令」把地方分成五層，分別是「家」、「軌」、「里」、「連」、

〔註136〕徐元誥：《國語集解》（北京：中華書局，2002 年），頁 223～224。
〔註137〕徐元誥：《國語集解》（北京：中華書局，2002 年），頁 224～225。

「鄉」。同時間，地方的軍事組織亦依這種結構分成五層。「內政寄軍令」的好處有二：一是便於管理和組織。因爲地方組織也是依照相同的結構，如遇戰事或軍事訓練時，不必再費時編配；二是人民關係融洽。由於地方和軍事的組織相同，同一軍旅的人都是日常相見的鄰舍，關係融洽、充滿默契。這種具守望相助的精神，在地方或軍隊管理上都是相得益彰。

徐氏認爲《周禮》的內政組織實受管仲主張的內政寄軍令所影響。內政寄軍令是一種把地方組織和軍事結合的制度，目的是爲戰爭作準備的。內容是把全國分爲二十一鄉，有工商之鄉和士鄉，而士鄉是要從事作戰的。管仲主張的就是以士鄉的地方組織爲基礎，並隨時作出軍事上的需要。《周禮》的內政組織和內政寄軍令有相似的地方，本文將另有章節論述，此處不贅。

《周禮》的內政組織不但與軍事組織結合，更與考覈政治得失、人民的教育及選舉，即官吏黜陟有關，甚至財政政策也是以內政組織爲行政單位。大司徒是負責管理地方組織，其職責中提及：

> 令五家爲比，使之相保；五比爲閭，使之相受；四閭爲族，使之相葬；五族爲黨，使之相救；五黨爲州，使之相賙；五州爲鄉，使之相賓。〔註138〕

小宰協助大宰治理王國，包括地方的賦役、財政、土地、買賣和官吏推選等制度。而大司徒則是按着上述的安排，把王國內的地方有系統地劃分成不同的行政組織，如今之省、縣、市等行政區。有關內政的實施和推行，都是以這種行政組織爲單位。不過，值得注意的是，小司徒協助大司徒處理職務時，把軍事組織也融合到地方組織上，其謂：

> 乃會萬民之卒伍而用之。五人爲伍。五伍爲兩。四兩爲卒。五卒爲旅。五旅爲師，五師爲軍。以起軍旅，以作田役，以比追胥。以令貢賦。〔註139〕

《周禮》的地方組織由最小單位的「家」，到最大單位的「鄉」，共分七層。至於軍事組織，由最小單位的「伍」，到最大單位的「軍」，共分六層。六層軍事組織和地方組織的首六層是對應的，即一萬二千五百家（一州），對應一萬二千

〔註138〕〔漢〕鄭玄注；〔唐〕賈公彥疏：《周禮注疏》（上海：上海古籍出版社，2010年），頁367。
〔註139〕〔漢〕鄭玄注；〔唐〕賈公彥疏：《周禮注疏》（上海：上海古籍出版社，2010年），頁385。

五百伍（一軍）。這種軍事組織在大司馬的職權中亦有所見，並加以補充，指出王掌六軍、大國掌三軍、次國掌二軍、小國掌一軍。由此可見，當地方組織遇上戰事時，可即時轉換成軍事組織，由大司馬掌管，爲戰事作準備。這種方式的好處是能夠輕易把地方組織和軍事組織轉換，因爲兩者的組成元素相同，轉換的過程可以說能把對地方或軍事的影響減低。丁進認爲《周禮》是針對西周初年的情況設計的，其謂：「國王所居爲『國』，環繞國外方圓百里的郊區農業種植地帶叫『鄉』，分爲六鄉。六鄉居民具有天然的分得土地的權力，他們是國家軍事力量的主體。按照居住單位，每一農戶抽一名戰士出來，農閒接受軍事訓練，農忙從事農業勞動。」〔註140〕金春峰認爲在戰國至漢代的軍隊中，什伍是最基本的作戰隊形，而《周禮》的社會行政組織以五家爲基礎，正是具有兵農合一，社會行政組織與軍事組織合一的特點。〔註141〕

上文提及的是王國畿城內的地方組織，至於王國野地的組織，同樣分成七層。在〈遂人〉一職中有以下的記載：

> 遂人掌邦之野。以土地之圖經田野，造縣鄙形體之灋。五家爲鄰，五鄰爲里，四里爲酇，五酇爲鄙，五鄙爲縣，五縣爲遂，皆有地域。〔註142〕

《周禮》把邦野的地方亦分成七層，最小的單位是「家」，最大的單位是「遂」。每層組成的結構和上文提到的地方組織、軍事組織相同。各層亦有官吏掌管相關區域內的政令、刑罰、禁令、土地等。除了把地方劃分成不同的行政區域外，相關的官吏亦需定期調查地方人口，以保證地方組織的穩定性和人口的準確性，如〈遂人〉有以下的職責：

> 以歲時稽其人民，而授之田野，簡其兵器，教之稼穡。〔註143〕

遂人需要按照一年的四季查考區域內的人民，繼而授予田地，檢閱兵器和教授野地人民耕種。這裡的查考，大抵就是在邦野之地作人口調查。至於鄉師亦會按時清查各家人數，其職責所記：

〔註140〕丁進：《周禮考論——周禮與中國文學》（上海：上海人民出版社，2008年），頁70。

〔註141〕金春峰：《周官之成書及其反映時代新考》（臺北：東大圖書股份有限公司，1993年），頁29。

〔註142〕〔漢〕鄭玄注；〔唐〕賈公彥疏：《周禮注疏》（上海：上海古籍出版社，2010年），頁552。

〔註143〕〔漢〕鄭玄注；〔唐〕賈公彥疏：《周禮注疏》（上海：上海古籍出版社，2010年），頁552。

以國比之灋，以時稽其夫家眾寡，辨其老幼、貴賤、廢疾、馬

牛之物，辨其可任者與其施舍者，掌其戒令糾禁，聽其獄訟。〔註144〕

鄉師作人口調查的目的是和安排兵役、勞役的工作相關。鄉師以下，鄉大夫
亦需「以歲時登其夫家之眾寡，辨其可任者」；〔註145〕族師亦有「以時屬民而
校，登其族之夫家眾寡，辨其貴賤、老幼、廢疾、可任者，及其六畜車輦」；
〔註146〕閭胥有「以歲時各數其閭之眾寡，辨其施舍」。〔註147〕在地方組織裡，
鄉師、鄉大夫、族師、閭胥每年都會按時查考「鄉」、「族」、「閭」的人口，
以調整地方組織。因為地方組織和軍事組織相合，所以須依期查考組織結構，
否則對軍事組織的結構亦有影響。在七層的地方組織裡，有三層的管轄者每
年都作人口調查，便可知這種地方組織制度十分緊密。

　　除了地方組織和軍事組織合一外，地方的層層組織與官員的擢升制度
亦有關係。小司徒在年終時，會考察屬官們辦事的文書記錄而進行懲罰和
獎賞，其謂：

歲終，則攷其屬官之治成，而誅賞，令羣吏正要會而致事。

〔註148〕

這是一年一度對地方官吏的小審查，不過這種審查，乃根據官吏的文書記錄
而進行黜陟。除了一年一度的小審查外，還有三年一度的大比，其謂：

及大比六鄉四郊之吏，平教治，正政事，攷夫屋及其眾寡、六

畜、兵器，以待政令。〔註149〕

三年一度的大校比，就是對鄉郊官吏的大審查。小司徒不再是單看地方官吏
呈上的文書記錄，乃是實地考察地方的管治、教育等情況。同樣，「鄉」、「州」、
「黨」等地方組織亦會進行相同的考察，下層的地方官長向上一層的官長匯

〔註144〕 〔漢〕鄭玄注；〔唐〕賈公彥疏：《周禮注疏》（上海：上海古籍出版社，2010
　　　　 年），頁405。

〔註145〕 〔漢〕鄭玄注；〔唐〕賈公彥疏：《周禮注疏》（上海：上海古籍出版社，2010
　　　　 年），頁415。

〔註146〕 〔漢〕鄭玄注；〔唐〕賈公彥疏：《周禮注疏》（上海：上海古籍出版社，2010
　　　　 年），頁434～435。

〔註147〕 〔漢〕鄭玄注；〔唐〕賈公彥疏：《周禮注疏》（上海：上海古籍出版社，2010
　　　　 年），頁437。

〔註148〕 〔漢〕鄭玄注；〔唐〕賈公彥疏：《周禮注疏》（上海：上海古籍出版社，2010
　　　　 年），頁399。

〔註149〕 〔漢〕鄭玄注；〔唐〕賈公彥疏：《周禮注疏》（上海：上海古籍出版社，2010
　　　　 年），頁400。

報，層層遞進。即使是山郊地區，遂大夫亦有如此的職責，可見這種制度涉及的範圍廣泛。

概而論之，《周禮》的地方組織十分嚴密，按人口的數量分成七層，每層皆設官長管轄，範圍更包括城鄉及郊野之地，全面管轄一切範圍。除此之外，這種地方組織更與軍事和官吏制度結合。《周禮》的軍事組織亦按地方的人口數量分成七層，與地方組織的設計完全相同，因此地方組織和軍事組織可輕易進行交替，並且不影響原有的運作。〔註150〕官吏的擢升制度亦和層層的地方組織配合，地方官長需每年提交文字記錄，每三年亦有上一層的官長親自作出實地考察，務求了解地方最真實的一面。因此，《周禮》的地方組織十分嚴密，並且和不同的制度互相結連，可見其嚴謹和全面。

（二）重視生產但內容不統一的土田制度

《周禮》重視農業及工業生產，當中記載的井田制度，比《孟子》提出的井田制度更詳細。徐氏認為《周禮》取資於《孟子》，孟子提出的井田制較粗疏，《周禮》的井田制雖比孟子提出的詳盡，但明顯地未經實際推行，故有些不合理或難以推行的地方。〔註151〕以下將從三方面歸納徐先生對《周禮》土田制度的研究：

（1）《周禮》的土田制度受井田制度思想影響

徐氏認為《周禮》的土田制度實際上受井田制度影響，並比較《孟子》和《周禮》的土田制度，指出《孟子》略而《周禮》詳，認為《周禮》的作者是在《孟子》井田制的基礎上設計出《周禮》的土田制度。攷《孟子・滕

〔註150〕楊寬〈試論西周春秋間的鄉遂制度和社會結構〉中指出鄉、遂在政治階級的分別，其謂：「從『六鄉』的鄉黨組織，分為比、閭、族、黨、州、鄉六級來看，可知『六鄉』居民還多採取聚族而居的方式，保持有氏族組織的殘餘形式，在一定程度上仍以血統關係作為維繫的紐帶。從『六遂』的鄰里組織，分為鄰、里、酇、鄙、縣、遂六級來看，可知『六遂』居民已完全以地域關係、鄰居關係代替了血統關係。」詳見楊寬：《古史新探》（北京：中華書局，1965年），頁138～139。

〔註151〕楊寬〈試論中國古代的井田制度和村社組織〉中提到：「儘管戰國時代井田制度早已破壞，但是戰國早期的李悝、戰國中期的孟子和戰國後期的荀子，他們談到農戶耕田，總說是百畝。」詳見楊寬：《古史新探》（北京：中華書局，1965年），頁113。從楊氏的推斷可知，井田制於戰國以前曾經實施，故諸子百家談及土地制度時亦加以敘述。因此，竊以為徐氏「井田制未經實際推行」說可商榷。《周禮》的制度未必全盤實行於一時，但制度內容並不全然憑空臆測出來，是根據過往的資料、流傳整合而成的。

文公》對井田制的記載，其謂：

> 方里而井，井九百畝，其中爲公田，八家皆私百畝，同養公田。
>
> 公事畢，然後敢治私事，所以別野人也。〔註152〕

《孟子》的記載指出，一井之地有田九百畝，其中公田佔一百畝，每家有私田一百畝。各家一同耕作公田，完成公田的耕作，才耕作私田。〔註153〕而在劃分土地上，《周禮·小司徒》亦有類似的記載，其謂：

> 乃經土地而井牧其田野，九夫爲井，四井爲邑，四邑爲丘，四
>
> 丘爲甸，四甸爲縣，四縣爲都，以任地事而令貢賦。〔註154〕

這裡指九夫爲井，一夫即一家有田百畝，九夫爲井即有九百畝的土地。《周禮》和《孟子》井田制的分別在於，《孟子》所載有公田，而《周禮》所載只有私田，而沒有公田。又《周禮·遂人》：

> 辨其野之土，上地、中地、下地，以頒田里。上地，夫一廛，田
>
> 百晦，萊五十晦，餘夫亦如之；中地，夫一廛，田百晦，萊百晦，餘
>
> 夫亦如之；下地，夫一廛，田百晦，萊二百晦，餘夫亦如之。〔註155〕

《周禮》的土田制度對「鄉」和「遂」有不同的安排，大抵是「遂」的土地品質不一，而鄉的土地品質差異較少。〔註156〕徐氏認爲《周禮》的土地制度和王莽的王田制相合。竊以爲有可商榷處，據《漢書·王莽傳》的記載：

> 其男口不盈八，而田過一井者，分餘田予九族鄰里鄉黨。〔註157〕

王莽的王田制指出，一家滿八口男丁，可受田一井，即八家受田九百畝，即八家

〔註152〕〔漢〕趙岐注；〔宋〕孫奭疏：《孟子注疏》（北京：北京大學出版社，2000年），頁164～165。

〔註153〕金景芳謂：「私田是分給農户的田，也得稱民田。公田則是一井九百畝中，除去八家各分百畝之外的那一百畝。這一百畝公田由八家共耕，收獲的農產品全部交給公家。」詳見金景芳：《論井田制度》（濟南：齊魯書社，1982年），頁19。

〔註154〕〔漢〕鄭玄注；〔唐〕賈公彥疏：《周禮注疏》（上海：上海古籍出版社，2010年），頁390。

〔註155〕〔漢〕鄭玄注；〔唐〕賈公彥疏：《周禮注疏》（上海：上海古籍出版社，2010年），頁554。

〔註156〕杜正勝謂：「田萊制就是休耕制，古代施肥還不發達，地力有時而盡，必須採取休耕制以維持一定的生產。如《周禮·遂人》條所記，上地一夫得百五十畝，年耕三分之二，其餘三分之一休耕——每個五十畝三年才輪休一次，因上地土肥，地力不易喪失之故。……所以地雖三品，因受地有差，一夫實際的耕種面積卻都一百畝。」詳見杜正勝：《周代城邦》（臺北：聯經出版事業公司，1979年），頁66～67。

〔註157〕〔漢〕班固著；〔唐〕顏師古注：《漢書》（北京：中華書局，1962年），頁4111。

可受田一井。而《周禮》提及的「九夫一井」，是即九家受田九百畝。比較之下，王莽的王田制和《孟子》提及的井田制更相合，都是八家受田九百畝。至於土地的擁有權和使用權方面，《孟子》提及的井田制有公田和私田之分，《周禮》的土地制度則沒有交代受田為公田還是私田，不過，前文提到小司徒劃分土地，使人民從事土地生產和繳納貢賦、田稅有關，由此可推測《周禮》的土地所有權是公有的，而使用權則是私有。至於王莽的王田制，八家受田九百畝，相信其中一百畝是公田，至於其他的田地，則和《周禮》的一樣，土地所有權由國家所有，而使用權是私有。因此，人民可以隨意使用田地，但不能買賣田地。

但《周禮》的土地記載更加詳細，除了劃分每家土地外，更加把土地按土質再作劃分。《周禮‧大司徒》記載：

> 凡造都鄙，制其地域而封溝之。以其室數制之。不易之地家百
> 畝。一易之地家二百畝。再易之地家三百畝。〔註158〕

在建造王畿內子弟和公卿大夫的采邑時，是根據采邑的室家數來制定井田的規，每家有一百畝無須休耕的上地、或二百畝次一等的地，每種一年須休耕一年、或三百畝下等的地，每種一年須休耕兩年。除了采邑的貴族外，授田予鄉中的人民也有按土地的土質來決定。《周禮‧小司徒》記載：

> 乃均土地以稽其人民而周知其數。上地家七人，可任也者家三
> 人；中地家六人，可任也者二家五人；下地家五人，可任也者家二
> 人。凡起徒役，毋過家一人，以其餘為羨，唯田與追胥竭作。〔註159〕

在土地的分配上，《周禮》根據土地的品質和每家能勝任力役的人數來決定。上等土地授予七口以上的人家，他們可以安排每家三人完成力役；中等土地授予六口的人家，他們可安排每兩家五人完成力役；下等土地授予五口以下的人家，他們可安排每家兩人完成力役。這種安排比單純的各家授予相同的土地仔細和有效，因為人民以耕種的收穫來繳交田稅，即使授予相同面積的土地，但品質不同，收穫所得亦有所不同，而繳交的田稅一樣，則是不合理和不公平的。根據土地品質來分配，是顧慮到土地品質的實際情況並非千篇一律，因此作出調整，可見其詳細之處。除了注意土地的品質外，《周禮》作

〔註158〕〔漢〕鄭玄注；〔唐〕賈公彥疏：《周禮注疏》（上海：上海古籍出版社，2010年），頁358。

〔註159〕〔漢〕鄭玄注；〔唐〕賈公彥疏：《周禮注疏》（上海：上海古籍出版社，2010年），頁387～389。

者亦根據井田制所形成的區域，建構相關的水利系統。《周禮・遂人》記載：

> 凡治野，夫間有遂，遂上有徑；十夫有溝，溝上有畛；百夫有
> 洫，洫上有涂；千夫有澮，澮上有道；萬夫有川，川上有路，以達
> 于畿。〔註160〕

在「遂」的田地之間，根據一定的區域大小（一夫、十夫、百夫、千夫、萬夫），建立水利交通系統，即溝、洫、澮、川，以通達至畿內各地。因此，《周禮》在規劃上算是完善，不只注意土地的品質，還考慮野地的田地如何與畿內的土地連結。

（2）內容不統一

《周禮》的土地制度並非以劃一的形式處理國家的土地，如「鄉」和「遂」的田制便有所不同。在「鄉」的土地制度中，每家授田上地一百畝，或中地二百畝，或下地三百畝。至於「遂」的土地制度，則是每家授田上地一百畝、休耕地五十畝，或中地一百畝、休耕地一百畝，或下地一百畝、休耕地二百畝。徐氏認為這顯示出土地制度的不統一，不過歷代學者以「鄉」、「遂」二制解釋這種不統一的情況。

第二個不統一的地方是土地的分配。徐氏指出，《周禮》按土地的品質，劃分土地為「上地」、「中地」和「下地」。授予上地者有一百畝，中地者有二百畝，下地者有三百畝。雖然授予中地和下地者所得的土地較多，但並非所有土地也可同時耕作，實際上能耕作的土地也只是一百畝，另外的土地都要休耕。但是，《周禮》亦同時指出上等土地授給七口以上人家，中等土地授給六口人家，下等土地授給五口以下人家。徐氏指出，《周禮》的作者按土地品質，以土地的數量加以平衡，則每家所能養的人數，不應有如此的差異。〔註161〕徐氏的意思是，獲中等和下等土地的人家所得的地較多，因此，每家所能養的人數該是相等。徐氏以為獲得中等、下等土地的人家，所得的土地總面積較多，已有得益，不該在每家所能養的人數上再有得益。不過，徐氏也許忽略了土地品質與農穫的關係。中地和下地的人家雖授地較多，但如上所述，每家實際上能同時耕作的土地只有一百畝。以同樣一百畝的土地而言，從上地所得的農穫，不論品質或數量都該比中地、下地的多，而所能養的人數亦

〔註160〕〔漢〕鄭玄注；〔唐〕賈公彥疏：《周禮注疏》（上海：上海古籍出版社，2010年），頁555。

〔註161〕徐復觀：《周官成立之時代及其思想性格》（臺北：學生書局，1980年），頁101。

較多。因此，《周禮》按土地的品質分配各家不同數量的土地，不單沒有不統一的地方，更加是考慮到實際的情況。當然，實際上同一百畝土地的品質情況，似乎是難以準確知道的。但若以《周禮》乃理想的制度言，則設計者在土地分配的考量上，可說得上是合理和公平。

第三個不統一的地方是有關「遂」的土地安排。上文提到「遂」的土地安排，授予上地者有地一百畝，另有五十畝休耕的地、授予中地者有地一百畝和休耕地一百畝、授予下地者有地一百畝和休耕地二百畝。不論授予甚麼土地，各家正夫以外的成丁男子也可授予相同的土地。徐氏指出內容不統一的地方有二。首先，「鄉」、「遂」在土地安排上有不同，特別是上地的授予，在「鄉」地的分配中，授予上地一百畝，而「遂」地則多出五十畝休耕地，而中地和下地的分配，則不論「鄉」、「遂」，總數量皆分別得二百畝和三百畝。相比之下，似乎授予「遂」上地的人最得益，獲得最多土地；其次，是「餘夫」授田的安排。所謂「餘夫」，即家中正夫以外的成丁男子。《周禮》談及「鄉」地的分配時，「餘夫」並不獲授田。但在「遂」地的分配中，不論所授予的是甚麼品質的土地，「餘夫」皆可獲得和正夫同等的土地。徐氏認為這種安排一方面較《孟子》提到的井田制「餘夫二十五畝」優厚，一方面是在情理與事實上都做不到。〔註162〕

第四個不統一的地方是對井田制以外有特別用途的土地的處理。徐氏留意到《周禮·載師》有以下的記載：

> 以廛里任國中之地，以場圃任園地，以宅田、士田、賈田任近郊之地，以官田、牛田、賞田、牧田任遠郊之地，以公邑之田任甸地，以家邑之田任稍地，以小都之田任縣地，以大都之田任畺地。凡任地，國宅無征，園廛二十而一，近郊十一，遠郊二十而三，甸稍縣都皆無過十二，唯其漆林之征二十而五。〔註163〕

徐氏認為《周禮》的這種設計「想得很周密」，但也同時指出「不僅機械不能實行，且其中『官田』、『賈田』、『賞田』，即係反映《周禮》成立時代之現實，而未顧慮到與井田制的矛盾」。〔註164〕上文指出，除井田制授予各家的土地

〔註162〕徐復觀：《周官成立之時代及其思想性格》（臺北：學生書局，1980年），頁102。

〔註163〕〔漢〕鄭玄注；〔唐〕賈公彥疏：《周禮注疏》（上海：上海古籍出版社，2010年），頁466～473。

〔註164〕徐復觀：《周官成立之時代及其思想性格》（臺北：學生書局，1980年），頁102。

外，還有土地作其他用途，如宅田是退休官吏之家所受的田、士田即官人所受的田、賈田是賈人之家所受的田、官田是庶人在官者之家所受的田、牛田和牧田是公家畜牧者之家所受的田、賞田是有功而賞的田。徐氏指出，井田制只有公田而無官田，但上文提及的七種田地都是官田，即與井田制有不合之處。竊以爲《周禮》在土地的分類上的確是想得周密，至於當時是否確實同時出現這麼多用途的土地、全國又是否有這麼多的土地，現時很難找出明確的證據。但這七種土地的設計都是合理的，相信是設計者參考過不同的資料整合而成。至於這種安排是否和井田制相悖，此說則未必穩妥。有關井田制的內容，甚至井田制之有無，前人的論說頗多。單以《孟子》所記的井田制內容作爲標準亦不穩妥，畢竟制度須因時制宜，按着現實的情況作出調整，不能一成不變。井田制中的公田、私田，當中的「公」和「私」指的是收成的擁有權，而非土地的擁有權。《周禮》提及到以上七種田地，是由國家所分配的，但獲授予田地的人相信並非得到土地的擁有權，因爲這些人都需要繳交地稅，如近郊之地收十分之一，遠郊之地收二十分之三。如果土地爲當時人所私有，則不必繳交地稅。再者，這些土地大部分都和官職相關，如官田、牛田、牧田、士田、宅田，都要有相關的官職，才可獲授予相關的田地。當他們離職的時候，相關的土地亦該轉移至接替的人員手上。因此，土地的擁有權實際上仍然在國家手上，和井田制本身的理想沒有相悖，只是在田地劃分公、私的部份上有所不同。明顯地，《周禮》的設計比《孟子》提到的具體得多，不能從每一個細節作比較。然而，我們可以此推測《周禮》的土地制度是參考過不同的資料整合，成書比《孟子》遲是可信的。

（3）重視農業生產

徐氏指出，《周禮》對農業生產有較多的描述。在《周禮・大司徒》一職中，記述大司徒需辨別各地的地形，並所出產之物。其謂：

> 以天下土地之圖，周知九州之地域廣輪之數，辨其山林川澤丘陵
> 墳衍原隰之名物。而辨其邦國都鄙之數，制其畿疆而溝封之，設其社
> 稷之壇而樹之田主，各以其野之所宜木，遂以名其社與其野。〔註165〕

作者把土地按地形劃分成五類，並指出不同土地所出產之物不同，顯然作者對地形及當中的風土人情有深入的研究。鄭玄《注》則析爲十類，然而，及

〔註165〕〔漢〕鄭玄注：〔唐〕賈公彥疏：《周禮注疏》（上海：上海古籍出版社，2010年），頁 334～335。

後提到大司徒需辨別五種不同地形所宜生長的人和物，其謂：

> 以土會之灋辨五地之物生。一曰山林，其動物宜毛物，其植物宜皁物，其民毛而方。二曰川澤，其動物宜鱗物，其植物宜膏物，其民黑而津。三曰丘陵，其動物宜羽物，其植物宜覈物，其民專而長。四曰墳衍，其動物宜介物，其植物宜莢物，其民皙而瘠。五曰原隰，其動物宜臝物，其植物宜叢物，其民豐肉而庳。〔註166〕

此處把地形分成「山林」、「川澤」、「丘陵」、「墳衍」、「原隰」五類。所用的字眼和上段的一樣，因此，可指出上文劃分的土地亦該為五類，而非鄭玄所指的十類。作者指出不同地形所宜生長的動物、植物和人民都有所不同。雖然未知作者以何據論之，但可以說是《孟子》「不違農時」之「時」的延伸。《孟子》的「時」，指出耕種有「時」，不合「時」而耕作，則不能得最理想的結果。同樣，不同地形適宜不同生物的成長，如果不按着地形來耕作、畜牧等，則不能得理想的結果。大抵是作者經過不同的實地測試，才能得出類似的結果，其謂：

> 以土宜之灋辨十有二土之名物，以相民宅，而知其利害，以阜人民，以蕃鳥獸，以毓草木，以任土事。辨十有二壤之物，而知其種，以教稼穡樹藝。〔註167〕

作者一方面指要觀察不同區域的特性，從而了解其利害之處，目的是使人民繁盛、鳥獸繁殖、草木生長等，似乎與上文的「辨五地之物生」有相合之處；另一方面，作者指出要知道各地所適宜種植的品種，才能教民種植。作者這樣的安排，固然並非要合「時」，更重要的是與土地所配合的賦稅制度。〔註168〕

在安排人民的職業上，《周禮·大司徒》提及人民的職業有十二種：

> 頒職事十有二于邦國都鄙，使以登萬民。一曰稼穡，二曰樹藝，三曰作材，四曰阜蕃，五曰飭材，六曰通財，七曰化材，八曰斂材，九曰生材，十曰學藝，十有一曰世事，十有二曰服事。〔註169〕

〔註166〕〔漢〕鄭玄注；〔唐〕賈公彥疏：《周禮注疏》（上海：上海古籍出版社，2010年），頁337。

〔註167〕〔漢〕鄭玄注；〔唐〕賈公彥疏：《周禮注疏》（上海：上海古籍出版社，2010年），頁342～344。

〔註168〕楊寬〈試論西周春秋間的鄉遂制度和社會結構〉中指出「六遂」居民受到的剝削繁重，除了在「公田」上從事無償勞動，也還要出貢賦。除了提供力役之外，還要提供貴族祭祀所需的犧牲，提供在野的一切物產，包括鳥獸、草木、玉石之類。詳見楊寬：《古史新探》（北京：中華書局，1965年），頁142。

〔註169〕〔漢〕鄭玄注；〔唐〕賈公彥疏：《周禮注疏》（上海：上海古籍出版社，2010

在十二種職業中，有四種都是和土地有關，如種植穀物、種植瓜果、開發山林川澤的材物、畜牧等。從職業的劃分中，亦不難發現土田制度的重要性。除了職業外，《周禮》對於種植所用的肥料，亦有比較細緻的記載。在《周禮·草人》：

> 凡糞種，騂剛用牛，赤緹用羊，墳壤用麋，渴澤用鹿，鹹潟用
> 狐，勃壤用狐，埴壚用豕，強㯺用蕡，輕爂用犬。〔註170〕

浸種是農業種植的過程，目的是使種子較早發芽，亦有殺菌除毒的作用。這裡把土地分成九種，鄭玄指出浸種就是煮獸骨灰為汁。作者指出不同的土地需運用不同的肥料作浸種。雖然作者並沒有仔細記載當中的理據，但相信並非無的放矢。在《齊民要術》中，記載用馬骨銼成粉末煮來浸種，就是類似的例子。〔註171〕由此可知，浸種的來源甚遠，而《周禮》所載的農耕制度已具成熟。除了草人外，亦有稻人一職提及種稻的情況：

> 稻人掌稼下地，以豬畜水，以防止水，以溝蕩水，以遂均水，
> 以列舍水，以澮寫水，以涉揚其芟作田。凡稼澤，夏以水殄草而芟
> 夷之。澤草所生，種之芒種。〔註172〕

這裡指出水流和土地的關係。因為稻種在澤地，對水的控制十分重要，所以需要運用陂塘、堤防、溝、遂、畦埂、澮等來貯藏和排放水源。從浸種和水流控制兩方面看，作者對於農耕有深入的認識。我們由此可推斷，農耕於作者身處的時代已是十分成熟。

綜合而言，從《周禮》有關土田制度的記載，可知作者十分重視農業生產。作者對土地的劃分、地形的特性、種植的方法、水流的控制等，都有具體的記述。徐氏認為《周禮》的土地制度受井田思想影響是可信的，但《周禮》的記述比《孟子》的具體，或許《周禮》所載的是經過實行和調整的制度。至於當

年），頁368。
〔註170〕〔漢〕鄭玄注；〔唐〕賈公彥疏：《周禮注疏》（上海：上海古籍出版社，2010年），頁585。
〔註171〕《齊民要術》記載：「取馬骨剉一石，以水三石，煮之三沸；漉去滓，以汁漬附子五枚。三四日，去附子，以汁和蠶矢、羊矢各等分，撓令洞洞如稠粥。先種二十日，時以溲種，如麥飯狀。常天，早燥時溲之，立乾；薄布，數撓，令則乾。明日復溲。天陰雨則勿溲。六七溲而止。輒暴，謹藏，勿令復濕。至可種時，以餘汁溲而種之，則禾稼不蝗蟲。」見〔後魏〕賈思勰著；繆啟愉校釋：《齊民要術校釋》（北京：中國農業出版社，1998年），頁81～82。
〔註172〕〔漢〕鄭玄注；〔唐〕賈公彥疏：《周禮注疏》（上海：上海古籍出版社，2010年），頁586～587。

中內容的不統一處，或許是作者揉合了不同時期的土田制度而成的記錄。

（三）籠盡一切和職權重疊的賦稅制度

據徐氏的研究，賦稅制度是《周禮》全書的重心。他指出，《周禮》的賦稅制度試圖籠盡天下貨物，以大量增加稅收。商賈在當中並沒有擔起重要角色，和春秋末至漢景帝時商賈活躍的情況截然不同。加上，他指出《周禮》的賦稅制度受桑弘羊的財經政策影響，然其極度搜括資源，比漢以前更甚。從而推測《周禮》的成書年代當在漢武帝以後，與其認爲《周禮》成書於西漢末的立場一致。他從《周禮》賦稅制度的內容，歸納出兩個特質：一是愛好財賄而無孔不入；二是大府與司會系統的職權重疊。此外，部份內容與《周禮》強調的「均」有所矛盾，此亦爲徐氏認爲《周禮》經多人之手而未有詳加校定的地方。

有關桑弘羊的經濟政策，《史記‧平準書》記載：

> 弘羊以諸官各自市，相與爭，物故騰躍，而天下賦輸或不償其僦費，乃請置大農部丞數十人，分部主郡國，各往往縣置均輸鹽鐵官，令遠方各以其物貴時商賈所轉販者爲賦，而相灌輸。置平準于京師，都受天下委輸。召工官治車諸器，皆仰給大農。大農之諸官盡籠天下之貨物，貴即賣之，賤則買之。如此，富商大賈無所牟大利，則反本，而萬物不得騰踊。故抑天下物，名曰「平準」。〔註173〕

桑弘羊推行平準法和均輸法，目的是要抑制商人牟取暴利，平抑物價。實行平準法，在京師設立平準機構，收購各地貨物，貴賣賤買；實行均輸法，使進貢之物不必直送京師，而是由各地的均輸官收集，運往匱乏之地銷售，所得皆上繳中央，以減低運輸費用，又可以較高價錢出售。再者，各地設置鹽鐵官，統辦一切鹽鐵事務，禁止民間私自經營。至於王莽的經濟政策，其性質與桑弘羊提出的相倣，點列如下：

> 1. 於長安及五都立五均官，更名長安東西市令及洛陽、邯鄲、臨菑、宛、成都市長皆爲五均司市師。〔註174〕
>
> 2. 夫鹽，食肴之將；酒，百藥之長，嘉會之好；鐵，田農之本；名山大澤，饒衍之臧；五均賒貸，百姓所取平，卬以給澹；鐵布銅

〔註173〕〔漢〕司馬遷撰；〔唐〕司馬貞索隱；〔唐〕張守節正義；〔宋〕裴駰集解：《史記》（北京：中華書局，1982 年），頁 1441。

〔註174〕〔漢〕班固著；〔唐〕顏師古注：《漢書》（北京：中華書局，1962 年），頁 1180。

冶，通行有無，備民用也。此六者，非編戶齊民所能家作，必卬於
市，雖貴數倍，不得不買。豪民富賈，即要貧弱，先聖知其然也，
故幹之。每一幹爲設科條防禁，犯者輒至死。〔註175〕

　　3. 敢非井田挾五銖錢者爲惑衆，投諸四裔以御魑魅。〔註176〕
比較之下，不難發現王莽的經濟政策和桑弘羊的方向一致，因此徐氏認爲王
莽的經濟政策，實際上是取自桑弘羊經濟政策的外型，而範圍則比桑弘羊的
更廣，如由專賣鹽、鐵，至酒、山澤資源等，目的是要籠盡一切的天下資源。
然而，竊以爲徐氏的說法並不恰當，原因有二：

　　第一，均輸法和平準法衍生不少問題。桑弘羊的經濟政策除了要解決當時
社會上出現商人牟取暴利的情況，還要爲王室增加收入，以彌補漢武帝耗費甚
巨的問題。然而，桑弘羊的經濟政策並未能全然解決問題，特別是低下階層的
生活問題。國家專賣鹽、鐵、酒等物資，使低下階層難以通過製鹽、冶鐵、製
酒維生。漢昭帝時，亦曾打算罷鹽鐵酒榷均輸官，認爲這些政策是與民爭利。
可惜，桑弘羊加以詰難，無功而還。〔註177〕至元帝時又曾罷鹽鐵官，但不久又
復置。〔註178〕設立鹽鐵官，能抑制商人牟利，爲低下階層的利益着想，但同時
又剝削了低下階層維生的方式。王莽新政在其後，定必知道這種方法所衍生的
問題。若說王莽倣效桑弘羊的經濟政策，豈不是倣效一種未能解決社會問題的
方法？實施一種具爭議性的政策，還把範圍加以擴大，並不是明智之策。

　　第二，經濟政策對社會具實際作用。自漢武帝至王莽，持續地面對相
同的社會問題，如人們私自鑄錢、商人牟取暴利等，造成貧富懸殊。《漢書·
食貨志》記載：

　　　　自孝文更造四銖錢，至是歲四十餘年，從建元以來，用少，縣
　　官往往即多銅山而鑄錢，民亦盜鑄，不可勝數。錢益多而輕，物益
　　少而貴。〔註179〕

〔註175〕　〔漢〕班固著；〔唐〕顏師古注：《漢書》（北京：中華書局，1962年），頁1183。
〔註176〕　〔漢〕班固著；〔唐〕顏師古注：《漢書》（北京：中華書局，1962年），頁1179。
〔註177〕　《漢書·食貨志下》：「昭帝即位六年，詔郡國舉賢良文學之士，問以民所疾苦，
　　　　　教化之要。皆對願罷鹽鐵酒榷均輸官，毋與天下爭利，視以儉節，然後教化可
　　　　　興。弘羊難，以爲此國家大業，所以制四夷，安邊足用之本，不可廢也。」詳
　　　　　見〔漢〕班固著；〔唐〕顏師古注：《漢書》（北京：中華書局，1962年），頁1176。
〔註178〕　《漢書·食貨志下》：「元帝時嘗罷鹽鐵官，三年而復之。」詳見〔漢〕班固
　　　　　著；〔唐〕顏師古注：《漢書》（北京：中華書局，1962年），頁1176。
〔註179〕　〔漢〕班固著；〔唐〕顏師古注：《漢書》（北京：中華書局，1962年），頁1163。

因此，漢武帝時曾改革幣制，亦禁止民間私鑄，但未能解決貧富懸殊的問題。當時「商賈以幣之變，多積貨逐利」、〔註180〕「豪富皆爭匿財」，〔註181〕而且改製五銖錢後五年，私自鑄錢的情況又死灰復燃。〔註182〕至元封元年，諸官又「各自市相爭，物以故騰躍」，〔註183〕故桑弘羊才設平準、均輸法，由國家專營鹽、鐵、酒等事務。元帝時，貢禹曾上言指出當時的情況：

> 鑄錢采銅，一歲十萬人不耕，民坐盜鑄陷刑者多。富人臧錢滿
> 室，猶無厭足。民心動搖，棄本逐末，耕者不能半，姦邪不可禁，
> 原起於錢。〔註184〕

可見社會情況歷經數朝仍未能改變。及至王莽，復古改革幣制造成混亂，因為「民私以五銖錢市買」，〔註185〕最後導致「農商失業，食貨俱廢，民涕泣於市道」。〔註186〕及後設立五均官，雖然說是倣效《周禮》、《樂語》，但也具實際的作用。貧富懸殊的問題仍未解決，因為官員和富豪結黨，指出「郡有數人，皆用富賈」。〔註187〕他們「乘傳求利，交錯天下。因與郡縣通姦，多張空簿，府臧不實，百姓俞病」。〔註188〕西漢末年，天災人禍連連。王莽篡漢而立，雖然主張托古改制，但不能不切實地面對當時的社會問題。

概而論之，徐氏認為王莽的經濟政策是繼承自桑弘羊的政策，並把範圍擴大，籠絡更多資源。王莽設五均官，和桑弘羊的平準、均輸法相似，兩者亦同樣規定由國家專賣鹽鐵酒等資源。然而，與其說是王莽繼承桑弘羊的經濟政策，倒不如說他們都是面對着相似的社會問題。以「籠盡天下資源」為目的而言王莽，則未免顯得王莽太自私。王莽托古改制雖然衍生了很多問題，但說其處心積慮登上最高的位置，只是為了籠盡一切，讓自己富有，則不合理。王莽本身是富家子弟，登上王位後也可說是應有盡有，不必如此。再者，王莽「開賒貸，張五均，設諸幹者」的目的是「齊衆庶、抑并兼」。〔註189〕這個目的正正與西漢中期出現

〔註180〕 〔漢〕班固著；〔唐〕顏師古注：《漢書》（北京：中華書局，1962年），頁1166。
〔註181〕 〔漢〕班固著；〔唐〕顏師古注：《漢書》（北京：中華書局，1962年），頁1167。
〔註182〕 《漢書‧食貨志下》：「郡國鑄錢，民多姦鑄，錢多輕。」詳見〔漢〕班固著；〔唐〕顏師古注：《漢書》（北京：中華書局，1962年），頁1169。
〔註183〕 〔漢〕班固著；〔唐〕顏師古注：《漢書》（北京：中華書局，1962年），頁1174。
〔註184〕 〔漢〕班固著；〔唐〕顏師古注：《漢書》（北京：中華書局，1962年），頁1176。
〔註185〕 〔漢〕班固著；〔唐〕顏師古注：《漢書》（北京：中華書局，1962年），頁1179。
〔註186〕 〔漢〕班固著；〔唐〕顏師古注：《漢書》（北京：中華書局，1962年），頁1179。
〔註187〕 〔漢〕班固著；〔唐〕顏師古注：《漢書》（北京：中華書局，1962年），頁1183。
〔註188〕 〔漢〕班固著；〔唐〕顏師古注：《漢書》（北京：中華書局，1962年），頁1183。
〔註189〕 〔漢〕班固著；〔唐〕顏師古注：《漢書》（北京：中華書局，1962年），頁1180。

商人謀取暴利、貧富懸殊的社會情況相合，而不是爲了自己籠盡天下一切。

《周禮》的賦稅制度內容具體，徐氏更以「無孔不入」來形容。攷《周禮》有關賦稅的專有名詞，有「九賦」、「九式」、「九功」、「九事」、「九正」、「九職」和「九貢」。「九賦」是王畿內的地稅；「九式」是按不同禮法所定財物運用的法則；「九功」是從業稅；「九貢」是收取諸侯國所貢獻的財物。至於「九事」、「九正」、「九職」則只在司書一職裡提及，並未出現在大宰、小宰的職責內。鄭《注》認爲「九職」即「九功」，「九正」即「九賦」、「九貢」，「九事」即「九式」。此外，對於「九賦」的理解，先鄭、後鄭皆持不同的立場。先鄭認爲「九賦」乃田地之租，但徐氏指出《周禮》行井田制，若「九賦」乃田租，則既取公田之物，又從私田的田租裡取稅，是不合理的；後鄭認爲「九賦」乃人口稅，但徐氏指出以人口稅解「九賦」，可以解通首六種，至於「關市之賦」、「山澤之賦」、「弊餘之賦」則無法以人口稅解通。因此，徐氏認爲這是《周禮》作者構想未成熟的證據。再者，大府爲大宰在賦稅方面的副手，但在賦稅的名詞上有不統一的情況，如大宰記載的「九式」有「羞服」、「芻秣」、「好用」，但在大府中則稱爲「膳服」、「稍秣」和「賜予」，可見作者並未作出統一的功夫。

上文提到的是諸侯國、地方的進貢，但除了這些進貢外，徐氏指出《周禮》又設有專門的官職直接爲王國供應物品，好像甸師、獸人、漁人和鱉人。他們的職責是按時分別進獻農作物、野獸、魚類和甲殼類動物等。徐氏認爲《周禮》的賦役制度籠盡一切，就是因爲制度本身已有不同的進貢制度，但同時又有專職通過不同的途徑收集物品，變相就是盡可能把天下的物品都囊括到王國去，甚至可以說是雙層的進貢制度。雖然徐氏認爲這種雙層制度是表現作者對財賄的愛好，因此無孔不入地籠盡一切。但是，王國若單靠諸侯國和地方的進貢，就造成依賴諸侯國和地方的局面。若諸侯國、地方的貢物失收，或因人爲問題而縮減對王國的進貢，則王國的日常安排亦會受到影響。因此，王國有直接的專職作出供應，可以說是對王國資源的儲備作出保證，可以說是作者對王國作出保障，而安排如此周密的制度。

除了賦稅制度的內容外，徐氏指出制度中大府和司會的職權劃分不清。大府以下的屬官有玉府、內府、外府，都是收取貨賄的官屬；司會以下的屬官有司書、職內、職歲、職幣，職權比大府屬官的強。徐氏指出這兩組的職權重疊，並把這個情況歸究於西漢末年的政治環境，即大府代表外朝，司會

代表內朝，而西漢自霍光以來都不信任外朝，因此，《周禮》代表內朝的司會系統，較代表外朝的大府系統強是理所當然，與其以為《周禮》乃西漢末所偽作的立場相合。

　　孜大府和司會二職的架構，大府由兩名下大夫擔任，沒有中士但有賈，而司會由兩名中大夫擔任，沒有下士。司會在地位上確實比大府高，不過在官數方面則相反。大府的官數共有一百三十人，而司會的官數只得九十七人。至於在職責方面，大府負責把收取到的財物，分撥給各府待用。到年終，就計算一年財物的收支情況，上報大宰；司會則按照貢法，收取諸侯國的財物，又記載各處的財物開支情況。表面上如徐氏所言大府和司會都是收取財物，職權看似重疊。不過，仔細再看兩者的職責，似乎各有所本。大府「受其貨賄之入，頒其貨於受藏之府，頒其賄於受用之府」，徐氏以為大府收集財物後，分配至玉府、內府和外府，但按三者的職責內容，只有內府一職與大府有密切關係，其謂：

　　　　內府，掌受九貢九賦九功之貨賄、良兵、良器，以待邦之大
　　用。〔註190〕

大府正是「掌九貢、九賦、九功之貳」，所以大府收到的財物，主要也是分到內府去。內府再按財物的類別分配到玉府和外府，而內府的其中一個職責是「凡王及冢宰之好賜予，則共之」，即可把財物賞賜給大臣，估計這些財物是從玉府和外府裡挑選出來。在玉府和外府的職責中，有掌「王之金玉、玩好、兵器」和「邦布之入出」之職，前者亦會賞賜大臣財物，後者則掌管王室衣服的開支。

　　至於司會，雖然也「以九貢之法，致邦國之財用」，但從其職權看，主要收集的財物似乎是以金錢為主，多處強調「財用」。而且，與司會相關的司書、職內、職歲三職，都是以記錄開支為主，至於物品，則其職以點算為主，如司書「知民之財、器械之數，以知田野、夫家、六畜之數，以知山林、川澤之數」。

　　比較兩者的職責，雖然都與收取財物有關，但大府系統所處理的以進獻的財物為主，職權的範圍以王宮內為主；司會則如今之會計，所處理的以金錢為主，職權的範圍以王畿外，即官府、郊、野、縣、都等，對於地方的財物只作點算的工作，不如大府般可把財物交給王或冢宰作賞賜之用。因此，徐氏認為大府與司會系統職權重疊，似乎並不完全正確。若以霍光以來不信任外朝的背

〔註190〕〔漢〕鄭玄注；〔唐〕賈公彥疏：《周禮注疏》（上海：上海古籍出版社，2010
　　　　年），頁215。

景套用到《周禮》當中，似乎亦有不妥。若作者希望延續霍光以來的取態，大可把司會系統的職權加強，甚至取代大府系統，不必分成兩個系統來處理。

　　徐氏指出《周禮》的賦役制度有其構想不合理處。首先，財賦本該由天官主持，但地官所負的財經責任比原本的邦教責任多。攷天官的職責為「使帥其屬，而掌邦治，以佐王均邦國」。「邦治」該牽涉的是諸侯國的賦役制度。至於地官的職責，則是「使帥其屬而掌邦教，以佐王安擾邦國」，但在大司徒一職裡則有以下的記載：

　　　　以土均之灋辨五物九等，制天下之地征。以作民職，以令地貢，

　　以斂財賦，以均齊天下之政。〔註191〕

地官大司徒的職責涉及土地制度、徒役人數，甚至在「鄉」、「遂」實行內政寄軍令。楊天宇在《周禮譯注》「地官司徒第二」的「題解」裡也提到，「邦教」是指掌教育之官，但細按其職文，掌教育固其職責之一，然並非主要職責。地官的主要職責是掌土地和人民。〔註192〕他把大司徒屬下各職分成七類，並指出地官司徒以下的七十七個屬官，掌管徵賦稅、力役的官就佔有十六職，是七類之中數量最多的。

　　其次，《周禮》強調「均」的概念，但不同的賦役制度內容和「均」的概念有不同。例如〈載師〉一職提及稅率的安排時，謂「凡任地，國宅無徵，園廛二十而一，近郊什一，遠郊二十而三，甸、稍、縣、都皆無過十二，唯其漆林之徵二十而五」。徐氏指出這種「近輕遠重」的稅率安排是不合理的，大抵是住得愈近國都的人，都該是比較富有的，因此這樣的安排看似是不合理的。不過，《周禮》的內容提及會根據土地的品質，安排種植不同的農作物。我們不知道鄰近國都的農地和遠郊之地所種的農作物有甚麼不同，如果遠郊之地的農作物產量較多或較容易種植的話，收取的農作物作為賦稅也有其合理的地方。又如〈閭師〉一職，會任使人民做不同的職業，便責以貢相應的實物，共有八種。類似的內容，在〈大司徒〉裡亦有提及，如「頒職事十有二於邦國都鄙，使以登萬民」。但兩者的重點不同，閭師在「責貢」，大司徒在「頒職」。而閭師只在〈大司徒〉的「十二職」中只取其八，而且內容有小異，可見其不統一的地方。楊天宇引鄭伯謙《太平經圖書》和孔廣林《臆測》提到《周禮》內容出現「當

────────────

〔註191〕〔漢〕鄭玄注；〔唐〕賈公彥疏：《周禮注疏》（上海：上海古籍出版社，2010年），頁344。

〔註192〕楊天宇：《周禮譯注》（上海：上海古籍出版社，2004年），頁128。

屬他官而混入此官」、「職掌與他官相衝突」等，認為類此的問題在《周禮》還不少，皆由於作者思之未密，或因《周禮》尚屬未成之書所致的。

總括而言，《周禮》的賦稅制度是全書的重心。如徐氏所言，《周禮》賦稅制度所涉及的範圍廣泛，不過說成是無孔不入和愛好財賄，未免有點負面。從另一方面看，也可以說是全面的。不過，如上文提及，部分內容有互相矛盾處，這些情況在《周禮》的其他地方也有出現。這可證明《周禮》並非出自一人之手，更可能是整理前代不同的制度所滙集而成的。

（四）無孔不入和嚴密的刑罰制度

《周禮》中主管刑罰的是秋官大司寇。徐氏認為《周禮》作者受法家思想影響，〔註193〕所以設計的刑罰制度極度嚴密，甚至無孔不入，直達人民生活的不同範圍裡。《周禮》的刑罰重、程序苛繁，與地方組織結連，貫徹周細，是法家思想的擴大，〔註194〕甚至以執法之吏代替教化之官，重視執法多於教化。

徐氏認為〈大司寇〉一篇取資於《尚書·呂刑》。《尚書·呂刑》對於刑罰輕重有以下的記載：

> 輕重諸罰有權，刑罰世輕世重，惟齊非齊，有倫有要。〔註195〕

《周禮·秋官·大司寇》對運用刑罰的輕重則比較細緻，其謂：

> 大司寇之職，掌建邦之三典，以佐王刑邦國，詰四方，一曰刑
>
> 新國用輕典，二曰刑平國用中典，三曰刑亂國用重典。〔註196〕

這裡指大司寇以三法輔佐王，懲罰違法的諸侯國。若違法的是新建立的諸侯國，就用輕法；若是舊國，就用中法；若是篡弒叛逆的亂國則用重法。〔註197〕

〔註193〕顧頡剛引楊椿《周禮考》「疑其（周禮）先出於文種、李悝、吳起、申不害之徒……後人網羅摭拾，匯為此書」，認為《周禮》原是一部戰國時的法家著作，在散亡之餘，為漢代的儒家所獲得，加以補葺增損，勉強湊足了五官。詳見顧頡剛：〈「周公制禮」的傳說和《周官》一書的出現〉，《文史》第六輯，頁40。

〔註194〕王啟發認為《周禮》思想與先秦法家的法治思想相聯繫，其文舉引詳細例子，可供參考。見王啟發：《禮學思想體系探源》（鄭州：中州古籍出版社，2006年），頁215～224。

〔註195〕〔漢〕孔安國傳；〔唐〕孔穎達疏：《尚書正義》（臺北：臺灣古籍出版有限公司，2001年），頁647。

〔註196〕〔漢〕鄭玄注；〔唐〕賈公彥疏：《周禮注疏》（上海：上海古籍出版社，2010年），頁1318～1319。

〔註197〕《漢書·刑法志》記載「昔周之法，建三典以刑邦國，詰四方：一曰，刑新邦用輕典；二曰，刑平邦用中典；三曰，刑亂邦用重典」。顏師古注謂：「新

《周禮》此處對刑罰的理解，比〈呂刑〉的仔細，可以說是對〈呂刑〉的內容作具體闡釋，故此，徐氏認爲〈大司寇〉受〈呂刑〉的影響。不過，徐氏亦指出《荀子‧正論》亦有談及和〈呂刑〉相關的內容，但其闡述和〈大司寇〉的剛好相反。《荀子‧正論》記載：

故治則刑重，亂則刑輕，犯治之罪固重，犯亂之罪固輕也。《書》曰：「刑罰世輕世重。」此之謂也。〔註198〕

徐氏認爲《荀子‧正論》和《周禮‧秋官‧大司寇》都是受《尚書‧呂刑》的影響。而《周禮》作者受法家思想影響，重視刑法，但礙於漢代自陸賈以來，儒生大多是反法的，因此對刑法的本質加以掩飾。徐氏認爲這些掩飾卻衍生了不合理的地方，如「三典」所指的是「刑新國用輕典」、「刑平國用中典」、「刑亂國用重典」。徐氏指出，刑法必求統一，應僅有一典，不應因輕重而有三套法典之理。

　　竊以爲徐氏的說法有可商権處。《荀子》和《周禮》無疑是受〈呂刑〉影響，兩者的說法不同，但不代表有衝突。〈大司寇〉提及的「三典」，對象是諸侯國。因應不同狀況的諸侯國，使用輕重不同的刑法。「典」有標準、法則之義，可以指同一法典，但刑法輕重有其彈性，即如今之法律有其最高刑罰，但法官可按不同的情況斟酌刑罰的安排。雖然有「重」、「中」、「輕」三典，但這種按情況而使用不同程度的刑法，實際上有其教化作用，並非一切從嚴，是體恤不同情況而作出修訂。〈正論〉提到的「治則刑重，亂則刑輕」，著眼點非轄下的諸侯國，而是國家、社會屬於治世還是亂世。屬治世，人民犯罪便是明知故犯，故所施之刑爲重；屬亂世，人民或因朝政敗壞而影響生活，如〈東門行〉的主人翁般逼於無奈，則國君亦有責任，故所施之刑爲輕。至於〈正論〉強調以禮救亂，目的都是要通過禮法把亂世平定；〈大司寇〉的「三典」雖把作用說成「刑邦國」、「詰四方」，但刑罰的背後並非要殘害人民，而是渴望穩定。社會穩定，是人民生活安定的基礎。兩者的着眼點都是希望社會穩定，而社會穩定的最大得益者是人民。因此，《周禮》強調刑法，並不等於和儒家強調的教化、民本思想有所衝突。金春峰便指出法家思想認爲嚴刑峻法是體現愛的。愛可以通過仁政來表現，也可以通過嚴刑峻法來表現。所

闢地立君之國，其人未習於教，故用輕法；承平守成之國，則用中典常行之法也；篡殺畔逆之國，化惡難移，則用重法誅殺之也。」詳見〔漢〕班固著；〔唐〕顏師古注：《漢書》（北京：中華書局，1962 年），頁 1091～1092。

〔註198〕 〔清〕王先謙：《荀子集解》（北京：中華書局，1988 年），頁 328。

以僅僅講愛，不可能把儒與法截然分開，故此原始儒學發展出孟子，又會發展出荀子。如果強調《周禮》是法家就不能是儒、是儒就不能是法的兩種對立的看法，顯然都是把儒、法的對立加以絕對化了。〔註199〕

至於《周禮》的「五刑」比〈呂刑〉的重，徐氏認爲是反映了漢代的刑法事實，因此先鄭、後鄭亦多援漢事作解釋。而「五刑」全用「五百」這數字，是作者喜歡「數字整齊」的方式。如上所述，〈大司寇〉和〈呂刑〉有密切關係。至於《周禮》的「五刑」和漢代的刑法內容吻合，並不代表《周禮》必然於漢代僞作。若漢人據《周禮》擬定刑法，則漢代刑法和《周禮》亦必然有相合之處。先鄭、後鄭援漢事作解釋，必拿其熟悉之事援引，因其寫作的對象是當時的儒生，用時事作解釋，時人對此的瞭解必然更深，不能以此作爲漢人僞作的原因。

據徐氏對《周禮》刑罰制度的分析，認爲是一種無孔不入和嚴密的刑罰制度。《周禮》的刑罰制度應用範圍廣。在對象方面，刑罰皆涉及平民和官吏。例如大宰「以八柄詔王馭羣臣」，其中「六曰奪，以馭其貧；七曰廢，以馭其罪；八曰誅，以馭其過」，〔註200〕是三種對官吏的刑罰：剝奪、廢黜和誅殺。又如在大司徒「因此五物者民之常，而施十有二教焉」，其中「七曰以刑教中，則民不虣」，〔註201〕是用刑法教民遵守禮法，防止暴亂。又有「以鄉八刑糾萬民：一曰不孝之刑，二曰不睦之刑，三曰不婣之刑，四曰不弟之刑，五曰不任之刑，六曰不恤之刑，七曰造言之刑，八曰亂民之刑」。〔註202〕這是針對鄉中的平民，刑法雖多，但總括來說也是要人民遵守禮法，刑法背後實際上是強調道德價值，如孝、悌等。

除了刑罰的對象範圍廣闊，上至官吏，下至平民，刑罰牽涉的事情範圍亦同樣廣泛。徐氏甚至認爲《周禮》把刑罰伸入人民生活中，如上文提到以刑法教民遵守禮法，是把傳統以教育的方式教化人民守禮，轉變成以刑法的形式要求人民守禮。例如在〈司救〉一職中：

〔註199〕金春峰：《周官之成書及其反映時代新考》（臺北：東大圖書股份有限公司，1993 年），頁 282。

〔註200〕〔漢〕鄭玄注；〔唐〕賈公彥疏：《周禮注疏》（上海：上海古籍出版社，2010年），頁 43。

〔註201〕〔漢〕鄭玄注；〔唐〕賈公彥疏：《周禮注疏》（上海：上海古籍出版社，2010年），頁 339～340。

〔註202〕〔漢〕鄭玄注；〔唐〕賈公彥疏：《周禮注疏》（上海：上海古籍出版社，2010年），頁 371～372。

掌萬民之衺惡過失而誅讓之，以禮防禁而救之。凡民之有衺惡
者，三讓而罰，三罰而士加明刑，恥諸嘉石，役諸司空。其有過失
者，三讓而罰，三罰而歸于圜土。〔註203〕

「邪惡」和「過失」，鄭玄《注》認爲邪惡輕於過失。邪惡是指不尊敬長者和老
人、言語傷人之類而尙未構成犯罪；過失則是指酗酒爭訟，或以兵器誤傷人之
類，已經構成犯罪。後者對人造成明顯的傷害，有刑罰作處理是正常不過的。
至於前者，則把刑罰牽涉至人民的日常生活中，如與他人相處、對話裡頭，甚
至連民眾間的仇怨，也有專門的官吏處理。在〈調人〉一職中，負責「掌司萬
民之難而諧和之」，〔註204〕就是對民眾間的仇怨作出調解。例如殺人者如果不
肯躲避，調人就可緝捕他治罪；合理殺人者，被殺者的家人不能報仇，否則要
判死罪等。這些都是把刑罰深入至人民生活的每個細節，比起一般設立刑罰來
得更細密，就是職業上、生活上、家庭教育上、社會風俗上都牽涉在內，甚至
以刑罰來支持國家的經濟政策。不過，彭林亦指出《周禮》的懲治條例，「雖有
斬、殺、焚、車轘等刑名，卻不是針對所有民眾的，而是往往有特定的對象」。
〔註205〕因此，他認爲《周禮》的刑法制度與法家之嚴刑苛法有本質的區別。

此外，《周禮》的刑罰制度程序繁苛，徐氏認爲其繁苛的目的在於斂財。
有關訴訟的程序，有以下的記載：

以兩造禁民訟，入束矢於朝，然後聽之。以兩劑禁民獄，入鈞
金，三日乃致于朝，然後聽之。〔註206〕

此處指出「民訟」和「民獄」的訴訟程序。「民訟」爲小事，「民獄」爲大事。
就「民訟」言，須訴訟雙方到場，先交一束矢，才會受理訴訟；至於「民獄」，
須訴訟雙方攜帶有關的文字證明材料，並交三十斤銅，過三天，訴訟雙方來
朝，才受理訴訟。徐氏認爲，按照這個原則，富人能打官司，窮人不能打官
司。再者，要訴訟雙方都到場才受理，出現的機會比較少，因爲理虧的自然
不會到場。至於程序繁苛的目的在於斂財，是由於訴訟者須先繳交一束矢、

〔註203〕〔漢〕鄭玄注；〔唐〕賈公彥疏：《周禮注疏》（上海：上海古籍出版社，2010
年），頁502～504。
〔註204〕〔漢〕鄭玄注；〔唐〕賈公彥疏：《周禮注疏》（上海：上海古籍出版社，2010
年），頁505。
〔註205〕詳見彭林《〈周禮〉主體思想與成書年代研究（增訂版）》（北京：中國人民大
學出版社，2009年），頁72。
〔註206〕〔漢〕鄭玄注；〔唐〕賈公彥疏：《周禮注疏》（上海：上海古籍出版社，2010
年），頁1322。

三十斤銅，作爲受理訴訟的先決條件，作爲對朝廷的奉獻。徐氏並指出訴訟的嚴苛對窮民尤甚，〈大司寇〉有以下的記載：

> 以肺石達窮民。凡遠近惇獨老幼之欲有復於上而其長弗達者，立於肺石，三日，士聽其辭，以告於上，而罪其長。〔註207〕

這裡記載長官不轉達窮民的冤屈時，窮民轉達其冤辭的方法是要站在肺石上三天，然後由朝士聽他們訴說冤屈，以報告朝廷，懲罰他們的長官。徐氏認爲窮民中包括老幼，要求老幼在肺石上站三天，才得獲聽冤辭，是一種虐政。老幼縱然沒有站死，也磨折得半死不活了。〔註208〕

　　徐氏認爲《周禮》的刑罰制度嚴苛，是毋庸置疑的。然而，這種嚴苛的制度是否以斂財作目的，則有商榷的餘地。在訴訟的過程中，訴訟雙方須先提交一束矢或三十斤銅作訴訟費，甚至文字證明，政府才接受這訴訟。這種要求固然是嚴苛，亦如徐氏所言是嚴格的。但這種要求可避免了人民濫用刑罰的制度，某程度上可保證訴訟的案件不會是無的放矢，浪費資源。至於矢和銅是否斂財的來源，鄭玄《注》和孫詒讓《正義》則有所補充。鄭玄認爲雙方皆須提交訴訟費，如其中一方不提交，就是自認理曲。孫詒讓謂「既斷之後，則不直者沒入金以示罰，直者仍還其金」，〔註209〕似乎指出政府實際所得的只是訴訟費的一半。如此，訟訴立案的條件，即雙方均須到場，並提交不菲的訴訟費，最後能立案的數量一定不多，政府從中獲利的機會亦非徐氏所言般能斂財。至於窮民要站立在肺石三日，先不論這個行動是否合乎人道，但這是提供平民一個平反的機會。在官吏失職，或不願意爲民請命的時候，能夠使窮民的冤辭得以上達至諸侯、大夫等。這可避免弱勢的窮民被欺凌，某程度上也警惕官吏並非高高在上。至於窮民是否眞的要站立三日，則無從稽考。這種制度既保護窮民申訴的權利，亦保證官吏不被胡亂投訴，因窮民亦須有一定的行動，來表達其申訴的決心。因此，刑罰制度的嚴密，並非爲了斂財，亦非偏重於富有者和官吏的利益。其嚴密可以說是爲了避免濫用，因爲正式立案訴訟，須付出一定的金錢和時間，若能私下處理的，不必立案訴訟。但窮民、官吏、有權勢者，皆能因刑罰之繁苛而有所警惕，這或許才是這種刑罰制度的目的。〔註210〕

〔註207〕〔漢〕鄭玄注；〔唐〕賈公彥疏：《周禮注疏》（上海：上海古籍出版社，2010年），頁1324。

〔註208〕徐復觀：《周官成立之時代及其思想性格》（臺北：學生書局，1980年），頁147。

〔註209〕〔清〕孫詒讓：《周禮正義》（北京：中華書局，2015年），頁3314。

〔註210〕陳剩勇指出：「冤情申訴制度的設立，爲下層民衆開闢了一條利益訴求和表達

另一處能反映《周禮》刑罰制度的嚴密，是以組織推行刑罰。《周禮》的地方組織嚴密，每一層的地方官都掌刑罰之權。攷《周禮》的地方組織，以五家爲比，五比爲閭，四閭爲族，五族爲黨，五黨爲州，五州爲鄉，還有在王國範圍外的遂、縣、鄙等，當中的長官如鄉師、比長、閭師、族師、黨正、州長、遂師、遂大夫、縣正、鄙長等，都掌管所屬地方的政令。這裡提到的地方政令，都和法令相關，不依法而行即爲犯法，可予以刑罰，則知《周禮》的刑罰制度是一層疊一層，也可視之爲重法的例子。

此外，徐氏指出《周禮》的刑法系統與三重行政系統並行，即大司徒、大司馬和大司寇也有執行刑法的權力。大司徒掌國家之土地制度，在〈小司徒〉一職中記載其有賞罰權：

> 凡用眾庶，則掌其政教與其戒禁，聽其辭訟，施其賞罰，誅其犯命者。〔註211〕

此處指出，當小司徒徵用民眾時，就掌管有關的政教和對被徵用者的禁戒，可施行對他們的賞罰，懲罰他們當中觸犯禁戒的人。至於大司馬是掌國家的軍事，關於其權責，《周禮》有以下的記載：

> 以九伐之灋正邦國：馮弱犯寡則眚之，賊賢害民則伐之，暴內陵外則壇之，野荒民散則削之；負固不服則侵之；賊殺其親則正之，放弒其君則殘之，犯令陵政則杜之，外內亂，鳥獸行，則滅之。〔註212〕

這裡指出大司馬在九種情況下，如諸侯國以大侵小、殺害賢良、施行暴政、人民離散、不服從王命、無辜殺害親族、弒殺國君、輕視國法、出現悖亂人倫的行為等，可出兵規正諸侯國。至於大司寇掌國家的刑罰，則必定具執行刑法的權力，此處不贅。雖說《周禮》的刑法系統與三重行政系統並行，但是並非全然如徐氏所言，人民生活在三重的刑罰制度下。大司徒和大司馬系統下雖有執行刑罰的權

的渠道，使社會弱者遭受地方官員或豪強侵害後，還有獲得權益救助的可能。同時，國家統治者也可通過這一渠道，傾聽下層民眾的呼聲，或多或少瞭解一些民眾的疾苦，進而幫助他們解決困難，化解糾紛。」詳見陳剩勇：〈《周禮》制度設計與儒家的協商政治理想──一個政治思想史維度的解讀〉，《禮學與中國傳統文化：慶祝沈文倬先生九十華誕國際學術研討會論文集》（北京：中華書局，2006年），頁174。

〔註211〕〔漢〕鄭玄注；〔唐〕賈公彥疏：《周禮注疏》（上海：上海古籍出版社，2010年），頁389。

〔註212〕〔漢〕鄭玄注；〔唐〕賈公彥疏：《周禮注疏》（上海：上海古籍出版社，2010年），頁1100～1103。

力，不過都是在特定的情況下，即大司徒在徵用民眾的時候、大司馬在討伐諸侯國的時候，跟大司寇在日常情況下施行刑罰有所不同。竊以為在一般情況下，刑罰的施行並不會同時間重疊出現，只是在不同的情況下，刑罰制度仍然有效地存在。以一般民眾為例，基本上都是由大司寇系統下的官吏作監察和施行。假若被大司徒徵召時，因當時被徵召的人民屬大司徒所管理，可以說是把原大司寇的刑罰權臨時轉移到大司徒身上。這也是實際施行的方便，若民眾犯罪而要輾轉交由大司寇處理的話，則反而有架牀疊屋的弊處。當徵召完畢後，對民眾的監察和刑罰，就交回大司寇身上，故不存在同時間被不同的行政系統所監管。

簡而言之，《周禮》的刑罰制度無孔不入而嚴密，訴訟程序亦十分繁瑣。徐氏認為《周禮》的作者受法家思想影響是可信的，或至少重視刑法的思想在當時已經十分流行。不過，刑罰設立的目的是以阻嚇人民為主，還是教育人民為主，則仍有討論的空間。〔註213〕徐氏指出《周禮》以刑法之官替代教化之官，似乎刑法制度也包含了教化的作用。對此，周何認為：

> 《周禮》之官政治民，是以禮樂教化為中心，以達於移風易俗之治本效果，亦即以禮樂為工具，塑成社會共同之生活規律，以維護傳統之道德觀念。然此僅具精神上之規範作用，缺乏形式上之約束力量，自須法治功能以為輔弼，基於這樣的認識，乃可瞭解《周禮》法治思想之主要價值即在於輔弼教化，亦即禮法合一之精神。〔註214〕

彭林亦認為：

> 《周禮》使民所讀之『法』，內涵要廣泛得多，除政教、禁令之外，主要是教法……《地官》、《夏官》、《秋官》均有類似的文字。這表明《周禮》是要運用國家政權的力量，以儒家思想統一萬民的思想。〔註215〕

〔註213〕田中利明認為「《周禮》的『禮』較接近《荀子》。但另一方面，《荀子》『禮』、『法』並列，與此相反，《周禮》的『禮』為『法』所吸收」。見工藤卓司：《近百年來日本學者〈三禮〉之研究》（臺北：萬卷樓，2016年），頁91。

〔註214〕周何：《禮學概論》（臺北：三民書局，1998年），頁64。另外，陳剩勇指出：「孔子、孟子和荀子等儒家的學者，對人治、道德和制度的強調，只是各有側重，就儒家學派的整體而言，人治並非不要法、不要制度，不講制度建設。」詳見陳剩勇：〈《周禮》制度設計與儒家的協商政治理想——一個政治思想史維度的解讀〉，《禮學與中國傳統文化：慶祝沈文倬先生九十華誕國際學術研討會論文集》（北京：中華書局，2006年），頁183。

〔註215〕詳見彭林《〈周禮〉主體思想與成書年代研究（增訂版）》（北京：中國人民大

綜觀《周禮》的刑罰內容，嚴苛繁瑣但可說得上是公平，至少低下至平民階層，仍有機會表達其冤辭。訴訟程序繁瑣既保障富民不被誣蔑，亦保障窮民不被欺壓，因雙方均需到場是先決條件。至於三重行政系統皆有刑罰之權，更能體現刑罰系統的完整性。即使出現突發的調動和安排，刑罰系統依然完整地運作。由此可知，《周禮》的刑罰系統完整，並且貫徹細密。

（五）空洞而僅具點綴性的教化制度

徐氏指出，《周禮》作者重點不在教化，因此相關的教化制度內容不多。他列舉了《周禮》中大司徒、大宰、鄉大夫、師氏、保氏、樂師、大胥、小胥和大師等九個官職，表示全書只有此九職有關教化，可知其對教育並不重視。除了以上九職外，還有小宰、鄉師、黨正三職分別管理國、鄉、黨的教育。然而，此三職並非專門處理教育事務，此三職為行政管理的職位，凡國、鄉、黨的事務皆需管理。

徐氏指出教化制度於《周禮》非重點內容，是正確的。考以上十二職，專門辦教育事宜的只有大司徒、鄉大夫、師氏、保氏、樂師和大師。大司徒是地官之首，辦教化事務是理所當然的。他根據五種地形所形成的人民生活習慣，施行十二方面的教育、〔註216〕讓鄉大夫教萬民六德、六行、六藝、五禮、六樂。大司徒於正月初一頒布教法給鄉大夫，鄉大夫再頒布給鄉中官吏。這是《周禮》對萬民的教化。至於對貴族子弟的教化，師氏教三德、三行，保氏教六藝、六儀，樂師教小舞、樂儀，大師教六詩。

比較《周禮》對萬民和貴族子弟的教化，不難發現其所強調的不離品德、技藝、禮和樂。徐氏由此指出《周禮》內容混亂、不一致，如一謂「六德」、一謂「三德」等。歸納徐氏的說法，可得出其批評《周禮》教化制度的混亂有四：

（1）名目不同，但內容重複。

鄉大夫的六德內容是「知、仁、聖、義、忠、和」、六行是「孝、友、睦、姻、任、恤」；師氏的三德內容是「至德」、「敏德」、「孝德」、三行是「孝行」、「友行」、「順行」。徐氏認為「三德」比「六德」內容空泛，只是作者要湊成「三」和「六」的數字。竊以為《周禮》作者刻意構思兩套內容，平民的內

學出版社，2009 年），頁 55。

〔註216〕十二教指祀禮教敬、陽禮教讓、陰禮教親、樂禮教和、以儀辨等、以俗教安、以刑教中、以誓教恤、以度教節、以世事教能、以賢制爵、以庸制祿。

容是具體的，分拆的名目多，讓鄉大夫可逐一教授。至於貴族子弟的學習，內容相對空泛，是因為禮儀在貴族裡已成基本定式，禮儀內容背後有穩固的道德觀念，不必逐一道出。至於作者為了湊數而構成「三德」或「六德」，竊不以為然。古人固然喜歡名目和數字統一，但保氏教六藝和六儀、大師教六詩，皆以六為數。若以統一言，把師氏的「三德」、「三行」換成鄉大夫的「六德」、「六行」，既配合保氏、大師，又能和鄉大夫相同。如此清晰可見的數字，若說成是出於眾手，而沒有細心整理，似乎有點牽強。

（2）教化之職分屬二官。

《周禮》記載「乃立地官司徒，使帥其屬而掌邦教，以佐王安擾邦國」。〔註217〕「掌邦教」者，即管理國家之教育。鄉大夫、師氏、保氏皆隸屬於大司徒。惟教國子小舞、六律、六詩的樂師和大師二職，則隸屬於春官大宗伯。徐復觀認為古代禮樂不分，有以樂官主教化的傳統。但《周禮》設立六官時，使地官司徒負責教化，使春官宗伯負責禮儀，則不得不把樂官隸屬於宗伯，故「把同一性質的教化責任，分置於兩個不同的系統，而不能不忍受由重複而來的混亂，由混亂而來的空洞化」。〔註218〕由於《周官》設計六官分別掌政、教、禮、軍、法、事，地官所指的「教」，非單單的教育，而是一切涉及人民日常生活的情況，故亦有商業、農業的內容。樂師、大師二職雖有教化作用，惟樂與禮密不可分，〔註219〕因此二職隸屬於大宗伯，比隸屬於大司徒為佳。

（3）制度難以實現。

《周禮》中提及鄉大夫每三年進行大校比，考查鄉民的德行和道藝，薦舉有德行、有才能的人。徐復觀以〈王制〉與《周禮》比較，認為《周禮》「所構想的既沒有推選的歷程，又沒有特別給以教育的機會，更沒有如何選用的

〔註217〕 〔漢〕鄭玄注；〔唐〕賈公彥疏：《周禮注疏》（上海：上海古籍出版社，2010年），頁305。

〔註218〕 徐復觀：《周官成立之時代及其思想性格》（臺北：學生書局，1980年），頁167。

〔註219〕 王啟發指出《周禮》賦予禮樂文化以政治意義，《大宗伯》中有五禮之分，禮中強調「樂」，如「樂德」就是樂所體現的道德精神。因此作者試圖通過禮樂的教化功能使之在現實社會政治生活中發揮作用。見王啟發：《禮學思想體系探源》（鄭州：中州古籍出版社，2006年），頁229～231。關於禮、樂的關係，沈文倬〈略論禮典的實行和《儀禮》書本的撰作〉指出：「從禮、詩、樂三者的相互關係上看，舉行禮典需要詩、樂組成的音樂配合，那末在教學上也應以禮典演習為主體，三個科目中學詩、學樂是從屬於學禮的。」詳見沈文倬：〈略論禮典的實行和《儀禮》書本的撰作〉，《文史》第十五輯（1982年9月），頁28。

明文……連大司徒小司徒也不經過，……至於如何把名冊上的賢能，『出使長之』、『入使治之』，更無一字作實際的規定」。〔註220〕徐氏之說值得商榷。《周禮》內容較〈王制〉簡略，不代表其沒有可行性。鄉大夫把薦舉賢能的文書給王後，回來舉行鄉射禮，考量的是人的身心、儀容等，再讓人民推舉有才能的人作治理者。《周禮》沒記載王會立即使用賢能，而是交到天府收藏，也許是待需要時查看和選用。至於鄉中的事，鄉大夫可自行安排。小司徒於大校比時，會評斷他們的治理情況，故鄉大夫亦需為自己的安排負責，不至於徐氏所言般沒有任何準則。

（4）內容與歷史發展不同。

保氏和師氏是專責教化貴族子弟的官職，師氏是中大夫，保氏是下大夫，前者地位較高。徐復觀指出，保的地位在周初時比師高。而且，周初至賈誼《新書》，師、保都沒有負「國子」教化責任的跡象。因此，《周禮》師氏、保氏負國子教化的責任，是新出現的構想，並且與樂師等的教化責任有重複和混淆。〔註221〕徐氏認為保的地位在周初比師高，是根據《尚書・顧命》「乃同召太保奭、芮伯、彤伯、畢公、衛侯、毛公、師氏、虎臣、百尹、御事」。〔註222〕太保是三公之一，而師氏是大夫官。然而，此太保是否就如《周禮》的保，這裡的太保是三公之一，與《周禮》教國子六藝、六儀的保氏，職責大相逕庭。考《左傳・成公九年》「其為大子也，師、保奉之，以朝于嬰齊而夕于側也。不知其他」、〔註223〕《禮記・文王世子》「入則有保，出則有師」、〔註224〕「《記》曰：『虞夏商周，有師保，有疑丞，設四輔及三公，不必備，唯其人。』」〔註225〕《左傳》和《禮記》提到的師、保，似乎並沒有高下之分。〈文王世子〉提到師、保的職責，師是傳授事實來說明道德，而保則是

〔註220〕徐復觀：《周官成立之時代及其思想性格》（臺北：學生書局，1980年），頁160。

〔註221〕徐復觀：《周官成立之時代及其思想性格》（臺北：學生書局，1980年），頁164～165。

〔註222〕〔漢〕孔安國傳；〔唐〕孔穎達疏：《尚書正義》（臺北：臺灣古籍出版有限公司，2001年），頁584。

〔註223〕〔周〕左丘明傳；〔晉〕杜預注；〔唐〕孔穎達正義：《春秋左氏傳正義》（北京：北京大學出版社，2000年），頁848。

〔註224〕〔漢〕鄭玄注；〔唐〕孔穎達疏：《禮記正義》（北京：北京大學出版社，2000年），頁741。

〔註225〕〔漢〕鄭玄注；〔唐〕孔穎達疏：《禮記正義》（北京：北京大學出版社，2000年），頁741～742。

衛護、輔助世子。以教化的作用言，師的作用較大，保的作用較少。《周禮》作者或許據此而設置師氏的地位比保氏高。

　　雖然《周禮》的教化制度並非重點，徐氏指出當中的內容在思想史上具有重大意義。首先，《周禮》把技能放在教化內容當中。先秦時期，在教化上強調的是禮樂和道德，如孔子強調仁、義、孝、悌、忠、恕，便是強調人的道德行為，荀子強調隆禮，就是指出人須用禮樂制度，來節制情欲。及後，法家思想主張的刑法，也是從中演化而來。《周禮》亦有繼承這種傳統，如大司徒教鄉三物和五禮六樂、師氏教國子三德三行。在《周禮》以前，六藝可指詩、書、禮、樂、易、春秋。而《周禮》記載保氏教國子的六藝則有所不同，是指禮、樂、射、御、書、數。其中，射、御、數都是生活技能，是《周禮》以前沒有明文規定的學習內容。徐氏認為這種改變，是「提高技能在教化中，亦即是文化中的地位，可以說是非常有意義的」。〔註226〕其實，禮有射禮，故射本來是禮的其中一個部分。《周禮》把技能具體地放在教化內容中，更明確地豐富了古代的教化內容。金春峰認為《周禮》作為一本論述官職設立及其職守的書，只能從實際出發。而當中規定的一系列王及大臣應遵循的禮的生活，無不認為是王與官吏應該忠誠踐履，並不真如徐氏所言般只具點綴的性質。〔註227〕

　　其次，徐氏認為《周禮》寓教化於組織。《周禮》以五家為比，五比為閭、四閭為族，五族為黨，五黨為州，五州為鄉。大司徒頒法後，鄉大夫便會層層向下的頒布給州、黨等官吏，一切都按著這個架構運行。徐氏以《孟子》的內容作比較，認為《周禮》也是行井田制度，但教化的效果不與井田結合，而與行政組織連結在一起，實際意義不大。竊以為這是《周禮》作者的一個選擇，與井田制度結合來教化，因著井田制度所定各家各戶的關係，確實較容易達到「出入相友，守望相助，疾病相扶持，則百姓親睦」〔註228〕的效果。但是，井田制度的破壞，乃公田不受重視，而農業人口增加，私田擴大。當制度破壞時，相應的教化效果亦不能出現。以農田制度和行政組織制度作比較，行政組織的

―――――――――――

〔註226〕徐復觀：《周官成立之時代及其思想性格》（臺北：學生書局，1980年），頁169。

〔註227〕金春峰：《周官之成書及其反映時代新考》（臺北：東大圖書股份有限公司，1993年），頁100。

〔註228〕〔漢〕趙岐注；〔宋〕孫奭疏：《孟子注疏》（北京：北京大學出版社，2000年），頁164。

制度穩定性較高，故《周禮》作者或以此把教化與行政組織結合。

第六節　《周禮》爲僞書的證據

　　張心澂（1887～1973）《僞書通考》把文獻作僞的程度分成六類：全僞者、眞雜以僞者、僞雜以眞者、眞僞雜者、眞僞疑者、僞中僞者。〔註229〕徐復觀從時代背景和《周禮》內容兩方面作進路，認爲《周禮》乃王莽、劉歆所僞作的。

　　在時代背景方面，徐氏根據王莽、劉歆的背景作考究。王莽本身是習禮，並曾多次議禮，可見他對禮的熟悉。至於劉歆，其父劉向爲整理秘府典籍的官員，後歆承父業，且與王莽識於微時。王莽掌政時，劉歆亦爲其中一位重要官員。徐氏指出，二人關係緊密，而王莽爲了鞏固政權，不惜與劉歆僞造典籍，使其施政順利。再者，徐氏指出《周禮》不少內容和漢代的背景有密切關係，如《周禮》的財經政策受桑弘羊的經濟政策影響、《周禮》重法的思想是爲了解決西漢末的社會問題、《周禮》的虛君制度繼承自西漢中期賈誼《新書》提到的制度等等。因此，徐氏認爲《周禮》是王莽、劉歆爲了鞏固政權和解決社會問題而僞造的書，並且因爲攝政之勢已成，故逼不及待要把未完成的《周禮》公諸於世。

　　在《周禮》內容方面，徐氏指出《周禮》的天道思想和劉歆所作的《三統曆》有相似的地方，推斷《周禮》與劉歆有密切關係。徐氏指出《三統曆》是拼盤式的無所不包的哲學大系統，把易卦、樂律、時歷三者合而爲一。《三統曆》謂「以地中數六乘之，爲三百六十分，當期之日，林鐘之實也」，〔註230〕跟《周禮》設六官，每官官屬六十，有異曲同工之妙。徐氏認爲《周禮》和《三統曆》的設計理念相同，故作者該爲同一人，而劉歆作《三統曆》是毋庸置疑的，因此推斷《周禮》亦爲劉歆所作。

　　其次，《周禮》所載的官職、文字皆有缺漏訛誤之處，可見此書於當時還未完成。例如〈小宰〉提到六官之屬，各爲六十。但考六官官屬的數字，並不平均，如天官之屬六十三、地官之屬七十七、春官之屬七十、夏官之屬六十九、秋官之屬六十六，未計已缺逸的冬官，已有三百四十五官。若冬官存在，則只有十五官，與前五官相比，則顯得極不平衡。因此，我們可推斷《周

〔註229〕張心澂：《僞書通考》（上海：上海書店，1991年），頁2。
〔註230〕〔漢〕班固著；〔唐〕顏師古注：《漢書》（北京：中華書局，1962年），頁963。

禮》的官屬實比三百六十這數字多。此外，部分官職內容有所缺漏，如司祿、司馬、掌疆、司甲、掌察等十四職，都是有名無職的，但這些官職的職守大抵可在其他官名下找到。徐氏認爲這種情形是作者想出了名稱，但一時想不出職守，或想出了職守，但因疏忽記錄到其他官名下去。〔註231〕

　　除此之外，徐氏指出《周禮》的作者在抄錄材料時把原材料中的文字抄錯，而未及加以校正。《周禮·職方氏》提到「正南曰荊州」、「河南曰豫州」、「正東曰青州……其民二男二女」和《周書·職方》「正南曰豫州」、「河南曰荊州」、「其民二男三女」的內容不同。鄭玄注《周禮》時亦指出《周禮·職方氏》之誤而《周書》則無誤。徐氏認爲《周禮》作者抄自《周書》而未及校正錯誤。

　　徐氏認爲劉歆曾作整理的工夫，除了是因爲劉歆能在秘府中看到古書外，亦因爲《周禮》的內容和劉歆所作的《三統曆》有相似的地方。而《周禮》缺〈冬官〉一篇，乃因湊六十官數不易，而當時王莽攝政之勢已成，需要《周禮》一書的內容幫助施政及鞏固帝位，故逼不及待要把未完成的《周禮》拿出來。除此之外，《周禮》所載的官職、文字皆有缺漏訛誤之處，如從六官之屬在數字上未能劃一，甚至出現有名無職的情況，與綱目所書不同，並且在抄錄原材料的文字時出現訛誤，未及校正。若爲一人僞作，或一人整理之作，則不該出現這種前後不一，未能自圓其說的情況。以上種種，皆可知《周禮》乃未完成之書，是王莽最早草創，及後交由劉歆整理的。

　　徐氏的說法是合理的，部分的推論也具合理的推測，但並非必然發生的。如王莽好禮的背景，只能說他對禮十分熟悉和跟《周禮》有密切關係，但不代表他需要僞造《周禮》。至於劉歆與王莽識於微時、身處秘府，能看到不同的古代典籍，也不代表劉歆處心積慮要爲王莽篡漢作準備。即使王莽早有野心，也難以預料自己將來有這樣的機會，而劉歆若一早準備作僞，就不該出現《周禮》內容有缺漏的情況。至於說因爲要幫助施政及鞏固帝位，而把未完成的《周禮》拿出來，則有不合理的地方。第一，王莽喜歡托古改制，但《周禮》的內容與部分古代文獻相類。王莽不必耗費時間來僞造一部典籍，大可把其他古代文獻中適用的部分抽出來，作爲施政的來源。其次，王莽當時既已爲一國之君，加上爲篡漢而製造符瑞，大抵不必再以一部典籍來鞏固帝位。而且，王莽以前亦無君主以典籍鞏固帝位之例。第三，如徐氏所言，王莽、劉歆僞造《周禮》，斷不能是單憑一兩人所能僞造，參與的必然是當時

〔註231〕徐復觀：《周官成立之時代及其思想性格》（臺北：學生書局，1980年），頁54。

的知識分子，但政府或私人的文件、典籍皆沒有提及過任何相關的內容。對於這個說法，錢穆〈周官著作時代考〉一文辯之甚詳。

　　竊以爲《周禮》乃匯集古代不同禮制的典籍，流傳至今的《周禮》或許已經過不同時期、不同之手整理。至於《周禮》內容有訛誤的地方，我們難以此斷定其是僞書。因爲古代文獻流傳的過程中，傳抄有誤的情況屢見不鮮，如《論語》、《詩經》或其他文學作品，流傳至今也會出現文字上有差異的情況。即使內容和漢代背景吻合，也只能證明此書於漢代或經過整理，但不能說整部典籍就在漢代整理。〔註232〕周何《禮學概論》引張載之言，認爲《周禮》成書時甚粗略，「或爲周公致政成王，僅以爲治官之參考，未必有何學術價值可言，其後人事漸繁，此存於官府之官政簡本，乃有陸續增補之需要」。〔註233〕然而，徐氏考證時能涉及不同的角度，如從人物的背景、《周禮》的內容與時代背景、《周禮》的文字和思想等方面，作出大膽的假設和深入的推論，可以說是一個完整的研究。再者，徐氏當時能見到的文獻資料有限，不少出土的文獻於當時仍未面世，對於出土文獻的研究亦未成熟，我們難以後來掌握較多的資料以論斷徐氏在這方面的不足。

第七節　《周禮》資取的古代文獻

　　上文提到，徐復觀認爲《周禮》由王莽、劉歆僞造，但他亦深明單憑兩人之力不能僞造一部《周禮》。徐氏認爲當時定必有一班文士幫忙，而《周禮》亦非一部憑空創作的典籍。徐氏指出《周禮》的作者在觀念、名詞，甚至格套上皆資取於不同的古代文獻。不過，作者在徵引文獻的時候，會把資料改頭換面。三鄭、孫詒讓曾以《禮記》、《說文解字》、《爾雅》等證《周禮》制度，實際上也是要指出《周禮》和古代文獻有密切的關係。對於這種情況，徐氏認爲是牽附之談，並以孫詒讓之言駁之。孫氏謂《禮記》等爲今文學，與《周禮》經義多不合。因此，徐氏認爲注釋家以古文獻證《周禮》制度乃周初之制，是徒勞無功的，並謂「《周禮》陶鑄之工最大，保存羣言的本來面目最少」。如前文所及，《周禮》的思想或

〔註232〕張心澂指出古書世傳非成於一手，如巫史所傳之簡冊，在後世成爲書者，頗難辨爲某代某人之所記。詳見張心澂：《僞書通考》（上海：上海書店，1991年），頁17。竊以爲《周禮》所記之官制亦有類似的情況，非單成書於一人一時，乃經過不同時期的資料整合而成。
〔註233〕周何：《禮學概論》（臺北：三民書局，1998年），頁45。

受着古代思想或社會的發展所影響，而此節所論及的是與《周禮》在內容或文字上有比較明顯關係的古代文獻：《周書》、《大戴禮記》和《管子》。

《周書》即今之《逸周書》，最早見於《說文解字》，記載的是周文王至景王的歷史事件。《漢書・藝文志》稱之爲《周書》。由於《尚書》中已有《周書》，後學者逐漸改稱爲《逸周書》。徐氏指出《逸周書》和《周禮》有內容、文字相近的地方，〔註234〕朱右曾（生卒年不詳）《周書集訓》中至少有十個地方引《周禮》作解釋，但徐氏認爲事實可能是相反，《周禮》資取自《逸周書》。以下將分述其所提及的十個例子：

（1）《逸周書・職方解》和《周禮・夏官・職方氏》的內容大致相同。

按：攷二書的相關內容幾乎一樣，只是個別字眼不同。《周禮》部分句子或多一些字眼。這種情況可知一書資取自另一書，或兩書皆資取自一共同來源。但大抵以前說爲正，因爲沒有其他文獻資料如此吻合。至於《周禮》的作者是否資取自《逸周書》，則難以論定。徐氏既說《周禮》的作者故意在徵引文獻時改頭換面，但此處則把〈職方解〉的內容全都抄錄下，而他處則刻意改頭換面，則此說未能令人信服。若把這種情況歸究於時間太倉促，但又急於推出，似乎亦不合理。作者大可如其他官職般，只列官名而不列職權，不必把抄錄的內容一字不漏地記在《周禮》裡。

（2）《逸周書・作雒解》和《周禮・地官・小司徒》的地方規劃相似。

按：〈作雒解〉謂「制郊甸方六百里，國西土爲方千里。分以百縣，縣有四郡，郡有四鄙」。〔註235〕〈作雒解〉的地方組織是以縣爲首，其次是郡，再次是鄙。至於〈小司徒〉記載的地方規劃則較爲詳細，「九夫爲井，四井爲邑，四邑爲丘，四丘爲甸，四甸爲縣，四縣爲都」。〔註236〕兩者相同的是甸和縣，

〔註234〕 葉純芳比較《周禮・職方氏》與《逸周書・職方》之因襲時，列出十二處內容幾乎如出一轍。葉氏從官聯的角度分析，認爲《周禮・職方氏》並非抄自《逸周書・職方》。其理據是《周禮》強調「官聯」，若《周禮》抄自《逸周書》，則作者要大費周章再創作其他官職，並巧妙地與〈職方氏〉相聯，這是較爲困難的事。詳見葉純芳：《孫詒讓〈周禮〉學研究（下）》（臺北：花木蘭出版社，2013年），頁288～292。本文附錄一爲《周禮》和《逸周書》對照表，可作本節參考。

〔註235〕 黃懷信、張懋鎔、田旭東撰：《逸周書彙校集注》（上海：上海古籍出版社，2007年），頁529～530。《太平御覽》、《呂氏春秋・季夏紀》引「郡有四鄙」中無「四」字、然盧本據《淮南子》注增「四」字。

〔註236〕 〔漢〕鄭玄注；〔唐〕賈公彥疏：《周禮注疏》（上海：上海古籍出版社，2010年），頁390。

難以據此證明《周禮》資取自《逸周書》。蓋古代的地方規劃大抵如是，而以四的數字爲單位，估計是方便劃分地域。再者，「旬」、「縣」、「都」、「鄙」等都是古代常用的地方單位。《周禮》提到地方劃分時，往往「都」、「鄙」合言，不如《逸周書》般「都」、「鄙」分開言之。

（3）《逸周書‧常訓解》和《周禮》的主體思想相似。

按：〈常訓解〉謂「夫民羣居而無選，爲政以始之，始之以古，終之以古。行古志今，政之至也。政維今，法維古」。〔註237〕「政今法古」的意思是「行古法而治今事」，即政令是現在的，法則是古代的。徐氏認爲《周禮》作者受此啓發，「法古」是即依從天道與周公禮制；「政今」則是他們所吸收的法家思想。因此，《周禮》的主體思想就是在天道與周公禮制的外衣之下，實行法家之政。竊以爲「政今法古」乃建構制度的常態，如史家所言的鑑古知今。制度設立者難以草創一套截然不同的制度，往往是按照傳統的做法爲原則，再根據實際情況加以修訂，以應用在當世。如果說《周禮》作者受〈常訓解〉啓發，則大部份制度設立者也受着這種啓發。

（4）《逸周書》和《周禮》皆重視「藝」。

按：徐氏指出《周禮》的作者重視「藝」。在古代文獻中，「六藝」一般是指《詩》、《書》、《禮》、《樂》、《易》、《春秋》。直至《周禮》把「六藝」的內容改變爲禮、樂、射、御、書、數。徐氏認爲《周禮》的作者受《逸周書》影響，因爲《逸周書》中至少有八個地方出現「藝」字。〔註238〕竊謂《逸周書》有「藝」解作「技能」的情況，但和《周禮》的「藝」亦有明顯的分別。《周禮》的「藝」不單止技能，裡頭有禮、樂，而《逸周書》中的「藝」有不同的解釋，如〈命訓解〉「撫之以惠，和之以均，斂之以哀，娛之以樂，慎之以禮，教之以藝，震之以政，動之以事，勸之以賞，畏之以罰，臨之以忠，行之以權」，〔註239〕這裡的「藝」和「禮」、「樂」並列，而不是「禮」、「樂」在「藝」裡頭；〈大明武解〉和〈大武解〉的「藝」是指和作戰相關的技能。因此，仔細分辨二者，《周禮》所提及的「藝」是基本學習內容，包含的內容比較廣泛。《逸周書》提及的「藝」

〔註237〕黃懷信、張懋鎔、田旭東撰：《逸周書彙校集注》（上海：上海古籍出版社，2007年），頁47。

〔註238〕「藝」字作「技能」解，於《逸周書》共八見，分別是〈命訓解〉兩見、〈糴匡解〉、〈大武解〉兩見、〈大明武解〉三見。

〔註239〕黃懷信、張懋鎔、田旭東撰：《逸周書彙校集注》（上海：上海古籍出版社，2007年），頁35。

的意義比較狹窄，主要與農耕和作戰的技能相關，並不與「禮」、「樂」相混。要指出「藝」由《逸周書》的觀念轉化至《周禮》的觀念，當中的關係仍未明確。

（5）《逸周書》和《周禮》皆重視「賓客」。

按：徐氏指出《周禮》在不同的制度或儀式中，都提及「賓客」。在春秋時代，對「賓客」亦重視，但只是臨時性的政治行爲，很少像《周禮》般當作經常性的政治問題來處理，惟有《逸周書》中才像《周禮》般重視「賓客」。攷《逸周書》提及「賓客」一詞只有兩處，〔註240〕〈大匡解〉提到的是文王從不同方面查問國家的情況，而宴享是否豐盛則是其中一個方向；〈大明武解〉提到的「賓客」是講及十種作戰的依靠，而「賓客」（即使臣、游士）便是其中一個因素。至於《周禮》提及「賓客」一詞則多達一百二十處，裡頭指的「賓客」雖泛指接待賓客，實際上這些賓客大抵都是指他國的使臣。徐氏指出二書皆重視「賓客」，無疑是正確的。不過，如徐氏所言，《儀禮》亦有賓禮的記載，大抵是春秋末至戰國時期，各國的勢力逐漸擴張，國與國之間的聯繫亦較以往多，如〈廉頗藺相如列傳〉中提到的完璧歸趙和澠池之會便是例子。《周禮》是一部記載制度的典籍，提到「賓客」處雖多，但因爲不同的官職在賓禮當中也各有職責，實際上是爲同一次的接待賓客作準備。《逸周書》是一部史書，兩處提到的「賓客」，只能說賓客於當時也有一定的地位，但似乎遠不如徐氏所言般，爲一經常性的政治問題，更遑論是以此論斷《周禮》的作者從《逸周書》中得到啓發。

（6）《逸周書》和《周禮》皆有「極」的概念。

按：徐氏指出《周禮》是有「惟王建國，辨方正位，體國經野，設官分職，以爲民極」〔註241〕的說話，冠於六官之首，可見「極」是重要的觀念。至於「極」的觀念，在《尚書・洪範》有「建用皇極」、〔註242〕〈君奭〉有「前

〔註240〕〈大匡解〉「王乃召冢卿、三老、三吏、大夫、百執事之人朝于大庭。問罷病之故、政事之失、刑罰之戾、哀樂之尤、賓客之盛、用度之費，及關市之征、山林之匱、田宅之荒、溝渠之害、怠惰之過、驕頑之虐、水旱之菑」、〈大明武解〉「十因：一、樹仁，二、勝欲，三、賓客，四、通旅，五、親戚，六、無告，七、同事，八、程巧，九□能，十、利事」。見黃懷信、張懋鎔、田旭東撰：《逸周書彙校集注》（上海：上海古籍出版社，2007 年），頁 147～148、128。

〔註241〕〔漢〕鄭玄注；〔唐〕賈公彥疏：《周禮注疏》（上海：上海古籍出版社，2010 年），頁 2～6。

〔註242〕〔漢〕孔安國傳；〔唐〕孔穎達疏：《尚書正義》（臺北：臺灣古籍出版有限公司，2001 年），頁 355。

人歔乃心，乃悉命汝，作汝民極」。〔註243〕但徐氏認爲《周禮》可能受《逸周書》的影響，如〈度訓解〉「天生民而制其度。度小大以正，權輕重以極，明本末以立中」〔註244〕等。不過，攷《周禮》「以爲民極」的「極」有「標準」、「準則」之意，而《逸周書》提到的則未及至法規的意味。相反，上文提到《尙書》兩處提到「極」的例子，其意思和《周禮》的則十分吻合。竊以爲《周禮》作者受《尙書》的啓發遠多於《逸周書》。

（7）《逸周書》和《周禮》皆有「均」的概念。

按：這是由「極」的概念而延伸。徐氏認爲《周禮》之「極」的其中一個重點是「均」，在不同官職上也有提到「均」的觀念，單在官名上亦有「均人」、「土均」等職。除此之外，在田地的分配上，按土地的質素分配土地的數量，如上地一百畝，中地二百畝，下地三百畝等，都是嘗試在資源分配上作出平衡。至於《逸周書》雖然有提及「均分以利之則民安」，〔註245〕但並沒有如《周禮》的具體情況提及對「均」的實際施行情況。

（8）《逸周書》和《周禮》以「則」作名詞用。

按：徐氏又從文字運用的角度上考量二書的關係。他指出先秦典籍上很少把「則」作名詞用，但《周禮》有「八則」一詞，而《逸周書》亦有「順九則」、「昭明九則」的例子，情況與《周禮》一樣。徐氏指出，《周禮》的「則」和「典」、「法」有平列的意義。攷《逸周書》的例子固然有「法」、「典」的意味，不過《尙書·五子之歌》「明明我祖，萬邦之君。有典有則，貽厥子孫」〔註246〕一句，似乎更符合徐氏所言的意思。因此，《周禮》的作者或許也啓發自《尙書》。

（9）《逸周書·大聚解》和《周禮》的內政寄軍令。

按：徐氏認爲《周禮》「內政寄軍令」的地方組織，是本之《管子》，但也受《逸周書·大聚解》「以國爲邑，以邑爲鄉，以鄉爲閭」、〔註247〕「五戶

〔註243〕〔漢〕孔安國傳；〔唐〕孔穎達疏：《尚書正義》（臺北：臺灣古籍出版有限公司，2001年），頁529。

〔註244〕黃懷信、張懋鎔、田旭東撰：《逸周書彙校集注》（上海：上海古籍出版社，2007年），頁2。

〔註245〕黃懷信、張懋鎔、田旭東撰：《逸周書彙校集注》（上海：上海古籍出版社，2007年），頁755。

〔註246〕〔漢〕孔安國傳；〔唐〕孔穎達疏：《尚書正義》（臺北：臺灣古籍出版有限公司，2001年），頁214。

〔註247〕黃懷信、張懋鎔、田旭東撰：《逸周書彙校集注》（上海：上海古籍出版社，2007年），頁396。

為伍，以首為長。十夫為什，以年為長」〔註248〕影響。攷《管子‧立政》「分國以為五鄉，鄉為之師。分鄉以為五州，州為之長。分州以為十里，里為之尉。分里以為十游，游為之宗。十家為什，五家為伍，什伍皆有長焉」，〔註249〕而《周禮‧大司徒》「令五家為比，使之相保；五比為閭，使之相受；四閭為族，使之相葬；五族為黨，使之相救；五黨為州，使之相賙；五州為鄉，使之相賓」。〔註250〕從地方組織言，《逸周書》所載有四層（國、邑、鄉、閭），《管子》所載有五層（國、鄉、州、里、游），《周禮》所載有七層（鄉、州、黨、族、閭、比、家）。三者之中，《周禮》的地方組織最為仔細和嚴密。這種情況大抵是在戰國時期，國家的版圖愈來愈大，為了更有效地控制地方而規劃的。不過，我們難以因而推斷《周禮》的地方組織啟發自《逸周書》。蓋不論國家大小，也會按程度劃分不同的區域，以方便管理。而《周禮》的內政寄軍令的特色和《管子》一樣，地方組織等於軍事組織。當遇戰事時，可更快速和有效地召集士兵。這種特色在《逸周書‧大聚解》則未有提及這種隨時轉換的兵、農組織。

（10）《逸周書》以數字表達事物及道德法則和《周禮》的天道觀。

按：徐氏指出《周禮》制度在官職上、官數上往往都設定為指定的數字，如六、八、九，好像六官，各有官屬六十、八法、八則、八柄、八統、九職、九賦、九式、九貢、九兩。至於《逸周書》的不同篇章，更有完全的數字系統的敍述，如一極、二咎、三述、四教、五大、六極、七事、八政、九德。徐氏推測《周禮》以數字的表達形式由《逸周書》而來，亦指出兩者把數字安放在內容裡的設定有所不同。《逸周書》的數字背後，並沒有由天道觀念而來的規律性，因此內容並沒有特別重覆某一數字的使用；《周禮》則在數字背後具有天道觀，作者重複使用某些數字，是因為數字具有理想性，如《周易》也強調六和九。當作者把制度的內容和這些數字連結，就像指出這套制度也具一定的理想性。徐氏既指出兩者最大的不同處是數字是否包含天道觀，則《周禮》啟發自《逸周書》也只是推測之辭。《周禮》的作者既知道包含天道的數字，所取材的必定是具有天道數字的典籍，如上文提到的《周易》等。

〔註248〕黃懷信、張懋鎔、田旭東撰：《逸周書彙校集注》（上海：上海古籍出版社，2007年），頁397。

〔註249〕黎翔鳳撰；梁運華整理：《管子校注》（北京：中華書局，2004年），頁65。

〔註250〕〔漢〕鄭玄注；〔唐〕賈公彥疏：《周禮注疏》（上海：上海古籍出版社，2010年），頁367。

（11）《逸周書》和《周禮》皆不把道德節目賦予以上下的層次。

　　按：徐氏所指的道德節目，如古代的吉禮、凶禮、軍禮、賓禮、嘉禮，裡頭有仔細提到主人和客人分別要做的事情，大抵就是徐氏所言有上下的層次。而《逸周書》和《周禮》提及這些道德節目時，都沒有上下的層次。不過，竊以爲不能把《逸周書》、《周禮》和《儀禮》、《禮記》相提並論，因爲書籍的性質不同。《逸周書》和《周禮》分別是史書和記錄官制的書籍，道德節目並非相關的重點，自不必每個細節、步驟也記錄下來。但《儀禮》、《禮記》的內容是記載古代的儀式，自然要把主、客的每個細節都保留下來。

　　《大戴禮記》是漢宣帝時整編而成的。徐氏指出，《大戴禮記‧盛德》對《周禮》的官制有一定的影響。而《大戴禮記‧朝事》更和《周禮‧春官‧典命》、《周禮‧秋官‧大行人》、〈小行人〉、〈司儀〉、〈掌客〉的內容，文字多有相同之處，並指出當爲《周禮》的作者採用了《大戴禮記》的資料，〔註251〕原因有三：

（1）《大戴禮記》整編的時間。

　　按：徐氏指出《大戴禮記》於漢宣帝時整編。若《大戴禮記》的內容採自《周禮》，則《周禮》當時必流行，但《周禮》直至劉歆推出才獲世人所知。〔註252〕不過，《大戴禮記》可以整編而成，《周禮》亦一樣可以是整編而成，即《大戴禮記》和《周禮》的部分內容或許資取自同樣的文獻資料。

（2）《周禮》的不同處會造成意義上的問題。

　　按：徐氏指出，《大戴禮記》和《周禮》部分內容相似，只在文字上有些微異同。而往往《大戴禮記》的記述較爲詳盡，至於《周禮》部分不同處會產生意義上的問題。比勘文字的異同，有詳盡有簡略，但較詳盡的不等於是底本，因爲作者可以在簡略的版本上補充，反之亦然。〔註253〕至於《周禮》

〔註251〕本文附錄二整理了《周禮》和《大戴禮記》對照表，可作參考。

〔註252〕工藤卓司引津田左右吉「《周官》比《禮記‧王制》晚出」說，指出津田認爲《禮記‧王制》以前僅有《荀子‧王制》，制度不夠完善，因而需要另撰《禮記‧王制》；《周官》以前僅有《禮記‧王制》，所以必須制作《周官》。《周官》比《禮記‧王制》更有詳密，故時代應在其後」。見工藤卓司：《近百年來日本學者〈三禮〉之研究》（臺北：萬卷樓，2016年），頁81。

〔註253〕金春峯便持相反立場，認爲「《大戴禮記》是滙編性的著作，許多論著都是摘抄並發揮其他著作。比較起來，〈盛德〉的摘抄性更爲明顯，更加散亂無序。它不僅抄《周官》，也摘抄與發揮其他論禮著作」。見金春峰：《周官之成書及其反映時代新考》（臺北：東大圖書股份有限公司，1993年），頁215。

部分內容出現意義上的問題，如上所言，若《周禮》是整編而成的，出現意義上的問題或是傳抄時出現問題，如誤抄，特別是數字的誤抄，因古文字中不少數字的寫法相似；或是所抄錄的版本有殘缺，整編者則按己意加以補充，但忽略上文下理的配合。

（3）《周禮》作者任意驅遣節錄的要求。

按：徐氏指出，《大戴禮記·朝事》雜抄《儀禮》及《小戴禮記》中若干有關文獻而成，自身並沒有嚴格的秩序條理。這一點，恰合《周禮》作者任意驅遣節錄的要求，所以特被他們所資取。〔註254〕竊以爲徐氏的結論是建基於其「《周禮》抄自《大戴禮記》」的立論上。若《周禮》和《大戴禮記》皆是由後儒整編而成，則作者任意驅遣節錄的要求皆適合於二者，難以據此判別哪一本書抄錄自另一本。

徐氏認爲：「《周禮》思想的性格，是由形成《周禮》一書中的三大支柱而見……由這三大支柱合而爲一所表現的思想性格，乃是法家思想的性格。」〔註255〕至於提到漢代以前的法家思想，則不得不提管仲。比較《周禮》的制度，和管仲的內政寄軍令，徐氏更認爲「給《周禮》影響最大的是內政寄軍令的思想與制度」。〔註256〕有關「內政寄軍令」的內容，見於《國語·齊語》和《管子·小匡》。以下將比較《周禮》制度和內政寄軍令的關係：

在地方組織上，管仲的「內政寄軍令」制國爲鄉。以「家」爲最小的單位，再組織成「軌」、「里」、「連」、「鄉」，共五層。至於軍令的組成，也是和地方組織兩兩相對。管仲的設計，明顯地是刻意把地方組織和軍事組織連結，使民兵「居同樂，行同和，死同哀。是故守則同固，戰則同強」，以減省組織民兵的時間，亦可提升軍隊的凝聚力。至於《周禮》的組織，和「內政寄軍令」有異曲同工之妙。《周禮》同樣以「家」爲最小的單位，再組織成「比」、「閭」、「族」、「黨」、「州」、「鄉」，共七層。在軍隊的組成上，也是分爲七層，分別是「人」、「伍」、「兩」、「卒」、「旅」、「師」、「軍」。雖《周禮》無明確指出地方組織和軍事組織相同，但提及地方組織和軍事組織的設計，皆分屬於大司徒和小司徒之下，即兩種組織明顯地有所關連。詳細比較可參閱下表：

〔註254〕徐復觀：《周官成立之時代及其思想性格》（臺北：學生書局，1980年），頁83。
〔註255〕徐復觀：《周官成立之時代及其思想性格》（臺北：學生書局，1980年），頁84。
〔註256〕徐復觀：《周官成立之時代及其思想性格》（臺北：學生書局，1980年），頁84。

（1）《管子》、《周禮》鄉城組織比較

	鄉城組織名稱					
《管子》[註257]	家	軌（5家）	里（10軌）	連（4里）	鄉（10連）	
《周禮》[註258]	家	比（5家）	閭（5比）	族（4閭）	黨（5族）	州（5黨）	鄉（5州）

（2）《管子》、《周禮》軍事組織比較

	軍事組織名稱					
《管子》[註259]	人	伍（5人）	小戎（50人）	卒（200人）	旅鄉（2000人）	帥（10000人）	
《周禮》[註260]	人	伍（5人）	兩（25人）	卒（100人）	旅（500人）	師（2500人）	軍（12500人）

（3）《管子》、《周禮》城郊組織比較

	城郊組織名稱					
《管子》[註261]	家	軌（五家）	邑（六軌）	卒（十邑）	鄉（十卒）	縣/連	屬（三鄉）

[註257] 《管子‧小匡》：「制五家爲軌，軌有長。十軌爲里，里有司。四里爲連，連有長。十連爲鄉，鄉有良人。」見黎翔鳳：《管子校注》（北京：中華書局，2004年），頁400。《國語‧齊語》所載略同。

[註258] 《周禮‧地官‧大司徒》：「令五家爲比，使之相保；五比爲閭，使之相受；四閭爲族，使之相葬；五族爲黨，使之相救；五黨爲州，使之相賙；五州爲鄉，使之相賓。」見〔漢〕鄭玄注；〔唐〕賈公彥疏：《周禮注疏》（上海：上海古籍出版社，2010年），頁367。

[註259] 《國語‧齊語》：「以爲軍令：五家爲軌，故五人爲伍，軌長帥之；十軌爲里，故五十人爲小戎，里有司帥之；四里爲連，故二百人爲卒，連長帥之；十連爲鄉，故二千人爲旅，鄉良人帥之；五鄉一帥，故萬人爲一軍，五鄉之帥帥之。」見徐元誥：《國語集解》（北京：中華書局，2002年），頁224。

[註260] 《周禮‧地官‧小司徒》：「乃會萬民之卒伍而用之。五人爲伍。五伍爲兩。四兩爲卒。五卒爲旅。五旅爲師，五師爲軍。」見〔漢〕鄭玄注；〔唐〕賈公彥疏：《周禮注疏》（上海：上海古籍出版社，2010年），頁385。

[註261] 此表大致取自《管子‧小匡》「制五家爲軌，軌有長。六軌爲邑，邑有司。十邑爲率，率有長。十率爲鄉，鄉有良人。三鄉爲屬，屬有帥」。詳見黎翔鳳：《管子校注》（北京：中華書局，2004年），頁400。惟《國語‧齊語》所載，在鄉和屬之間有「縣」一層。故《管子‧小匡》提及選賢時，謂「於是乎五屬大夫退而修屬，屬退而修連，連退而修鄉，鄉退而修卒，卒退而修邑，邑退而修家。」詳見黎翔鳳：《管子校注》（北京：中華書局，2004年），頁418。在鄉和屬之間有「連」一層。竊以爲管子所載的城郊組織實有七層，而《管子‧小匡》「制五家爲軌」一段，或有脫文，宜據《國語》和《管子‧小匡》後文補。

《周禮》〔註262〕	家	鄰（五家）	里（五鄰）	酇（四里）	鄙（五酇）	縣（五鄙）	遂（五縣）

　　比較《管子》和《周禮》的組織設計，兩者的相同之處是鄉城的組織結構和軍事組織結構皆相等。正如前文提到設計者的目的是要節省編配民兵的時間，因此故意把鄉城和軍事組織成相等的結構。至於城郊的組織設計，也是沿襲劃分區域成不同層次，便於管理。《管子》的城郊組織和鄉城的組織不一樣，前者分成七層，後者只分作五層。竊推測城郊的組織和鄉城不同，是由於佔地的多寡。城郊的地比鄉城的多，劃分的時候便宜多分層級。反觀《周禮》的組織設計十分工整，鄉城、軍事和城郊的組織，不論層級的數量，或層級之間的比例，三者都是完全相同的。

　　如上所言，《周禮》的制度十分工整。一般學者認為《周禮》乃理想的結構藍圖，於此可見一斑。要把全國的城和遂、地方和軍事都編配得如此整齊，現實上是困難的。因為地方的大小不一，在劃分時難以恰如其份，可見這種設計具有一定的理想性。至於《周禮》和《管子》的關係，是否《周禮》作者受《管子》的內容影響，則難以判斷。為了便於管理地方，把地方組織劃分成不同層級，以作層層管理。早在周武王分封土地給予諸侯管理，也是依從這種概念，只是沒有系統地劃分。因此，這種劃分地方組織的設計，是始於《管子》還是周初已有的概念，則有討論的空間。至於管仲提出的「內政寄軍令」，巧妙地把地方組織與軍事結合，某程度上是另一種的寓兵於農。因為人民在軍事以外，基本上就以農耕為主，而管仲的設計使人民在務農或軍務上，皆由相同的人組成。因此，地方和軍事的組織是相同的。而《周禮》的制度更顯工整和理想化，竊以為《周禮》和《管子》的關係密切，但未能肯定是誰承襲誰，又或是兩者皆承襲自春秋以前的一些制度，加以演進。

　　總括而言，徐氏指出《周禮》部分內容和古代文獻，特別是《逸周書》和《大戴禮記》有密切的關係。徐氏比較諸書的主體思想、文字內容等，推斷《周禮》的作者乃取資於《逸周書》和《大戴禮記》。不過，文獻內容反映的思想斷非作者短時間憑空想像出來，往往也是按著社會的變化逐漸形成。因此，《逸周書》和《大戴禮記》的思想也可以是根據前人的思想積累而成。

〔註262〕《周禮・地官・遂人》：「五家為鄰，五鄰為里，四里為酇，五酇為鄙，五鄙為縣，五縣為遂，皆有地域。」見〔漢〕鄭玄注；〔唐〕賈公彥疏：《周禮注疏》（上海：上海古籍出版社，2010年），頁552。

　　《周禮》的思想與二書有相合處，不代表《周禮》必抄錄自二書，也可以是
根據前人的思想整合而成。〔註263〕此外，徐氏在論證的過程中也提到《周禮》
和其他古代文獻的內容也有相合處，如《尚書》、《管子》等，甚至當中的概
念或內容，比《逸周書》、《大戴禮記》更和《周禮》吻合。因此，本人推測
《周禮》也是一本整編而成的作品。作者參考過或資取過的文獻也許多不勝
數，參與整編的更可能非一時一人。以「僞書」之名論及《周禮》略嫌不公，
《大戴禮記》也爲整編之作，但不會被論作「僞書」，可見作者編纂《周禮》
的目的才是重要之處。

〔註263〕對於《周禮》和其他古代文獻的關係，彭林認爲「《周禮》一書規模宏大，其
　　　　中既有古書材料，又有作者的理想摻入，不可能像僞古文《尚書》那樣，字
　　　　字句句找到出處。而且人們可以反過來說是《大戴禮記》等抄《周禮》或者
　　　　是《大戴禮記》與《周禮》同抄另一本書」。由此可知，以校勘的方法比較《周
　　　　禮》和古代文獻的內容，似乎難以判辨《周禮》的成書時代。詳見彭林《〈周
　　　　禮〉主體思想與成書年代研究（增訂版）》（北京：中國人民大學出版社，2009
　　　　年），頁9。

第四章　徐復觀《周禮》學的研究特色

　　徐復觀以研究思想史著稱。當他在研究《周禮》時，亦着重思想的發展。有別於傳統以文獻資料作研究線索的方法，徐氏更嘗試建構古代具天道思想的官制發展，再比勘《周禮》的內容，從而考察《周禮》的成書時代。這種系統地強調以思想發展和文獻資料作研究線索的方法爲徐氏研究的一大特色。加上他仔細留意文獻資料，發掘出不少具學術價值的問題，爲後來的《周禮》研究帶來影響。

第一節　以思想發展和文獻資料作研究線索

　　《周禮》的作者及成書時代問題早於東漢末年已有討論，惟學者皆從文獻資料作研究線索。徐復觀研究此問題時，除了文獻資料外，亦把《周禮》的內容放在思想發展史中作研究線索，以求研究結果更全面。比較前賢以考據文獻資料爲研究重心，徐氏加入思想史作研究線索，於當時爲比較全面、創新。

　　《周禮》是一部關於官制的書。徐氏認爲《周禮》的作者是以官制來表達其政治理想，因此，他從思想史的角度作切入點，嘗試了解這種思想發展，繼而考察《周禮》存在於思想史中的哪個位置。徐氏認爲，以官制表現政治理想在戰國中期前後才逐漸發展出來的，如「三公」的「三」，有概括天道、地道、人道的三才的特殊意義。這種意義可在《易・繫辭》裡得知，而《周易》當中的三爻、六爻、六十四卦的數字，也是代表着三才的觀念。及後，《老子》、《中庸》、《孟子》、《墨子》、《荀子》、《管子》都有類似的情況。《禮記・王制》也是理想官制的記錄，作者是根據古代的資料加以整理，當中「天子

三公、九卿、二十七大夫，八十一元士」，〔註 1〕是以三爲乘數所形成的，跟《周禮》有相似的地方。《管子》亦有兩處談到官制，其中〈幼官〉是按照陰陽五行來分配政令及衣服飲食的，徐氏認爲是五行思想發展後的另一種形態。不論是以天道數字，還是五行的觀念配合官制，實際上也是試圖把制度理想化，即代表一完善的制度。

及至漢代，這種思想還繼續演進，不過不再停留在以天道數字或五行觀念配合官制，乃是從官制的組織上作出改動。例如在賈誼《新書》中強調以民爲本，故提出「民無不爲本」、〔註 2〕「明上選吏焉，必使民與焉」。〔註 3〕在架構上，設計以「大相」爲掌權者，並且不是對皇帝負責，而是對「大義」負責。因此，在整個設計上，皇帝是「虛君」，「大相」則是「實君」。賈誼在官制的內容上提出改變，大抵是要切合當時的政治環境和解決古代官制裡遺留的問題。「以民爲本」的概念在孔子的時候已有提及，後來孟子提出「王道」就是「行仁政」，就是強調君主要以民爲本，關注人民所需，故此要使人民的生活「不違農時」。君主關注的不只是自身的生活，更要以身作則，並把道德「擴充」，如「老吾老以及人之老，幼吾幼以及人之幼」，這樣就能「保四海」，也就是令人民生活安居樂業。至於把皇帝設置爲虛君，實際上是要解決世襲制度的問題。因爲繼承王位的太子並不一定符合傳統的道德標準，如商紂王、周幽王便是明顯的例子。即使太子有專責人士作教育的工作，也沒有成功的必然性。若制度的設置能解決這個問題，某程度上就不受皇帝的賢德昏庸所影響，能夠保證社會的穩定性。金春峰認爲「中國由周初的分封諸侯轉變爲中央君主集權專制，經歷了很長的歷史醞釀、準備與變革過程」，而在「秦始皇以前，人們的政治觀念，總是局限在周天子的模式。《周官》關於虛君的設想，正是這一歷史特點的反映」。〔註 4〕此外，《淮南子》則以「三百六十音以當一歲之日」、〔註 5〕《春秋繁露》「三百六十三人，法天一歲之數」〔註 6〕都

〔註 1〕〔漢〕鄭玄注；〔唐〕孔穎達疏：《禮記正義》（北京：北京大學出版社，2010年），頁 409。

〔註 2〕〔漢〕賈誼撰；閻振益、鍾夏校注：《新書校注》（北京：中華書局，2000年），頁 338。

〔註 3〕〔漢〕賈誼撰；閻振益、鍾夏校注：《新書校注》（北京：中華書局，2000年），頁 349。

〔註 4〕金春峯：《周官之成書及其反映的文化與時代新考》（臺北：東大圖書股份有限公司，1993年），頁 8。

〔註 5〕何寧：《淮南子集釋》（北京：中華書局，1998年），頁 260。

是以官制和一歲的日子相配，是把天道數字進一步發展。《尚書・堯典》已提出一歲的日子，至於何以漢代的學者用作配合理想化的制度，大抵是漢代學者明確知道歲爲約三百六十日的眞確性，不止流於文獻的記錄，故以此配天道。至於六官的名稱和次序方面，《大戴禮記・盛德》記載有「冢宰」、「司徒」、「宗伯」、「司馬」、「司寇」、「司空」，並分別配之以道、德、仁、聖、禮、義，跟《周禮》的六官名稱一樣，不過《周禮》配之以天、地、春、夏、秋、冬。不論是六德，還是天地四時，實際上也是期望把制度囊括天地一切事物，以表示制度的完整性和理想性。而《周禮》就是集以上思想演變大成的制度，因此，徐氏認爲《周禮》該成書於漢代。徐氏強調「演變的觀念」，認爲訓詁考據只是初步工作，而要注意某些觀念的演變軌跡，必須通過「部份」與「全體」之間的詮釋的循環，才能進入古人的世界，學者稱此方法爲「發展的整體論」和「結構的整體論」。〔註7〕

　　至於在文獻線索方面，徐氏先從《漢書・河間獻王傳》考據當中的「周官」非《周禮》，乃是《尚書》裡的其中一篇。繼而，考據《漢書・王莽傳》，認爲《周禮》一詞該在〈王莽傳〉才首次出現，並給王莽加以引用，甚至把《周禮》排列在《逸禮》、《毛詩》、《爾雅》當中，是一種蓄意的安排。此外，在〈郊祀志〉裡以《周禮》和《禮記》並稱，並在王莽居攝三年，劉歆把《周官》改名爲《周禮》，皆表明《周禮》與王莽有密切的關係。及後，徐氏嘗試從王莽、劉歆的背景和政治上的經歷，推測出王莽和劉歆事先草創，後來再經儒者加以整理，最後因攝政之勢已成，逼不及待拿出來，當時的《周禮》就欠冬官未寫。徐氏並把《周禮》和其他古代文獻作比較和考察，如《大戴禮記》、《逸周書》、《管子》、鄭玄《周禮注》等加以比勘，指出《周禮》內容並不整齊劃一，又有錯錄材料的情況，證明《周禮》乃未完成之書。又從文本的用字和內容作考究，推測《周禮》的成書，爲要解決某些社會問題，部分內容爲漢代所獨有或吻合。

　　總括而言，徐復觀在研究《周禮》的成書時代及內容特性時，能從思想史角度和文獻角度作進路。在徐氏的研究之先，研究《周禮》者基本上都是從文獻角度出發，以文本細讀、或文本比較的形式作考究。他亦有留意出土

〔註6〕蘇輿：《春秋繁露義證》（北京：中華書局，1992年），頁238。
〔註7〕黃俊傑：《東亞儒學視域中的徐復觀及其思想》（臺灣：國立臺灣大學出版中心，2010年），頁18～39。

的文獻。當時，他所能看見的出土文獻不多，但亦略有提及，可知他採用的文獻範圍廣泛。除此之外，他從思想史的角度切入，先考據設計官制的演變過程，不同的元素如何慢慢加進官制裡，以突顯其理想性和完整性。學者丁進在研究《周禮》時亦指出：「《周禮》明顯分思想、制度兩個層次，制度從屬於思想，思想籠罩制度的建立。」〔註8〕徐氏又從時代的背景作考察，了解某一時期的社會實況，和官制之間的關係。再將文獻角度和思想角度的研究結果併合，則能使結果更完滿和具說服力。

第二節　大膽推測，仔細發掘問題

徐復觀在研究中有不少大膽的推測。雖說是大膽的推測，但也並非毫無根據的。徐氏在推測以後，仍然會仔細查找資料，嘗試證明其論點。徐氏的推測不少，如推測《漢書・河間獻王傳》的「周官」非「周禮」、《周禮》的內容取資於《逸周書》、《周禮》既非古文又非今文。

以推測王莽爲《周禮》作者爲例，徐氏認爲傳統以劉歆爲作者的說法，忽略了王莽在當中佔有相當重要的角色。其後，徐氏從《漢書》中找出王莽和劉歆的背景資料，指出兩人識於微時，並且王莽自小習禮，長大也曾有議禮的記載，印證其與「禮」有密切關係；劉歆則繼承父業，能夠校讀秘府的藏書，可以推測其對古代文獻的資料十分熟識。他認爲《漢書・王莽傳》「攝皇帝遂開祕府，會群儒，制禮作樂，卒定庶官，茂成天功。聖心周悉，卓爾獨見，發得周禮，以明因監，則天稽古，而損益焉，猶仲尼之聞韶，日月之不可階，非聖哲之至，孰能若茲」〔註9〕的一段文字能證明王莽參與製作《周禮》。其中「發得周禮」一詞，徐氏認爲「發得」可指爲「發現」，亦可釋爲「發明」，故可指王莽聚集群儒，是爲了製禮作樂，而「開秘府」就是蒐集材料，以「發明」《周禮》。徐氏指出這段說話是暗示《周禮》實出於王莽所製作，而因爲東漢以來忌諱談論王莽，因此沒有明言王莽爲《周禮》作者。徐氏以這段文字的內容推測王莽可謂是大膽的推測，學者對此亦有所議論，如余英時謂徐氏「求深反惑」，他認爲這段話是歌頌王莽「制禮作樂」的，而非

〔註8〕丁進：《周禮考論——周禮與中國文學》（上海：上海人民出版社，2008年），頁68。

〔註9〕〔漢〕班固著；〔唐〕顏師古注：《漢書》（北京：中華書局，1962年），頁4091。

指《周禮》爲主要對象。他更指出王莽一方面造僞，另一方面又惟恐人不知其造僞，是奇怪的邏輯。余氏認爲原文明確說明王莽「因」於《周禮》，又有創製，當中並無矛盾，〔註 10〕無甚麼「暗示」可言。不論研究的結果如何，徐氏能從一段較少受注意的文字嘗試發掘問題，作出大膽的假設，並按上文下理、背景資料作出推測，也是研究學術問題的一大要素。

　　此外，徐氏在考究有關《周禮》的幾個經學問題時，如《周禮》非古文經、五嶽、三皇、三易的問題等，都是從不同文獻的內容發掘出來。徐氏提出這些問題以前，學者都未加以提出，或討論不多，而徐氏能夠發現這些問題，並提出具體的考證過程，可知其對文獻內容實經過細緻的爬梳整理。雖然大膽的假設不一定有研究的成果，但若果研究只是循着舊有的方法和方向，研究未必會有大突破，或有新的發展。以上一節爲例，徐氏十分着重結合思想線索和文獻線索作研究方向，這種方法雖不至於創新，但在研究《周禮》方面而言，能如此具體地結合思想和文獻兩方面的線索，則於當時可謂一種突破。

〔註10〕金春峯：《周官之成書及其反映的文化與時代新考‧序》（臺北：東大圖書股份有限公司，1993 年），頁 11。

第五章　徐復觀與當代學者的《周禮》研究

近代亦有不少學者對《周禮》作出研究，如熊十力（1885～1968）、錢穆（1895～1990）、侯家駒（1928～2007）、金春峰（1935～）、楊天宇（1943～2011）、陳勝長（1946～）和彭林（1949～）等。惟學者所運用的分法和結果皆有所不同，茲比較近代研究與徐氏的異同，以求得出徐氏《周禮》研究的貢獻。作為新儒家代表人物的徐復觀，其研究方法和結果與其他新儒家學者有所不同。以下將比較徐氏和熊十力、錢穆的《周禮》研究，分析同為新儒家時期的三位學者，研究《周禮》之異同。

第一節　熊十力和徐復觀的《周禮》研究之比較

熊十力和徐復觀都是新儒家的代表人物。徐氏曾跟隨熊氏學習，惟二人在《周禮》的研究上有不同的看法。下文將分析兩者的異同：

在《周禮》的作者問題上，熊氏認為《周禮》是「孔子所創，與《春秋》相發明」，[註1] 是「孔子發揮其革命改制之理想」。[註2] 熊氏的理據有二：一是《周禮》的結構與《易》、《春秋》相類，認為孔子把廣大深密的義旨，隱寓在條文裡面；二是從時代背景分析。熊氏認為孔子身處春秋時代，因為

〔註1〕 熊十力：《原儒》，載熊十力著；蕭萐父主編：《熊十力全集》第六卷（武漢：湖北教育出版社，2001年），頁335。

〔註2〕 熊十力：《原儒》，載熊十力著；蕭萐父主編：《熊十力全集》第六卷（武漢：湖北教育出版社，2001年），頁396。

群俗大變，學術思想大盛，所以能引發靈思。而《周禮》是繼承《春秋》的，他認為《春秋》大義是求離據亂，以力趨太平，而《周禮》則是闡明升平之治法，如《周禮》中的國君實是虛君，真正掌權的是六官。這種制度和世襲王權的制度不同，熊氏認為這種思想正與《春秋》相合，可證明其作於孔子。

至於徐氏則認為《周禮》是王莽在哀帝罷政時已先事草創。及劉歆典文章，除完成《三統歷》外，並將王莽所草創的部分整理成《周禮》。徐氏的理據有三：一是王莽本身習禮，且有四次議禮的言論。及其第二次當大司馬時，沒有親自制作的時間，因此交由劉歆整理成書；二是從文字結構中研究，找出部分內容僅為漢代所有；三是從《周禮》的政治思想，探索出時代背景，如農民問題、人民流亡、盜賊縱橫、貧富懸殊等，都是西漢末年所面對的問題；四是從文獻角度，探索《周禮》承襲了古代的文獻，如徐氏認為《周禮》的賦役制度，受了漢初桑弘羊的財經政策影響，間接為《周禮》的成書時間定了界限。

在研究方法上，熊氏認為不必著力於《周禮》制度的可行性。因為制度的具體實施，未必有詳細的文獻資料可證，對此則該缺疑。再者，制度因時代所限，或者有未盡善的地方，今人應該接受，非因有不盡處便斷言是偽作。熊氏批評今人治古經古學，喜歡毛舉細故。對《周禮》研究，應該注意的該是古代制度的旨趣所在，與現代制度的旨趣有沒有相通之點。至於制度的細枝末節，不該反成為研究的重點。

徐氏在研究方法上著重思想與文獻兩種線索。他從思想史的角度探索「以官制表達政治理想」的不同資料，並將資料排列和探索這種思想的變化過程。再探索《周禮》在這種變化過程中的位置。其次，他從文獻資料找出證據，探索《周禮》承襲了古代的文獻和找出對應的時代背景。除了研究《周禮》的成書時代，徐氏亦著重探索《周禮》的主體思想，因此他分析《周禮》的不同制度，了解不同制度的特色，繼而掌握整套制度的特色。

比較二人的研究方法，皆從不同的角度探索。熊氏從時代背景探索出作者該在衰敗之世創作《周禮》，又從文獻角度，找出《周禮》和《春秋》的關係。徐氏從思想演變的過程、文獻資料中探索，認為《周禮》承襲了西漢或以前的思想，並從時代背景了解《周禮》實際要解決的社會問題，從而探索《周禮》的成書時代。然而，兩人在論證過程中都有不少推測，惟這些推測未能得到具體的證據。如熊氏認為作者乃在春秋之世，但按熊氏指出的因素，

戰國時期亦是學術思想大盛之世，亦可創造出與《春秋》相合的作品。熊氏以孔子作《春秋》，而《周禮》和《春秋》相合，故認為孔子亦為《周禮》的作者，則略欠實據。至於徐氏認為《周禮》先由王莽草創，後交由劉歆整理。其以王莽習禮和曾有議禮的言論作據，惟這兩個因素不一定代表王莽就是作者。習禮乃古人基本之學，講禮習禮的人不只王莽。單憑王莽習禮言禮，而指王莽是作者，亦略欠妥當。雖然王莽復舊禮改制，其中有參考《周禮》的地方，但這也只能表示王莽熟讀《周禮》。再者，王莽托古改制，並非單單參考《周禮》，因此不能以王莽參考《周禮》改制，斷言其為《周禮》的草創者。

第二節　錢穆和徐復觀的《周禮》研究之比較

　　錢穆和徐復觀皆為同期研究國學的學者，並曾一起共事。錢氏以史學著稱，徐氏以思想史著稱。二人對《周禮》皆有研究，惟二人的研究方法和結果不盡相同。錢氏著有〈劉向歆父子年譜〉和〈周官著作時代考〉二文，撰作的時間比徐氏早。

　　錢氏二文的研究角度以史學為主。〈劉向歆父子年譜〉一文以年譜的形式羅列劉向、劉歆的事跡，此文非專論《周禮》，但論證康有為謂劉歆偽造諸經之謬，而當中提及具爭議性的古代文獻有《周禮》和《左傳》。錢氏在〈序〉中簡述劉歆偽造諸經「不可通者二十有八端」，粗略分成三類：一是從當時的學者角度言，與劉歆同時的博學者、校書者、位尊而能入秘府者，皆不言劉歆作偽一事；二是從政治環境的角度言，劉歆不可能預知哀帝不壽、王莽得以復用，且劉歆非直接協助王莽篡漢的人；三是從經學的角度言，錢氏指出王莽時講學者多為今文家，而且劉歆議禮，折衷今文，劉歆無由反偽造不受重視的古文經。此外，《周禮》的制度有所本，《左傳》則在劉歆以前，已多被前人引用。錢氏的研究以運用文獻資料為主，從當時與劉歆同期的人物事跡、政治環境的演變和經學發展的趨勢為進路，以論證劉歆不可能偽造經典。錢氏此文以反駁康有為「劉歆偽撰諸經」說為主，否定劉歆偽造經典，亦即否定劉歆偽造《周禮》。錢說論證有根有據，獲不少學者讚譽。〔註 3〕

〔註 3〕錢玄《三禮通論》提及《周禮》著作時代時，認為錢穆「從《周禮》總體考慮，依據時代思想、文化的特點，列舉具體例證，證明《周禮》成書于戰國晚期，其說有力可信」。詳見錢玄：《三禮通論》（南京：南京師範大學出版社，1996 年），頁 32。

　　至於〈周官著作時代考〉一文，則集中論及《周禮》的成書時代。此文是繼〈劉向歆父子年譜〉反駁劉歆偽造說外，再反駁另一種流行的說法——周公說。〈周官著作時代考〉一文首三章從「祀典」、「刑法」、「田制」三方面作引入，選取一些具爭議性的制度和用字，如「五帝祀」、「五刑」、「公田制」等作研究對象；第四章則從其他制度中抽取部份內容討論，如軍制、音樂等。錢氏從古代不同的文獻資料中蒐集相關的內容，從而指出相關制度的時代背景，再推敲出其時代。例如在「論五帝祀之來歷」一節中，錢氏從《史記‧封禪書》、《國語》、《墨子》、《水經注》、《莊子》、《晏子春秋》中，考證出五帝之說，起於戰國晚世，至秦始皇統一後才正式採用，藉此否定《周禮》並非周公所作。〔註 4〕

　　錢氏認為《周禮》的作者是晉人。其中一個理據是因為在《周禮》制度裡，混含了夏曆和周曆兩種曆法。如《周禮‧地官‧鄉大夫》中提到「正月」、「歲終」、「正歲」的時間，錢氏認為「正月」是指周曆的正月，而「歲終」、「正歲」則使用夏曆。錢氏指出這種情況在《尚書‧堯典》中亦有出現，因此認為兩書是同時代的作品。他指出，戰國時期各國一般都是用周曆，但到了戰國晚年，有學者主張用夏曆，如《呂氏春秋‧十二紀》便主張採用夏曆。因此，錢氏認為《周禮》該在戰國晚年的這種背景下產生的，是作者兼採了各種素材，集合拼湊，藉此否定《周禮》成書於春秋以前，又非西漢後人偽造。此外，在〈讀周官〉一文中，錢氏指出「周官體國經野，猶可說為封建時代之所有。至云設官分職，則明與封建貴族世襲有別，非晚周以下不能有此想也」。〔註 5〕此文並從《周禮》官職找出三十處，證明《周禮》為晚出之說。可見他亦認為《周禮》是後來的人根據過往的資料而有所整理，才會有此矛盾之處。

　　綜觀錢氏的《周禮》研究，以運用文獻資料為主。以先秦兩漢的資料，比勘《周禮》的內容，推測某些制度的時代背景，再把考據不同制度的結果

〔註 4〕劉起釪指錢氏一文「論證《周禮》成於戰國。其『祀典』如五帝及天地日月之祭等，『刑法』如承商鞅什伍相連坐、作內政寄軍令之法等，『田制』如〈司徒〉有一易之地、再易之地，〈大司徒〉及〈遂人〉有川澮之制等，『其他』方面則如井邑之制、軍制、國子、庶子、餘子之制，以及外族、喪葬、音樂等，皆採戰國時代事實材料」。詳見劉起釪：《古史續辨》（北京：中國社會科學出版社，1991 年），頁 634。

〔註 5〕錢穆：〈讀周官〉，《中國學術思想史論叢（二）》（台北：東大圖書股份有限公司，1993 年），頁 383。

作出分析，推敲出作者是晉人。

　　徐氏的研究亦有從制度的內容推敲時代背景。同樣以「五帝」爲例，徐氏亦如錢氏般留意古代的文獻資料，二人同樣留意到《史記‧封禪書》的資料，指出「五帝」的說法是至漢高祖時才促成的。二人同樣搜羅不同的文獻資料，證明漢以前並無五方色帝之說。然而，在推敲的過程中，二人得着不同的結論。錢氏認爲作者是晉人，徐氏認爲作者是王莽、劉歆。錢氏運用的資料較多，涉及經、史、子類的文獻，比較之下，徐氏運用的以《史記》和《呂氏春秋》爲主。相對而言，錢氏運用文獻資料，分析較詳盡；徐氏雖然亦指出漢高祖始有五方色帝說，但未能指出與王莽、劉歆的關係。其謂王莽、劉歆是爲了包羅得多，但這或有點個人推測，未有具體與王莽、劉歆相關的證據。

第六章 結論：徐復觀《周禮》研究的 貢獻和不足

　　《周禮》在經學研究上較少受到學者的注視，數量遠比《論語》、《詩經》、《周易》等少。徐復觀選擇了《周禮》作研究對象，在經學研究上可以說是重新提出《周禮》的經學地位。縱然徐氏認爲《周禮》乃王莽、劉歆僞作的古籍，研究結果未受學術界認同，但卻重燃起不少學者對《周禮》的研究，並引發出一些討論。筆者認爲，學術研究的價值不一定是研究結果定於一尊，而是能引起學者對相關議題的興趣。就此觀點而言，徐氏的《周禮》研究能達成這個目標。

第一節 對經學研究的貢獻

　　徐復觀在其《周禮》研究中使用的方法、方向和探討的問題，對經學研究都有一定的貢獻。在研究方法方面，徐氏結合思想線索和文獻線索來考察文獻的成書時代。徐氏並非單純地考據一些時代背景的資料，而是從其考據的重心找出整個思想演變的脈絡，如其考究「以官制表現天道思想」的起源和演變過程，由先秦至東漢，根據代表天道的數字、五行思想、官數、官名、官制作出深入的分析，並援引充分的文獻資料作佐證，再根據《周禮》制度內容在以上各方面的表現，推測《周禮》成書在這段演變過程中的甚麼階段。

　　結合思想線索和文獻線索雖非徐復觀所首創，但他在研究思想史的過程

十分具體仔細，把先秦至東漢的帶天道思想的官制的演變過程作出爬梳整理，某程度上是一種有力的證據，能爲其研究結果增添說服力，而且研究的角度亦不至流於單一。

除此之外，徐氏在考證《周禮》成書時代的同時，也不忘留意《周禮》的制度內容，其分別對《周禮》各項制度作出深入的分析和研究，比較《周禮》制度和漢代社會環境的關係。雖然前賢也有留意《周禮》的制度內容，但目的主要是探討成書時代。而徐復觀研究《周禮》制度，除了考證成書時代，也是希望從制度內容瞭解制度所反映的社會狀況和《周禮》的核心思想。

在徐氏的研究中，他亦發掘出幾個與《周禮》相關的經學問題，擴闊了學者對《周禮》的研究範圍。如前所言，學者往往埋首於研究《周禮》的成書時代、真偽問題、〈考工記〉研究等，徐氏卻留意到《周禮》在今古文經學的問題、史書記載《周禮》的問題、鄭玄注《周禮》的用字問題等，都是學者較少觸及，或未有定論的問題。徐氏嘗試在考證過程中得出定論，不論其結果是否準確無誤，其研究亦能擴闊後學對《周禮》研究的範圍，爲《周禮》研究開拓更多值得討論的路向。

第二節　對近代《周禮》研究的影響

徐復觀的研究對近代《周禮》研究有一定的影響，在研究結果上，徐氏認爲王莽、劉歆爲《周禮》的作者。此說雖並非全爲新說，但其研究方法和結果都引起學界的討論。不論學者的立場如何，此番討論能重新引起學界對《周禮》的興趣，一系列的論文、著作亦隨之而來。

陳勝長《考證與反思：從〈周官〉到魯迅》和金春峰《周官之成書及其反映時代新考》便曾對徐氏《周禮》研究作出回應。﹝註 1﹞雖然研究結果不同，但是金氏所運用的研究方法和方向，實際上和徐氏是同出一轍的，並對徐氏的研究作出讚譽，其謂：「真正以現代之學術眼光與方法，詳細論證《周官》爲王莽、劉歆僞作者，是徐復觀。」﹝註 2﹞徐氏的研究不止着重於《周禮》的

﹝註 1﹞ 金春峰指出，其所撰此書的原因之一是「看了徐復觀先生的《周官成立之時代及其思想性格》，對徐先生的說法感到驚奇，欲追本溯源，尋根探底一番，看看究竟是否真是如此？」，見金春峰《周官之成書及其反映的文化與時代新考・自序》（臺北：東大圖書股份有限公司，1993 年），頁 15。

﹝註 2﹞ 金春峰《周官之成書及其反映的文化與時代新考・自序》（臺北：東大圖書股

成書年代，並且對官制的內容作出具體的分析。及後的《周禮》著作，基本上也循着這個方向寫成，如彭林《〈周禮〉主體思想與成書年代研究》一書於近代比較受學者關注。彭氏指出，研究《周禮》思想的時代特徵這方法，能夠更全面、更深刻地揭示《周禮》的時代特徵，從而從總體上把握全書，解決《周禮》的成書年代問題。〔註 3〕因此，可以說徐氏的研究方法對往後的《周禮》研究有一定的影響。〔註 4〕

　　然而，《周禮》作為《十三經》之一，其內容除了在文獻學上有研究價值外，在經學、文學、哲學上皆有其價值，後人宜多開拓《周禮》的研究範圍，才能呈現出《周禮》的學術價值。〔註 5〕黃俊傑指出，「統治者的人格問題」是徐復觀從材料的字裡行間閱讀出來的新意義。徐氏在研究中提出幾個有關經學的問題，又能從字裡行間發掘出新的看法，值得研究者所學習的。工藤卓司在整理

份有限公司，1993 年），頁 4。

〔註 3〕彭氏指出其研究方法如錢穆、顧頡剛、楊向奎、徐復觀、侯家駒等相同。詳見彭林：《〈周禮〉主體思想與成書年代研究（增訂版）》（北京：中國人民大學出版社，2009 年），頁 14。張國安曾對《周禮》成書年代研究方法作出探討，其引彭林之說，指出主要有三種方法：一是從文獻到文獻的方法；二是二重證據法；三是研究《周禮》思想的時代特徵進而推斷成書年代的方法。張氏概括為思想史的方法，並指出彭林的整個比對思辨都是在其思辨解釋得以發生的思想史的整合體系當中進行的。張氏文中雖無提及徐復觀的研究，但從其對彭林《周禮》研究的分析，不難發現彭林的研究方法和徐復觀同出一轍。詳見張國安：《〈周禮〉成書年代研究方法論及其推論〉，《浙江社會科學》第 2 期（2003 年），頁 146～151。

〔註 4〕金氏指出「徐先生的《周官》研究都起了良師益友的作用」。見金春峯《周官之成書及其反映的文化與時代新考·自序》（臺北：東大圖書股份有限公司，1993 年），頁 17。

〔註 5〕張國安認為「就《周禮》成書年代這一具體問題而言，今天的研究，已不可能在有關《周禮》敍事的文獻比對中得到解決，因為發現暗示《周禮》成書年代的文本文獻的可能性不大，否則，此問題早已不是問題」。詳見張國安：〈《周禮》成書年代研究方法論及其推論〉，《浙江社會科學》第 2 期（2003 年），頁 147。有關新的研究方法，日本學者工藤卓司指出，吉本道雅憑藉 N-gram 的方式（美國數學學者調查頻出文辭的方法），認為《周禮》是經過一人或者少數人之手，在短時間內成書的。因為《周禮》中詞彙的零散很少，有與《孟子》、賈誼《新書》共通的傾向。竊以為吉本的研究方法突破了過往的限制，嘗試以新角度來考據。見工藤卓司：《近百年來日本學者〈三禮〉之研究》（臺北：萬卷樓，2016 年），頁 96。熊十力於〈論周官成書年代〉中亦提及「吾儕於《周禮》，當研究其教育旨趣所在，其與現代功利思想，或法治國家等等教育旨趣，有其相通之點否；此真可注意者也」。見熊十力著；蕭萐父主編：《熊十力全集》第八卷（武漢：湖北教育出版社，2001 年），頁 151。

日本學者的《周禮》研究後，亦引南昌宏指出：「我們在哲學的觀點外，若能多考慮《周禮》與社會的關係，多關注《周禮》與人的關係，這樣才能瞭解《周禮》雖曾受到激烈批判，二千年來始終居於經書之一的理由。」〔註 6〕

第三節　徐復觀《周禮》研究的不足

徐復觀的《周禮》研究方法雖然豐富，但其過於大膽的推測，則影響其研究結果的可信性。

徐氏在研究的時候會作出大膽的假設，如王莽「發得周禮」是指王莽製作《周禮》。在論證的過程中，徐氏並非沒有文獻資料支撐，但部分的內容並不是直接對應其論點，如他指出王莽在製作《周禮》上擔當重要的角色，原因是王莽自小習禮、又曾多次議禮，並且曾聚群儒、開秘府，發得周禮。他認為「發得周禮」是指群儒根據秘府的藏書，資取文獻資料並加上自己的想法所製作的。徐氏的說法具有一定的合理性，但並沒有必然性。古人自小習禮的非只王莽一人，議禮和製作一部關於制度的文獻亦沒有必然關係。至於「發得周禮」一詞，「周禮」雖然當指《周禮》一書，因該段文字亦引用了兩句《周禮》的內容。然據上下文理推斷，前文提及的是商、周時代皆有臣子攝政而令朝政日益興盛的事，故認為王莽攝政亦有同樣的效果。然後便記述了王莽的施政，並讚揚他「聖心周悉，卓爾獨見，發得周禮，以明因監，則天稽古，而損益焉」。〔註 7〕這裡指出王莽的功績，認為其想法完備，並在損益制度時，讓人明白《周禮》承襲和參考的依據，即表揚他對古禮的瞭解。然而，如金春峰的研究提及，此段文字的重點並非王莽的功績，而是文末寫到有關守喪的問題。當時，王莽的母親去世，王莽照理該守喪三年。但為了繼續當攝皇帝，故臣下指出攝皇帝「不得服其私」，並引《周禮》指「王為諸侯緦縗」，所以王莽該「為功顯君緦縗，弁而加麻環経」。至於服喪一事，則令其孫王宗行之。因此，徐氏以此段文字謂王莽在製作《周禮》上擔任重要角色的理據，並沒有明確的說服力。不過，其說是合理的推測，竊認為徐氏的研究可備一說。

〔註 6〕 工藤卓司：《近百年來日本學者〈三禮〉之研究》（臺北：萬卷樓，2016 年），頁 134。

〔註 7〕 〔漢〕班固著；〔唐〕顏師古注：《漢書》（北京：中華書局，1962 年），頁 4091。

　　其次，徐氏在研究的過程中，過於着重思想演變的過程。如提及不同時代的官制具備不同的天道特性時，徐氏把《周禮》的情況安置在演變的過程中。但思想的線索實際上難有準確的時間劃分，因為思想的形成並非一朝一夕的，可以是數十年，甚或數百年。〔註8〕《周禮》具備某些特質，只能推測《周禮》在某些時期前後出現，但難以斷定準確的時間。金春峰對此作出批判，認為「從思想演進以論證作品的時代，是很危險的，因為它的主觀隨意性很大」。〔註9〕此外，古代文獻的流傳具有不同的可能性，如《周禮》在流傳的過程中是否只經一手整理，還是多於一手。若《周禮》的流傳是多於一手而成的話，即使時間線索有多具說服力，也不能成為有力的證明，因為可能某部份成於這個時期，另一部份則成於另一個時期。因此，過份着重思想線索或會影響對研究的判斷。丁進亦指出「長期以來關於《周禮》成書年代的研究得不到令人滿意的答案，問題出在評判標準上。不少人以為歷史上存在一個典型的『周禮』，它具有穩定性、可比照性，既可以宏觀鳥瞰，又可以微觀定量。事實上，從來就沒有這樣的『周禮』存在。」〔註10〕這也是理解《周禮》的新角度。過往的學者習慣從《周禮》的內容中追查某些部份源自某時，但實際上是否有人完整地撰寫一部《周禮》仍是未知之數。

　　上文概括了徐復觀的《周禮》學研究，從其研究緣起、研究方法在歷代《周禮》學的位置、《周禮》的官制重點作出分析，並比較徐氏和當代學者的《周禮》研究，以突顯其獨特之處。徐氏的《周禮》學研究有其特色和貢獻，

〔註8〕 工藤卓司引加賀榮治的說法，認為「以成書過程來說，《周禮》雖然確實依據相當古老的、有來歷的資料，但是，我們應該分別考慮現在所見一大行政組織法的官制之書的完成時期與其所據資料的時代性」。見工藤卓司：《近百年來日本學者〈三禮〉之研究》（臺北：萬卷樓，2016年），頁97。

〔註9〕 《周官之成書及其反映的文化與時代新考・自序》，頁12。另外，張國安認為彭林以思想史的研究方法，必然要陷入某種論證的循環。因為「《周禮》思想作為思想史的局部，包括比對中的其他局部，其得以解釋、發現，受制於思想史的整體，而真正的思想史的整體構成，卻又有待於這些尚未確定的局部思想的確定」。彭氏的研究方法和徐氏相同，因此，張氏此論亦可謂對用作指出徐氏使用思想史作主要研究方法的不足之處。詳見張國安：〈《周禮》成書年代研究方法論及其推論〉，《浙江社會科學》第2期（2003年），頁148。

〔註10〕 丁氏認為「歷史是一條流動的河，先周禮制與殷商禮制的結合，形成西周鼎盛時期的周禮，但它仍然還是一條河流，流動不居。從大的方面看，中央政權設置也只有相對穩定性，某一重要職官的廢置往往與某一個人有關，與周王的個人意志有關。從小的方面看，某一職官的歸屬也不是一成不變的」。詳丁進：《周禮考論——周禮與中國文學》（上海：上海人民出版社，2008年），頁68。

然亦有不足之處：第一，徐氏的研究能結合文獻線索和思想線索，豐富了過往研究《周禮》的方法。近代的《周禮》研究方法和重心基本上都不離徐氏的模式；其次，徐氏開拓了《周禮》的研究範圍，從過去的成書時代、辨偽，延伸至不同官制所反映的社會環境，並發掘出有關《周禮》的經學問題，可知《周禮》研究值得更多學者注視，並了解其在經學研究的價值；第三，徐氏重視思想史研究。他從研究中梳理出以官制表達政治理想的思想演變過程，對於研究古代制度的發展有一定的價值；第四，徐氏的研究過分着重思想線索，在研究中出現在一定預設下安放文獻資料的情況，故研究結果或未具明確的證據，部分結果有可商榷處。

　　本文對徐復觀的《周禮》研究作出爬梳整理，當中有補充、修訂和糾正的部份。縱然筆者的研究結果與徐氏意見不同，但是對於徐氏對學術的追求和用心，是十分敬佩和欣賞的。正如徐氏所言：「一個人在學術上的價值，不僅應由他研究的成果來決定，同時也要由他對學問的誠意及其品格之如何而加以決定。」〔註11〕徐氏追求學問的誠意，實爲我輩之學習對象。而其在《周禮》研究上所談及的範圍，亦擴闊後學在《周禮》研究上的眼界，獲益良多。

〔註11〕徐復觀：《中國人性論史・先秦篇》序（臺北：臺灣商務印書館，1969年），頁6。

參考文獻

一、徐復觀著述及其相關研究

1. 方克立、李錦全：《現代新儒家學案（下冊）》，北京：中國社會科學出版社，1995 年。

2. 李維武：《徐復觀學術思想評傳》，北京：北京圖書館出版社，2001 年。

3. 徐復觀：《中國人性論史・先秦篇》，臺北：臺灣商務印書館，1969 年。

4. 徐復觀：《中國思想史論集》，臺北：學生書局，1981 年。

5. 徐復觀：《中國思想史論集續編》，臺北：時報文化，1982 年。

6. 徐復觀：《中國經學史的基礎》，臺北：學生書局，1982 年。

7. 徐復觀：《兩漢思想史（卷二）》，臺北：學生書局，1979 年。

8. 徐復觀：《兩漢思想史（卷三）》，臺北：學生書局，1980 年。

9. 徐復觀：《周官成立之時代及其思想性格》，臺北：學生書局，1980 年。

10. 徐復觀：《徐復觀雜文續集》，臺北：時報文化出版事業有限公司，1981 年。

11. 黃俊傑：《東亞儒學視域中的徐復觀及其思想》，臺北：國立臺灣大學出版中心，2010 年。

二、經學

1. 〔周〕左丘明傳；〔晉〕杜預注；〔唐〕孔穎達正義：《春秋左氏傳正義》，北京：北京大學出版社，2000 年。

2. 〔清〕王聘珍：《大戴禮記解詁》，北京：中華書局，1989 年。

3. 〔清〕皮錫瑞：《經學通論》，北京：中華書局，1954 年。

4. 〔清〕皮錫瑞：《經學歷史》，北京：中華書局，2008 年，第 2 版。

5. 〔清〕朱彝尊：《經義考》，上海：上海古籍出版社，1987 年。

6. 〔清〕金鶚：《求古錄禮記》，上海：上海古籍出版社，1995 年。

7. 〔清〕孫詒讓著；汪少華整理：《周禮正義》，北京：中華書局，2015 年。

8. 〔清〕康有為：《新學偽經考》，長春：吉林人民出版社，2012 年。

9. 〔漢〕公羊壽傳；〔漢〕何休解詁；〔唐〕徐彥疏：《春秋公羊傳注疏》，北京：北京大學出版社，2000 年。

10. 〔漢〕孔安國傳；〔唐〕孔穎達疏：《尚書正義》，臺北：臺灣古籍出版有限公司，2001 年。

11. 〔漢〕趙岐注；〔宋〕孫奭疏：《孟子注疏》，北京：北京大學出版社，2000 年。

12. 〔漢〕鄭玄注；〔唐〕孔穎達疏：《禮記正義》，北京：北京大學出版社，2000 年。

13. 〔漢〕鄭玄注；〔唐〕賈公彥疏：《周禮注疏》，上海：上海古籍出版社，2010 年。

14. 〔魏〕王弼注；〔唐〕孔穎達疏：《周易注疏》，北京：北京大學出版社，2000 年。

15. 〔魏〕何晏注；〔宋〕邢昺疏：《論語注疏》，北京：北京大學出版社，2000 年。

16. 丁進：《周禮考論──周禮與中國文學》，上海：上海人民出版社，2008 年。

17. 工藤卓司：《近百年來日本學者〈三禮〉之研究》，臺北：萬卷樓，2016 年。

18. 王啓發：《禮學思想體系探源》，鄭州：中州古籍出版社，2006 年。

19. 王葆玹：《今古文經學新論》，北京：中國社會科學出版社，1997 年。

20. 王鍔：《三禮研究論著提要》，蘭州：甘肅教育出版社，2001 年。

21. 周何：《禮學概論》，臺北：三民書局，1998 年。

22. 金春峰：《周官之成書及其反映時代新考》，臺北：東大圖書股份有限公司，1993 年。

23. 侯家駒：《周禮研究》，臺北：聯經出版事業公司，1987 年。

24. 唐文治：《十三經提綱》，上海：華東師範大學出版社，2015 年。

25. 浙江大學古籍研究所編：《禮學與中國傳統文化》，北京：中華書局，2006 年。

26. 彭林：《〈周禮〉主體思想與成書年代研究（增訂版）》，北京：中國人民大學出版社，2009 年。

27. 楊天宇：《周禮譯注》，上海：上海古籍出版社，2004 年。

28. 楊伯峻等著：《經書淺談》，北京：中華書局，1984 年。

29. 葉純芳：《孫詒讓〈周禮〉學研究（上）》，臺北：花木蘭出版社，2013 年。

30. 葉純芳:《孫詒讓〈周禮〉學研究（下）》,臺北:花木蘭出版社,2013 年。

31. 劉師培:《經學教科書》,揚州:廣陵書社,2013 年。

32. 錢玄:《三禮通論》,南京:南京師範大學出版社,1996 年。

33. 錢穆:《兩漢經學今古文平議》,臺北:東大圖書股份有限公司,2003 年。

三、小學、文獻學

1. 〔漢〕許慎編撰;〔宋〕徐鉉校定:《說文解字》,香港:中華書局,2009 年。

2. 王力主編:《王力古漢語字典》,北京:中華書局,2000 年。

3. 李學勤:《簡帛佚籍與學術史》,南昌:江西教育出版社,2001 年。

4. 張心澂:《偽書通考》,上海:上海書店,1991 年。

5. 梁啟超:《古書真偽常識》,北京:中華書局,2012 年。

四、史學

1. 〔漢〕司馬遷撰;〔劉宋〕裴駰集解;〔唐〕司馬貞索隱;〔唐〕張守節正義:《史記》,北京:中華書局,1982 年。

2. 〔漢〕班固著;〔唐〕顏師古注:《漢書》,北京:中華書局,1962 年。

3. 〔清〕章學誠;葉瑛校注:《文史通義校注》,北京:中華書局,2014 年。

4. 杜正勝:《周代城邦》,臺北:聯經出版事業公司,1979 年。

5. 金景芳:《論井田制度》,濟南:齊魯書社,1982 年。

6. 徐元誥撰;王樹民、沈長雲點校:《國語集解》,北京:中華書局,2002 年。

7. 陳漢平:《西周冊命制度研究》,上海:學林出版社,1986 年。

8. 黃懷信、張懋鎔、田旭東撰:《逸周書彙校集注》,上海:上海古籍出版社,2007 年。

9. 楊向奎:《宗周社會與禮樂文明（修訂本）》,北京:人民出版社,1991 年。

10. 楊寬:《古史新探》,北京:中華書局,1965 年。

11. 劉起釪:《古史續辨》,北京:中國社會科學出版社,1991 年。

五、哲學思想

1. 〔漢〕王充著;張宗祥校注;鄭紹昌標點:《論衡校注》,上海:上海古籍出版社,2013 年。

2. 〔漢〕賈誼撰;閻振益、鍾夏校注:《新書校注》,北京:中華書局,2000 年。

3. 〔後魏〕賈思勰著;繆啟愉校釋:《齊民要術校釋》,北京:中國農業出版社,1998 年。

4. 〔清〕王先謙:《荀子集解》,北京:中華書局,1988 年。

5. 何寧：《淮南子集釋》，北京：中華書局，1998 年。

6. 楊儒賓、黃俊傑編：《中國古代思維方式探索》，臺北：正中書局，1996 年。

7. 黎翔鳳撰；梁運華整理：《管子校注》，北京：中華書局，2004 年。

8. 錢穆：《中國學術思想史論叢（二）》，臺北：東大圖書股份有限公司，1993 年。

9. 蘇輿：《春秋繁露義證》，北京：中華書局，1992 年。

六、文集及筆記

1. 〔宋〕朱熹：《朱子語類》，臺北：正中書局，1962 年。

2. 〔宋〕洪邁撰；孔凡禮點校：《容齋隨筆》，北京：中華書局，2005 年。

3. 〔宋〕晁說之：《嵩山文集》，上海：上海書店，1984 年。

4. 〔清〕方苞著；劉季高校點：《方苞集》，上海：上海古籍出版社，1983 年。

5. 〔清〕嚴可均校輯：《全上古三代秦漢三國六朝文（第一冊）》，北京：中華書局，1958 年。

6. 陳勝長：《考證與反思：從〈周官〉到魯迅》，臺北：東大圖書股份有限公司，1995 年。

7. 熊十力著；蕭萐父主編：《熊十力全集》，武漢：湖北教育出版社，2001 年。

七、學位論文

1. 李晶：〈春秋官制與《周禮》職官系統比較研究——以《周禮》成書年代的考察為目的〉，河北師範大學碩士論文，2004 年。

八、期刊論文

1. 王利明：〈《周禮》成書年代蠡測〉，《文化長廊》第 7 期（2014 年），頁 151～153。

2. 余英時：〈《周禮》考證和《周禮》的現代啟示〉，《新史學》第 3 期（1980 年），頁 1～27。

3. 李玉平：〈試析鄭玄《周禮注》中的「古文」與「故書」〉，《古籍整理研究學刊》第 5 期（2005 年），頁 50～54。

4. 李玉平：〈鄭玄《周禮注》從歷時角度對字際關係的溝通〉，《古漢語研究》第 3 期（2009 年），頁 67～73。

5. 沈文倬：〈略論禮典的實行和《儀禮》書本的撰作〉，《文史》第十五輯（1982 年 9 月），頁 27～41。

6. 沈長雲、李晶：〈春秋官制與《周禮》比較研究——《周禮》成書年代再探討〉，《歷史研究》第 6 期（2004 年），頁 3～26。

7. 周書燦：〈20 世紀以前的《周禮》學述論〉，《河北師範大學學報（哲學

社會科學版）第 4 期（2006 年），頁 118〜128。

8. 金小方：〈現代新儒家的文化自覺〉，《孔子研究》第 3 期（2005 年），頁 109〜116。

9. 常佩雨：〈《周禮》成書時代、作者及其價值論略〉，《湖北工程學院學報》第 1 期（2014 年），頁 19〜23。

10. 張玖霞、張社霞：〈《周禮》作者與成書年代研究綜述〉，《文學語言學研究》下旬刊（2007 年 9 月），頁 4〜5。

11. 張國安：〈《周禮》成書年代研究方法論及其推論〉，《浙江社會科學》第 2 期（2003 年），頁 146〜151。

12. 曹任遠：〈考察熊十力論《周禮》「出于孔子」脈絡本原〉，《有鳳初鳴年刊》第六期（2010 年），頁 297〜313。

13. 梁韋弦：〈《歸藏》考〉，《古籍整理研究學刊》第三期（2011 年），頁 1〜4。

14. 楊新賓：〈劉歆、王莽與《周禮》問題考辨〉，《理論月刊》第 12 期（2015 年），頁 71〜75。

15. 翟奎鳳：〈《尚書·周官》與《周禮》關係考論——兼談西周的公卿官學與孔子儒學〉，《太原理工大學學報（社會科學版）》第 2 期（2006 年），頁 24〜28。

16. 齊秀生：〈《周禮》在官制研究中的史料價值〉，《孔子研究》第 1 期（2005 年），頁 51〜55。

17. 顧飛：〈千古懸疑 耐人尋味——《周禮》的名稱、作者及成書時代解析〉，《新世紀圖書館》第 5 期（2005 年），頁 36〜38。

18. 顧頡剛：〈「周公制禮」的傳說與《周官》一書的出現〉，《文史》第六輯（1978 年），頁 1〜40。

九、論文集論文

1. 范文瀾：《范文瀾歷史論文選集》，北京：中國社會科學出版社，1979 年。

2. 蔣秋華主編：《變動時代的經學與經學家：民國時期（1912〜1949）經學研究》，臺北：萬卷樓圖書股份有限公司，2014 年。

附錄一：《周禮》與《逸周書》對照表

此附錄節錄《周禮》和《逸周書》內容相同或相似的地方。本表先引錄《周禮》原文，再引錄《逸周書》裡相吻合的資料，藉以比較《周禮》和《逸周書》的關係。

編號	《周禮》篇名	《周禮》原文	《逸周書》篇名	相關內容
01	天官冢宰・小宰	令于百官府曰：「各脩乃職，攷乃法，待乃事，以聽王命。其有不共，則國有大刑。」	職方解	王將巡狩，則戒于四方曰：各脩平乃守，攷乃職事，無敢不敬戒，國有大刑。
02	地官司徒・敘官	二曰以陽禮教讓，則民不爭。	周祝解	教之以禮民不爭。
03	地官司徒・掌葛	掌葛掌以時徵絺綌之材于山農。	文傳解	樹之葛木，以為絺綌，以為材用。

04	春官宗伯·職喪	凡公有司之所共、職喪令之、趣其事。	大聚解	立職喪以卿死。
05	夏官司馬·司士	王南鄉；三公北面東上；孤東面北上；卿大夫西面北上；王族故士；虎士在路門之右，南面東上；大僕、大右、大僕從者在路門之左，南面西上。	明堂解	天子之位，負斧扆，南面立；群公卿士，侍于左右；三公之位，中階之前，北面東上；諸侯之位，阼階之東，西面北上；諸伯之位，西階之西，東面北上；諸子之位，門內之東，北面東上；諸男之位，門內之西，北面東上。九夷之國，東門之外，西面北上；八蠻之國，南門之外，北面東上；六戎之國，西門之外，南面東上；五狄之國，北門之外，南面東上；四塞、九采之國，應門之外，北面東上，此周宗明堂之位也。明諸侯之尊卑也。
06	夏官司馬·職方氏	職方氏掌天下之圖，以掌天下之地，辨其邦國、都鄙、四夷、八蠻、七閩、九貉、五戎、六狄之人民與其財用、九穀、六畜之數要，周知其利害。乃辨九州之國，使同貫利。東南曰揚州，其山鎮曰會稽，其澤藪曰具區，其川三江，其浸五湖，其利金錫竹箭，其民二男五女，其畜宜鳥獸，其穀宜稻。正南曰荊州，其山鎮曰衡山，其澤藪曰雲夢，其川江漢，其浸潁湛，其利丹銀齒革，其民一男二女，其畜宜鳥獸，其穀宜稻。河南曰豫州，其山鎮曰華山，其澤藪曰圃田，其川滎雒，其浸波溠，其利林漆絲枲，其民二男三女，其畜宜六擾，其穀宜五種。正東曰青州，其山鎮曰沂山，其澤藪曰望諸，其川淮泗，其浸沂沭，其利蒲魚，其民二男二女，其畜宜雞狗，其穀宜稻麥。河東曰兗州，其山	職方解	職方氏掌天下之圖，辨其邦國、都鄙、四夷、八蠻、七閩、九貉、五戎、六狄之人民，與其財用、九穀、六畜之數，周知其利害。乃辨九州之國，使同貫利。東南曰揚州，其山鎮曰會稽，其川三江，其浸五湖，其澤藪大鳥獸，其利丹銀齒革，其民二男五女，其山鎮大衡山，其澤潁湛，其穀宜稻。正南曰荊州，其山鎮曰華山，其利林漆絲枲，其畜宜六擾，其穀宜五種。其川淮泗，其浸沂沭，其利蒲魚，其民二男二女，其畜宜雞狗，其穀宜稻麥。河東曰兗州，其山鎮曰岱

《周禮》	《逸周書》
山，其澤藪曰大野，其川河、泲，其浸盧維，其利蒲、魚，其民二男三女，其畜宜六擾，其穀宜四種。正西曰雍州，其山鎮曰嶽山，其澤藪曰弦蒲，其川涇、汭，其浸渭、洛，其利玉石，其民三男二女，其畜宜牛馬，其穀宜黍稷。東北曰幽州，其山鎮曰醫無閭，其澤藪曰貕養，其川河、泲，其浸菑、時，其利魚、鹽，其民一男三女，其畜宜四擾，其穀宜三種。河內曰冀州，其山鎮曰霍山，其澤藪曰楊紆，其川漳，其浸汾、潞，其利松柏，其民五男三女，其畜宜牛羊，其穀宜黍稷。正北曰并州，其山鎮曰恆山，其澤藪曰昭餘祁，其川虖池、嘔夷，其浸淶、易，其民二男三女，其畜宜五擾，其穀宜五種。乃辨九服之邦國：方千里曰王畿，其外方五百里曰侯服，又其外方五百里曰甸服，又其外方五百里曰男服，又其外方五百里曰采服，又其外方五百里曰衛服，又其外方五百里曰蠻服，又其外方五百里曰夷服，又其外方五百里曰鎮服，又其外方五百里曰藩服。凡邦國千里，封公以方五百里則四公，方四百里則六侯，方三百里則七伯，方二百里則二十五子，方百里則百男。以周知天下。凡小大相維，王設其牧，制其職，各以其所能；制其貢，各以其所有。王將巡守，則戒于四方，曰：各脩平乃守，考乃職事，無敢不敬戒，國有大刑。及王之所行，先道，帥其屬而巡戒令。王殷國亦如之。	鎮曰岱山，其澤藪曰大野，其川河、泲，其浸盧、維，其利蒲、魚，其畜宜六擾，其穀宜四種。正西曰雍州，其山鎮曰嶽山，其澤藪曰弦蒲，其川涇、汭，其浸渭、洛，其利玉石，其民三男二女，其畜宜牛馬，其穀宜黍稷。東北曰幽州，其山鎮曰醫無閭，其澤藪曰貕養，其川河、泲，其浸菑、時，其利魚、鹽，其民一男三女，其畜宜四擾，其穀宜三種。河內曰冀州，其山鎮曰霍山，其澤藪曰楊紆，其川漳，其浸汾、潞，其利松柏，其民五男三女，其畜宜牛羊，其穀宜黍稷。正北曰并州，其山鎮曰恆山，其澤藪曰昭餘祁，其川虖池、嘔夷，其浸淶、易，其畜宜五擾，其穀宜五種。乃辨九服之邦國：方千里曰王畿，其外方五百里曰侯服，又其外方五百里曰甸服，又其外方五百里曰男服，又其外方五百里曰采服，又其外方五百里曰衛服，又其外方五百里曰蠻服，又其外方五百里曰夷服，又其外方五百里曰鎮服，又其外方五百里曰藩服。凡邦國千里，封公以方五百里則四公，方四百里則六侯，方三百里則七伯，方二百里則二十五子，方百里則百男。以周知天下。凡小大相維，王設其牧，制其職，各以其所能；制其貢，各以其所有。王將巡守，則戒于四方，曰：各脩平乃守，考乃職事，無敢不敬戒，國有大刑。及王之所行，先道，帥其屬而巡戒令。王殷國亦如之。

07	秋官司寇・大行人	邦畿方千里。其外方五百里謂之侯服，歲壹見，其貢祀物。又其外方五百里謂之甸服，二歲壹見，其貢嬪物。又其外方五百里謂之男服，三歲壹見，其貢器物。又其外方五百里謂之采服，四歲壹見，其貢服物。又其外方五百里謂之衛服，五歲壹見，其貢材物。又其外方五百里謂之要服，六歲壹見，其貢貨物。九州之外謂之蕃國，世壹見，各以其所貴寶為摯。
	職方解	乃辯九服之國，方千里曰王圻，其外方五百里為侯服，又其外方五百里為甸服，又其外方五百里為男服，又其外方五百里為采服，又其外方五百里為衛服，又其外方五百里為蠻服，又其外方五百里為夷服，又其外方五百里為鎮服，又其外方五百里為藩服。

附錄二：《周禮》與《大戴禮記》對照表

此附錄節錄《周禮》和《大戴禮記》內容相同或相似的地方。本表先引錄《周禮》原文，再引錄《大戴禮記》裡相關合的資料，藉以比較《周禮》和《大戴禮記》的關係。

編號	《周禮》篇名	《周禮》原文	《大戴禮記》篇名	相關內容
01	天官冢宰・敘官	乃立天官冢宰，使帥其屬而掌邦治，以佐王均邦國。	盛德	古之御政以治天下者，冢宰之官以成道。
02	地官司徒・敘官	乃立地官司徒，使帥其屬而掌邦教，以佐王安擾邦國。	盛德	司徒之官以成德。
03	地官司徒・敘官	二曰以陽禮教讓，則民不爭。	千乘	長有禮，則民不爭。
04	地官司徒・媒氏	令男三十而娶，女二十而嫁。	本命	中古男三十而娶，女二十而嫁，合於五也，中節也。
05	春官宗伯・敘官	乃立春官宗伯，使帥其屬而掌邦禮，以佐王和邦國。	盛德	宗伯之官以成仁。

編號	篇目	原文	類別	內容
06	春官宗伯·敘官	乃立春官宗伯，使帥其屬而掌邦禮，以佐王和邦國。	千乘	司徒典春，以教民之不時、不若、不令。成長幼、老疾孤寡，以時通于四疆，有闕而不通，有頑而不治，則民之不樂生，不利衣食，發國功謀山川之神明加于民者，巫、祝、歷、齋戒必敬，會時必節。日、歷、巫、祝，執伎以守官，侯命而作，祈王年、禱民命及畜穀，動作百物，於時有事，方春三月，緩施生育，朝皇皇考，皇祖皇考，朝孤子八人，以成春事。
07	春官宗伯·典瑞	王晉大圭，執鎮圭，繅藉五采五就，以朝日。	朝義	然後天子冕而執鎮圭，尺有二寸，藻藉尺有二寸，搢大圭，乘大輅，建大常十有二旒，樊纓十有再就，貳車十有二乘，率諸侯而朝諸侯于東郊，所以教尊尊也。
08	春官宗伯·典瑞	公執桓圭，侯執信圭，伯執躬圭，繅皆三采三就，子執穀璧，男執蒲璧，繅皆二采再就，以朝覲宗遇會同于王。諸侯相見亦如之。	朝義	《禮》，大行人以九儀別諸侯之命，等諸臣之爵，以同域國之禮而行其賓主。上公之禮，執桓圭九寸，繅藉九寸，冕服九章，建常九旒，樊纓九就，貳車九乘，介九人，禮九牢，其朝位賓主之間九十步，饗禮九獻，食禮九舉。諸侯之禮，執信圭七寸，繅藉七寸，冕服七章，建常七旒，樊纓七就，貳車七乘，介七人，禮七牢，饗禮七獻，其他皆如諸侯之禮。諸子執穀璧五寸，繅藉五寸，冕服五章，建常五旒，樊纓五就，貳車五乘，介五人，食禮五舉，其朝位賓主之間五十步，饗禮五獻，食禮五舉，諸男執蒲璧，其他皆如諸子之禮。
09	春官宗伯·典命	典命掌諸侯之五儀、諸臣之五等之命。	朝義	是故古者天子之官，有典命官掌諸侯之義，大行人掌其爵，以等其義，故貴賤有別，尊卑有序，上下有差也。

	周禮		大戴禮記	
10	春官宗伯・典命	典命掌諸侯之五儀、諸臣之五等之命。上公九命為伯，其國家、宮室、車旗、衣服、禮儀，皆以九為節；侯伯七命，其國家、宮室、車旗、衣服、禮儀，皆以七為節；子男五命，其國家、宮室、車旗、衣服、禮儀，皆以五為節。及其出封，皆加一等。凡諸侯之適子，誓於天子，攝其君，則下其君之禮一等；未誓，則以皮帛繼子男。公之孤四命，以皮帛眂小國之君。其卿三命，其大夫再命，其士一命，其宮室、車旗、衣服、禮儀，各眂其命之數。侯伯之卿大夫士亦如之。子男之卿再命，其大夫一命，其士不命，其宮室、車旗、衣服、禮儀，各眂其命之數。	朝事	典命：掌諸侯之五儀、諸臣之五等，以定其爵，故貴賤有別、尊卑有序，上下有差也。上公九命為伯，其國家、宮室、車旗、衣服、禮儀皆以九為節；諸侯、諸伯七命，其國家、宮室、車旗、衣服、禮儀，皆以七為節；子、男五命，其國家、宮室、車旗、衣服、禮儀，皆以五為節。及其封也，皆加其封，王之三公八命，皆加一等。其卿六命，其大夫四命，皆如諸侯之禮也。凡諸侯之適子，誓於天子，攝君，則下其君之禮一等；未誓，則以皮帛繼子男。公之孤四命，以皮帛眂小國之君。其卿三命，其大夫再命，其士一命，其宮室、車旗、衣服、禮儀，各眂其命之數。侯伯之卿大夫士亦如之。子男之卿再命，其大夫一命，其士不命，其宮室、車旗、衣服、禮儀，各眂其命之數。
11	春官宗伯・樂師	教樂儀，行以《肆夏》，趨以《采薺》，車亦如之。環拜以鍾鼓為節。	保傅	行中鸞和，步中《采茨》，趨中《肆夏》，所以明有度也。
12	夏官司馬・敍官	乃立夏官司馬，使帥其屬而掌邦政，以佐王平邦國。	盛德	司馬之官以成聖。
13	夏官司馬・敍官	乃立夏官司馬，使帥其屬而掌邦政，以佐王平邦國。	千乘	司馬司夏，以教士車甲。凡士執伎論功，脩四衛，強股肱，質射御，才武聰慧，治眾長卒，所以為儀綴於國。出可以為率，誘於軍旅，四方諸侯之遊士，國中賢餘、秀興閱閱馬。方夏三月，養長秀，蕃庶物，於時有事，享于皇祖皇考，爵士之有慶者七人，以成夏事。
14	夏官司馬・大司馬	以九伐之法正邦國。	朝義	明九伐之法以震威之。

序號	周禮官職	周禮原文	對照	文獻內容
15	夏官司馬·司爟	季春出火，民咸從之；季秋內火，民亦如之。	夏小正	九月：內火。內火也者，大火。大火也者，心也。
16	夏官司馬·大馭	凡馭路，行以《肆夏》，趨以《采薺》。	保傅	行中鸞和，步中《采茨》，趨中《肆夏》，所以明有度也。
17	秋官司寇·敘官	乃立秋官司寇，使帥其屬而掌邦禁，以佐王刑邦國。	盛德	司寇之官以成義。
18	秋官司寇·敘官	乃立秋官司寇，使帥其屬而掌邦禁，以佐王刑邦國。	千乘	司寇司秋，以聽獄訟，治民之煩亂，執權變民中。凡民之不刑，崩本以要間，作起不敬，以欺惑憧愚，作於財賄、六畜、五穀日盜；誘居室家有若子曰義；子女專曰奸；飾五兵及木石曰賊；以中情出，小日間，大日講。凡犯天子之禁，利辭以亂屬日讒；以財投長日貪。凡犯天子之禁，陳刑制辟，以追國民之不率上教者。夫是故一家三夫，道行三人，飲食、哀樂平，無獄，方秋三月，收斂以時，於時有事，嘗新于皇祖皇考，食農夫九人，以成秋事。
19	秋官司寇·大行人	大行人掌大賓之禮及大客之儀，以親諸侯。	朝儀	大行人掌諸侯，以等其爵。
20	秋官司寇·大行人	大行人掌大賓之禮及大客之義，以親諸侯。春朝諸侯而圖天下之事，秋覲以比邦國之功，夏宗以陳天下之謨，冬遇以協諸侯之慮，時聘以結諸侯之好，殷覜以除邦國之慝，間問以諭諸侯之志，歸脤以交諸侯之福，賀慶以贊諸侯之喜，致襘以補諸侯之災。	朝儀	古者大行人掌大賓之禮及大客之義，以親諸侯。春朝諸侯而圖天下之事，秋覲以比邦國之功，夏宗以陳天下之謀，冬遇以協諸侯之慮，時聘以結諸侯之好，殷同以施天下之政，四方之禁，殷覜以除邦國之禁，間問以諭諸侯之志，歸脤以交諸侯之福，賀慶以贊諸侯之喜，致襘以補諸侯之災。

序號	周禮篇名	朝議（周禮）	朝議（大戴禮記）
21	秋官司寇·大行人	以九儀辨諸侯之命，等諸臣之爵；以同邦國之禮，而待其賓客。上公之禮，執桓圭九寸，繅藉九寸，冕服九章，建常九斿，樊纓九就，貳車九乘，介九人，立當車軹，王禮再祼而酢，饗禮九獻，食禮九舉，諸侯之禮，執信圭七寸，繅藉七寸，冕服七章，建常七斿，樊纓七就，貳車七乘，介七人，擯者四人，廟中將幣三享，饗禮七獻，食禮七舉，立當前疾，諸伯執躬圭，其他皆如諸侯之禮。諸子執穀璧五寸，繅藉五寸，冕服五章，建常五斿，樊纓五就，貳車五乘，介五人，禮五牢，朝位賓主之間五十步，王禮壹祼不酢，饗禮五獻，食禮五舉，立當車衡，擯者三人，廟中將幣三享，壹問壹勞。諸男執蒲璧，饗禮不酢，食禮壹舉，其他皆如諸子之禮。凡大國之孤，執皮帛以繼小國之君，出入三積，不問，壹勞，朝位當諸侯之臣，廟中無相，以酒禮之。其他皆眂小國之君。凡諸侯之卿，其禮各下其君二等以下，及其大夫士皆如之。	《禮》，大行人以九儀別諸侯之命，等諸臣之爵，以同域國之禮，而行其賓主。上公之禮，執桓圭九寸，繅藉九寸，冕服九章，建常九斿，樊纓九就，貳車九乘，介九人，食禮九舉，饗禮九獻，繅車九步，其朝位賓主之間九十步，立當車軹，擯者五人，廟中將幣三享，王禮再祼而酢，饗禮九獻，食禮九舉，建常七斿，諸侯之禮，執信圭七寸，繅藉七寸，冕服七章，建常七斿，樊纓七就，貳車七乘，介七人，食禮七舉，饗禮七獻，繅車七步，其朝位賓主之間七十步，諸伯執躬圭，諸伯執躬圭，其他皆如諸侯之禮。諸子執穀璧五寸，繅藉五寸，冕服五章，建常五斿，樊纓五就，貳車五乘，介五人，食禮五舉，饗禮五獻，繅車五步，其朝位賓主之間五十步，諸男執蒲璧，其他皆如諸子之君。其他皆如諸子之禮。諸大國之孤，執皮帛以繼小國之君，禮各下其君二等以下，及大夫士皆土皆如之。
22	秋官司寇·小行人	王之所以撫邦國諸侯者，歲徧存，三歲徧覜，五歲徧省；七歲屬象胥，諭言語，協辭命；九歲屬瞽史，諭書名，聽聲音；十有一歲達瑞節，同度量，成牢禮，同數器，脩法則；十有二歲王巡守殷國。	天子之所以撫諸侯者，歲徧存，三歲徧覜，五歲徧省；七歲屬象胥，諭言語，論書名，聽音聲；十有一歲，達瑞節，同度量，成牢禮，同數器，修法則；十有二歲王巡守殷國。

序號	官職	經文	標目	朝義內容
23	秋官司寇·小行人	成六瑞：王用瑱圭，公用桓圭，侯用信圭，伯用躬圭，子男用穀璧，男用蒲璧。	朝義	上公之禮，執桓圭九寸，繅籍九寸，冕服九章，建常九旒，樊纓九就，貳車九乘，介九人，禮九牢，其朝位賓主之間九十步，樊纓七就，貳車七乘，介七人，禮七牢，其朝位賓主之間七十步，繅籍七寸，冕服七章，建常七旒，禮七獻，食禮七舉。諸侯之禮，執信圭七寸，繅籍七寸，冕服七章，諸伯執躬圭，其他皆如諸侯之禮。諸子執穀璧五寸，繅籍五寸，冕服五章，建常五旒，貳車五乘，介五人，禮五牢，其朝位賓主之間五十步，樊纓五就，饗禮五獻，食禮五舉。諸男執蒲璧，其他皆如諸子之禮。
24	秋官司寇·小行人	成六瑞：王用瑱圭，公用桓圭，侯用信圭，伯用躬圭，子男用穀璧，男用蒲璧。	朝義	然後天子冕而執鎮圭，尺有二寸，藻籍尺有二寸，乘大輅，乘大常十有二旒，建大常十有二旒，樊纓十有二就，貳車十有再貳乘，所以朝諸侯而日於東郊也教徵會也。
25	秋官司寇·小行人	若國札喪，則令賻補之；若國凶荒，則令賙委之；若國師役，則令槁禬之；若國有福事，則令慶賀之；若國有禍災，則令哀弔之。凡此五物者，治其事故。及其萬民之利害為一書，其悖逆暴亂作慝猶犯令者為一書，其札喪凶荒厄貧為一書，其康樂和親安平為一書。凡此五物者，每國辨異之，以反命于王，以周知天下之故。	朝義	然後諸侯之國，札喪則令賻補之，凶荒則令賙委之，師役則令槁禬之，有福事則令慶賀之，有禍災則令哀弔之。凡此五物者，治其事故。及其萬民之利害為一書，其悖逆暴亂作慝猶犯令者為一書，其札喪凶荒厄貧為一書，其康樂和親安平為一書，無國別異之，天子以周知天下之故。
26	秋官司寇·司儀	及其擯之，各以其禮，公於上等，侯伯於中等，子男於下等。其將幣亦如之。	朝義	及其將幣唅也，公於上等，所以別貴賤，序尊卑也。

	周禮	大戴禮記	
27	秋官司寇·司儀	致饔餼、還圭、饗食、致贈、郊送，皆如將幣之儀。	朝義	君親致雍餼，還圭、饗食、致贈、郊送，所以相與習禮樂也。
28	秋官司寇·掌客	凡介、行人、宰、史，皆有飧饔餼，以其爵等爲之牢禮之陳數，唯上介有禽獻。	朝義	群介皆有餼牢。
29	秋官司寇·掌交	掌交掌以節與幣巡邦國之諸侯及其萬民之所聚者，道王之德意志慮，使咸知王之德意好惡，辟行之。	朝義	尚猶有不附於德、不服於義者，則使掌交說之。故諸侯莫不附於德、服於義者。

附錄三：《周禮》杜子春注研究

前　言

　　《周禮》爲十三經之一。自兩漢以還，不少學者研究《周禮》。關於《周禮》的注本，以東漢鄭玄之三禮注最廣爲流傳，影響亦深。然鄭玄並不是首位注解《周禮》之學者，馬融、鄭興、鄭眾等早已對《周禮》作出研究。而三者皆受學於杜子春，杜子春曾爲《周禮》作注解，而這些資料已佚。惟從鄭玄、《釋文》等尚能窺見杜注的痕跡。鄭注中所存杜注的資料最多，而鄭玄爲研究三禮之名家，在其注中引錄了大量杜子春注，亦可證明杜注有其價值，致使鄭玄亦存而作參攷。清人馬國瀚《玉函山房輯佚書》中輯錄了杜注 189 條。本文研究《周禮》杜子春注，首先將略述兩漢《周禮》注本，並整理史料中所載杜子春的事跡。其次，重點講述杜子春作注的體例和方法，如其對字誤之處理，以「當爲」作標示、對字音的處理，以「讀爲」作標示，並略歸納其在正字、擬音、釋義上的方法。再論述杜子春注的特點，以及對後世研究《周禮》或古代典籍的影響。由於篇幅所限，本文所歸納之杜注形式、方法，皆以其出現數量之多寡爲主要選擇原因。文末載有《周禮》杜子春注和鄭玄注的對照表，以供參攷。

第一章　《周禮》與杜子春

第一節　兩漢《周禮》注本簡介

　　《周禮》爲十三經之一。在漢代，《周禮》最初名爲《周官》，名字始見《史記·封禪書》：「《周官》曰，冬日至，祀天於南郊，迎長日之至；夏日至，

祭地祇。」〔註1〕又「自得寶鼎，上與公卿諸生議封禪。封禪用希曠絕，莫知其儀禮，而羣儒采封禪《尚書》、《周官》、〈王制〉之望祀射牛事。」〔註2〕《漢書‧藝文志》亦載「《周官經》六篇。王莽時劉歆置博士」。〔註3〕《周禮》於漢代時已是重要典籍，研究的學者很多，至今仍然完整地流傳的是鄭玄注。然而，漢代其他研究《周禮》的學者，如杜子春、鄭興、鄭眾、賈逵、馬融、班固等，〔註4〕其著作皆早已散佚，今只能從後人的輯佚裡窺見其一二。

第二節　杜子春及其《周禮》注簡介

漢時，杜子春曾為《周禮》作注。關於杜子春的生平，史書所載不多。《隋書‧經籍志》云：

《周官》蓋周公所制官政之法，上於河間獻王，獨闕〈冬官〉一篇。獻王購以千金不得，遂取〈考工記〉以補其處，合成六篇奏之。至王莽時，劉歆始置博士，以行於世。河南緱氏及杜子春受業於歆，因以教授。是後馬融作《周官傳》，以授鄭玄，玄作《周官注》。〔註5〕

西漢時，《周禮》已存於內宮之中，及至王莽時，劉歆置《周禮》博士，杜子春便曾受業於劉歆。唐賈公彥《周禮注疏‧序周禮廢興》亦有提及：

至孝成皇帝，達才通人劉向、子歆，校理秘書，始得列序，著于《錄》《略》。然亡其〈冬官〉一篇，以〈考工記〉足之。時眾儒並出共排，以為非是。唯歆獨識，其年尚幼，務在廣覽博觀，又多銳精于《春秋》。末年，乃知其周公致太平之迹，迹具在斯。奈遭天下倉卒，兵革並起，疾疫喪荒，弟子死喪。徒有里人河南緱氏杜子春尚在，永平之初，年且九十，家于南山，能通其讀，頗識其說，鄭眾、賈逵往受業焉。〔註6〕

〔註1〕司馬遷撰；裴駰集解；司馬貞索隱；張守節正義：《史記》（北京：中華書局，1963年），卷二十八，頁1357。

〔註2〕《史記》，卷二十八，頁1397。

〔註3〕班固著；顏師古注：《漢書》（北京：中華書局，1962年），卷三十，頁1709。《周官》一名，至王莽居攝三年九月，莽母功顯君死，時劉歆與博士諸儒七十八人議功顯君服，始改稱《周官》為《周禮》。說見楊天宇《周禮譯注》（上海：上海古籍出版社，2004年），頁2。

〔註4〕資料據孫啓治、陳建華：《古佚書輯本目錄（附考證）》（北京：中華書局，1997年），頁36～39。

〔註5〕魏徵、令狐德棻撰：《隋書》（北京：中華書局，1982年），卷三十二，頁925。

〔註6〕鄭玄注；賈公彥疏：《周禮注疏‧序周禮廢興》，《十三經注疏》整理本（北京：

在新莽至東漢初年的動盪時期，戰事四起，瘟疫饑荒頻仍，劉歆弟子死喪亦多。據上文所言，至東漢明帝永平年間，杜子春仍在世，且能讀通《周禮》。鄭眾、賈逵也受業於杜子春。《經典釋文·序錄》云：「河南緱氏杜子春受業於歆，還家以教門徒，好學之士鄭興父子等多往師之。賈景伯亦作《周禮解詁》。」〔註7〕由此可見，杜子春很可能是最早注解《周禮》之學者。惟其《周禮》注早已散佚，今已不能見其本。清人馬國翰《玉函山房輯佚書》輯有《周禮杜氏注》兩卷，共輯杜子春注一百八十九條。〔註8〕杜注輯本之內容主要來源自鄭玄注，亦偶從《經典釋文》、《集韻》等而來。鄭玄為研究三禮之大家，其注正多採杜子春注，然則杜注的價值自可見一斑。杜子春注雖佚，但從現有輯佚本裡，仍能研究杜注之特色及其價值。

第二章　《周禮》杜子春注的注解角度和方法

綜覽現有杜子春注之內容，已有「當為」、「讀為」、「或為」等用語，各有其義，可見其注解已頗具規模。下文將綜合討論杜注之體例，從易字之例、擬音之例、釋義之例等分析其作用。

第一節　易字之例

杜子春注有易字之例，其易字之例的根據可分為兩類。一是糾字之誤，即杜子春以為其《周禮》所據本所載之字為誤，故以他字易之以糾字誤；二是明字之義，杜子春以同義字易經本之字。杜氏以同義字易字之由有二，一是字義之轉變。字義因字形由篆體演變成隸書和新造字的變化，一些字的本義都已被他字所取代。如果仍用本字理解，可能會造成語義不明的情況；二是以常用字取代生僻字。兩字的語義並無分別，只是語用上的分別。杜子春以常用字易之，使讀者更能明字之義。現分別闡述各種情況如下：

一、糾字之誤

1. 〈天官冢宰·小宰〉「小宰之職，掌建邦之宮刑，以治王宮之政令，凡

北京大學出版社，2000 年），頁 9。本文所引之《十三經注疏》皆據此本。
〔註7〕陸德明：《經典釋文·序錄》（上海：上海古籍出版社，1985 年），卷一，頁 43。
〔註8〕馬國翰：《玉函山房輯佚書》影印清同治十年（1872）濟南皇華館書局刊本（臺北：文海出版社，1967 年）

宮之糾禁。」〔註9〕「杜子春云：『宮，皆當爲官。』」〔註10〕

杜子春之意爲句中「宮」字當易爲「官」。孫詒讓謂杜子春以〈大宰〉八灋、〈大司寇〉五刑並有「官刑」，無「宮刑」。而「宮」、「官」字形又相近，故破「宮」爲「官」。〔註11〕鄭玄不從杜注，謂「宮刑，在王宮中者之刑」，〔註12〕賈公彥和阮元亦不從杜子春說。〔註13〕竊按「官刑」分別見於〈大宰〉、〈宰夫〉、〈大司寇〉；「宮刑」則只見於此。觀全書「官刑」者，皆與特定刑法有關。〔註14〕賈疏謂〈大司寇〉已言「官刑」，此處又言則使一職重掌，賈說是也。〈大宰〉「掌建邦之六典」中，六典分別由六官負責，〔註15〕天官之職爲治典、秋官之職爲刑典。小宰乃大宰之副手，其職該掌治典之類。若小宰掌官刑，即與秋官職同，則兩者職掌有重覆之處。此外，杜注言「皆當爲」，則此處「王宮」者，亦該易爲「王官」。然「王官」無見於《周禮》中，「王宮」則見於全書十八次，故杜子春之說爲誤。

2. 〈天官冢宰・九嬪〉「凡祭祀，贊玉齍，贊后薦徹豆籩。」〔註16〕「杜子春讀爲玉」。〔註17〕

鄭玄謂「故書玉爲王」，〔註18〕並從杜子春之易字。孫詒讓謂杜子春「以王齍無義，而玉齍見〈大宗伯〉，故杜讀從之」，〔註19〕孫說是也。據《周禮》及其他先秦典籍，無「王齍」一例，「玉齍」則兩見於《周禮》，皆指「盛黍稷之器，飾以玉，祭祀用之。或說即玉簠」。〔註20〕段玉裁謂「玉」、「王」二

〔註9〕《周禮注疏》，《十三經注疏》整理本，卷三，頁63。

〔註10〕《周禮注疏》，《十三經注疏》整理本，卷三，頁63。

〔註11〕孫詒讓：《周禮正義》（北京：中華書局，1987年），卷五，頁157。

〔註12〕《周禮注疏》，《十三經注疏》整理本，卷三，頁63。

〔註13〕賈公彥謂「〈秋官・司寇〉已云『四曰官刑』，此小宰不往貳之，則不須重掌」，說見《周禮注疏》，《十三經注疏》整理本，卷三，頁63。又阮元云：「經首云『掌建邦之宮刑，以治王宮之政令』，末云『以宮刑憲禁于王宮』。〈宮正〉、〈宮伯〉等職皆言王宮，經無有言王官者，則宮刑之非官刑審矣。」說見《周禮注疏》，《十三經注疏》整理本，卷三，頁63。

〔註14〕〈大宰〉「七曰官刑，以糾邦治。」爲治官府之八法之一；〈宰夫〉「凡失財用、物辟名者，以官刑詔冢宰而誅之。」之「官刑」該與〈大宰〉同；〈大司寇〉「四曰官刑，上能糾職。」爲糾萬民之五刑之一。

〔註15〕六官爲天官、地官、春官、夏官、秋官、冬官。

〔註16〕《周禮注疏》，《十三經注疏》整理本，卷七，頁228。

〔註17〕《周禮注疏》，《十三經注疏》整理本，卷七，頁228。

〔註18〕《周禮注疏》，《十三經注疏》整理本，卷七，頁228。

〔註19〕《周禮正義》，卷十四，頁556。

〔註20〕錢玄、錢興奇：《三禮辭典》（南京：江蘇古籍出版社，1988年），頁309。

字相近，〔註21〕且古書亦有「玉」、「王」二字相混之例，〔註22〕如〈天官冢宰・小宰〉「凡祭祀，贊玉幣爵之事，祼將之事」。阮元謂「宋本、余本『王』作『玉』」，〔註23〕可見杜氏以「玉」字易「王」是合理的。

3. 〈冬官考工記・車人〉「輈長一柯有半，其博三寸，厚三之一。」〔註24〕「杜子春云：『當爲博。』」〔註25〕

鄭玄謂「故書『博』或爲『搏』」。〔註26〕《周禮》或本作「搏」，疑皆形近致傳抄之誤。杜子春謂「當爲博」者，乃糾字之誤。孫詒讓謂「未知孰是」者，〔註27〕或因「搏」字亦以量度單位之義見於〈羽人〉。〔註28〕然竊謂杜氏易字之例爲是，蓋上句「柯長三尺，博三寸，厚一寸有半」以「博」字作量度單位。而此句該與上句有關，皆言造車的組件大小，故此句該以「博」字爲正。「博」字或爲「搏」、或爲「搏」，蓋因形近而訛。

二、明字之義

1. 〈天官冢宰・小宰〉「四曰聽稱責以傅別。」〔註29〕「杜子春讀爲『傅別』。」〔註30〕

故書「傅別」作「傅辨」，杜子春易「辨」爲「別」。段玉裁謂「辨、別二字古多用通，如《月令章句》引〈別名記〉，即《白虎通》之〈辨名記〉」。〔註31〕孫詒讓按〈士師〉「傅別」注云「故書別爲辨」作內證，證二字古通用。

〔註21〕 段玉裁謂「篆體『玉』與『王』皆三畫。惟『玉』三畫勻，『王』上二畫相近不勻」，說見段玉裁《周禮漢讀考》，《續修四庫全書》影印清嘉慶刻本（上海：上海古籍出版社，1995 年），卷一，頁 19。

〔註22〕 按《尚書・舜典》「在璿璣玉衡以齊七政」注「璣、衡，王者正天文之器，可運轉者。」阮元謂「岳本、閩本、《纂傳》『玉』作『王』，是也」，說見孔安國傳；賈公彥疏：《尚書正義》，《十三經注疏》整理本（北京：北京大學出版社，2000 年），卷三，頁 64。

〔註23〕 《周禮注疏》，《十三經注疏》整理本，卷三，頁 73。

〔註24〕 《周禮注疏》，《十三經注疏》整理本，卷四十二，頁 1370。

〔註25〕 《周禮注疏》，《十三經注疏》整理本，卷四十二，頁 1370。

〔註26〕 《周禮注疏》，《十三經注疏》整理本，卷四十二，頁 1370。

〔註27〕 《周禮正義》，卷八十六，頁 3518。

〔註28〕 《周禮・地官司徒・羽人》「凡受羽，十羽爲審，百羽爲摶，百摶爲縛。」中，「摶」爲量度單位。

〔註29〕 《周禮注疏》，《十三經注疏》整理本，卷三，頁 68。

〔註30〕 《周禮注疏》，《十三經注疏》整理本，卷三，頁 69。

〔註31〕 段玉裁：《周禮漢讀考》，《續修四庫全書》，卷一，頁 4（總頁 266）。

又謂鄭玄從杜破字，蓋因「別」與「一札中別」之義尤切。〔註32〕按「別」、「辨」二字皆能作區分義，然「辨」字義廣，且古通用字多，〔註33〕以「別」字易之則義較明確。

2.〈地官司徒・載師〉「以宅田、士田、賈田任近郊之地。」〔註34〕「杜子春云：『蒿讀爲郊。五十里爲近郊，百里爲遠郊。』」〔註35〕

杜注以「郊」字易「蒿」。鄭玄謂「故書郊或爲蒿」。〔註36〕鄭注云「或爲」，即爲不同版本之異文，而二字之義近。〔註37〕孫詒讓謂「杜以遠蒿近蒿，於義無取，故讀從郊也」。〔註38〕孫氏指出杜氏以「遠蒿」、「近蒿」之義不明而易「蒿」字，故爲糾字誤之例。竊按《穀梁傳・桓公十五年》「公會齊侯于蒿」，〔註39〕「蒿」字《公羊傳》作「鄁」。〔註40〕而「鄁」字又通「郊」，謂城外、城郊之意，且「蒿」、「鄁」、「郊」三字同屬宵部平聲字，〔註41〕古音可通。孫氏謂「遠蒿」、「近蒿」之義不可取，乃因三字至後代已各有其義。杜氏此處實爲明字義，並非孫氏所謂糾字之誤。

3.〈地官司徒・委人〉「以稍聚待賓客，以甸聚待羈旅。」〔註42〕「杜子春云：『當爲羈。』」〔註43〕

〔註32〕《周禮正義》，卷五，頁 174〜175。「一札中別」者，指鄭玄注「傅別，謂爲大手書於一札，中字別之」句。

〔註33〕「辨」字能與「辯」、「徧」通，並存備考與「變」、「貶」字通。說見王力主編：《王力古漢語字典》（北京：中華書局，2000 年），頁 1416〜1417。

〔註34〕《周禮注疏》，《十三經注疏》整理本，卷十三，頁 388。

〔註35〕《周禮注疏》，《十三經注疏》整理本，卷十三，頁 389。

〔註36〕《周禮注疏》，《十三經注疏》整理本，卷十三，頁 388〜389。

〔註37〕如〈地官司徒・大司徒〉「五曰以儀辨等」注云「故書儀或爲義」。又〈冬官考工記・匠人〉「環涂七軌」注云「故書環或作轘」。每組字皆爲同義字，二例分別載於《周禮注疏》，《十三經注疏》整理本，卷十，頁 290 和卷四十一，頁 1352。

〔註38〕《周禮正義》，卷二十四，頁 944。

〔註39〕范甯集解；楊士勛疏：《春秋穀梁傳注疏》，《十三經注疏》整理本（北京：北京大學出版社，2000 年），卷四，頁 66。

〔註40〕公羊壽傳；何休解詁；徐彥疏：《春秋公羊傳注疏》，《十三經注疏》整理本（北京：北京大學出版社，2000 年），卷五，頁 124。

〔註41〕馬王堆漢墓帛書《戰國縱橫家書・朱己謂魏王章》「與趙兵決於邯鄲之鄁（郊），氏（是）知伯之過也。」帛書原文作「郊」字。說見馬王堆漢墓帛書整理小組編：《戰國縱橫家書》（北京：文物出版社，1976 年），頁 59。

〔註42〕《周禮注疏》，《十三經注疏》整理本，卷十六，頁 481。

〔註43〕《周禮注疏》，《十三經注疏》整理本，卷十六，頁 481。

　　鄭玄謂「故書羈作奇」。〔註44〕《周禮‧地官司徒‧遺人》亦有「羈旅」一詞，該處故書作「寄」，此處故書作「奇」。段玉裁謂「古者奇、寄、羈同部」，〔註45〕是也。三者同屬歌部，古音可通。徐養原謂此處「奇」字或為「寄」字之譌，或為「寄」字之省文。〔註46〕竊按《左傳‧襄公十四年》「齊人以郲寄衛侯」和〈昭公七年〉「君之羈臣」，「寄」、「羈」二字皆解作「客居在外」的意思，故二字義近可通。按「奇」字該為「寄」之誤，〈遺人〉亦有「羈旅」一詞，該處故書作「寄」，鄭玄謂「羈旅，過行寄止者」，〔註47〕其義皆與「寄」之「寄居」義合，故此處故書該為「寄」，而杜注易為「羈」字以明其義。蓋因「寄」字後多作「依附」、「託付」義，故杜注以「羈」字易之。徐氏云「奇」字或為「寄」字之省文，此說為誤。蓋「奇」、「寄」二字均多見於古代典籍，且二字字義亦有明確分別，徐氏所言，以二字之字形近而言之，並無明據。

第二節　擬音之例

　　杜子春注有處理字音的部分，亦可分為兩類。一是明多音多義字，即一字或有數音，而所附於各音的字義有所不同。杜注會就該字音之字義配詞，以明字之音義；二是擬字之讀音。蓋《周禮》字較難懂，且某些專有名詞，如祭名、地名，於漢時已面目全非，時人未必能讀懂，故杜注擬原字之同音字以明之。杜注處理字音的體例，一般以「讀為」標示，偶有「讀如」之例，但數目不多。杜注於擬音，或易字皆以「讀為」標示，然其擬同音字之例，與其以古通用字易字之例近而有所不同。蓋擬同音字之例，二字於字義上未必有關係，主要關係在於兩者的讀音相同。至於以古通用字易字之例，二者於聲類相近或相同，而義則亦相同。下文將就此兩點作出解說：

一、明多音多義字

　　1.〈春官宗伯‧大祝〉「七曰奇攤」〔註48〕「杜注云：『奇讀為奇偶之奇，

〔註44〕《周禮注疏》，《十三經注疏》整理本，卷十六，頁481。
〔註45〕段玉裁《周禮漢讀考》，《續修四庫全書》，卷二，頁26（總頁289）。
〔註46〕徐養原云：「〈遺人〉羈作寄。此作奇，其寄之譌字邪？抑寄之省文邪？羈字俗從奇作羈，其誤蓋有由也。」說見徐養原：《周官故書考》，《續修四庫全書》影印清光緒陸氏刻湖州叢書本（上海：上海古籍出版社，1995年），卷一，頁28（總頁127）。
〔註47〕《周禮注疏》，《十三經注疏》整理本，卷十三，頁406。
〔註48〕《周禮注疏》，《十三經注疏》整理本，卷二十五，頁784。

謂先屈一膝，今雅拜是也。』」〔註49〕

「奇」字有兩讀，一讀羣母歌部平聲，即今讀陽平聲，義爲奇異、不平常；〔註50〕一讀見母歌部平聲，即今讀陰平聲，義爲單數、與「耦」相對。〔註51〕又爲「零數」。〔註52〕此言「奇拜」者，爲九種拜禮之一，用於祭祀時向尸獻酒和勸侑尸吃飯。〔註53〕「奇拜」指拜一拜，其義與「不耦」同，乃當時之「雅拜」，故杜子春配以「奇偶」一詞明其音讀，正其字義。《釋文》音紀宜反，〔註54〕與杜注同。鄭注從杜讀，而義有所不同。鄭謂「奇拜者，謂一拜也」，皆以不耦義讀「奇」音。然杜謂「奇拜」爲「雅拜」，鄭謂「一拜」。〔註55〕兩者所指名雖異而義實同，皆指「一拜」，而杜注謂「雅拜」，則補充古時「一拜」屬「雅拜」而已，謂其類別，有如《論語・述而》「子所雅言，《詩》、《書》、執《禮》，皆雅言也」之「雅言」，〔註56〕孔安國注和邢昺疏皆謂「雅言，正言也」，〔註57〕則知「雅」是指「言」的性質。鄭注謂「一拜」，從其實際行拜禮之情況而言，杜注則以此拜爲當時雅拜之性質相同而言。

2.〈春官宗伯・菙氏〉「掌共燋契，以待卜事。」〔註58〕杜注云：「燋讀爲細目燋之燋，或曰如薪樵之樵，謂所蒸灼龜之木也，故謂之樵。」〔註59〕

「燋」字有三讀。一爲精母宵部平聲，義爲引火之物，通「焦」；〔註60〕二爲從母宵部平聲，義爲憔悴，並通「憔」；〔註61〕三爲照母藥部入聲，義爲燒灼，並通「灼」。〔註62〕句中「燋」、「契」爲二物，前者用以燃火，後者用以灼龜。杜子春所言「燋讀爲細目燋之燋」者，所指是第一種讀法，故杜子

〔註49〕《周禮注疏》，《十三經注疏》整理本，卷二十五，頁785。
〔註50〕《王力古漢語字典》，頁181。
〔註51〕《王力古漢語字典》，頁181。
〔註52〕《王力古漢語字典》，頁181。
〔註53〕楊天宇：《周禮譯注》，頁363。
〔註54〕《經典釋文》，卷八，頁484。
〔註55〕《周禮注疏》，《十三經注疏》整理本，卷二十五，頁785。
〔註56〕何晏集解：邢昺疏：《論語注疏》，《十三經注疏》整理本（北京：北京大學出版社，2000年），卷七，頁101。
〔註57〕何晏集解：邢昺疏：《論語注疏》，《十三經注疏》整理本（北京：北京大學出版社，2000年），卷七，頁101。
〔註58〕《周禮注疏》，《十三經注疏》整理本，卷二十四，頁761。
〔註59〕《周禮注疏》，《十三經注疏》整理本，卷二十四，頁761。
〔註60〕《王力古漢語字典》，頁669～670。
〔註61〕《王力古漢語字典》，頁670。
〔註62〕《王力古漢語字典》，頁670。

春配詞以明「燋」之音義。晉灼云：「三輔謂憂愁面省瘦曰燋冥。」〔註63〕段玉裁謂此燋冥與細目焦之語略同，從而證之謂「細目燋，蓋漢人有此語，讀同焦」。〔註64〕《釋文》李音粗堯反，〔註65〕與「燋」音即消切，兩者同屬精母宵部平聲，「焦」與「燋」音同可通，可見杜注明多音多義字之例。

3. 〈春官宗伯・占夢〉「遂令始難歐疫」〔註66〕「杜子春儺讀爲難問之難，其字當作難。」〔註67〕

杜注「讀爲」一詞具有易字與擬音之用。此處後句爲「其字當作」，是杜氏以爲「儺」字爲誤，並以「難」字易之。如此，則前句「儺讀爲難問之難」者爲擬音之例，不然兩句之功能便會重覆。「難」字古有三讀，一讀泥母元部平聲；一讀泥母元部去聲；一讀泥母歌部平聲。〔註68〕此處「難」字解作「驅除疫鬼」，則讀泥母歌部平聲，與「儺」字同音。鄭玄謂「故書『難』或爲『儺』」〔註69〕者，則他本所載異文。竊以爲二字於此義可互通。「儺」爲古時驅除疫鬼的儀式，《論語・鄉黨》「鄉人儺，朝服而立於阼階」，孔安國注曰：「儺，驅逐疫鬼。」〔註70〕此處「難」雖可讀泥母元部去聲，作「災難」解，然方相氏負責此職，則該與驅除疫鬼之事有關，故鄭玄注亦從杜讀，鄭說是也。

二、擬字之讀音

1. 〈冬官考工記・總敍〉「燕之角，荊之幹，妢胡之笴，吳粵之金、錫，此材之美者也。」〔註71〕「杜子春云：『妢讀爲焚咸丘之焚，書或爲邠。妢胡，地名也。笴當爲笴，笴讀爲槀，謂箭槀。』」〔註72〕

杜注「讀爲」之功能甚多，擬字之讀音爲其一。此處杜注以二字讀音相同，故以「焚」字讀「妢」。按「焚」、「妢」二字古音同，皆讀奉母文部平聲，〔註73〕故杜注以同音之「焚」字讀，是也。此處杜注並非易「妢」字，而二

〔註63〕《漢書》，卷九十七，頁3955。
〔註64〕《周禮漢讀考》，《續修四庫全書》，卷三，頁38。
〔註65〕《經典釋文》，卷二，頁120。
〔註66〕《周禮注疏》，《十三經注疏》整理本，卷二十五，頁770。
〔註67〕《周禮注疏》，《十三經注疏》整理本，卷二十五，頁771。
〔註68〕《王力古漢語字典》，頁1612。
〔註69〕《周禮注疏》，《十三經注疏》整理本，卷二十五，頁771。
〔註70〕《論語注疏》，《十三經注疏》整理本，卷十，頁152。
〔註71〕《周禮注疏》，《十三經注疏》整理本，卷三十九，頁1243。
〔註72〕《周禮注疏》，《十三經注疏》整理本，卷三十九，頁1244。
〔註73〕說分別見於《王力古漢語字典》，頁189和頁659。

字於古書亦無通用之例。杜注謂「妢胡，地名也」，鄭注謂「妢胡，胡子之國，在楚旁」。學者對「妢胡」之確實地點各有異議，〔註74〕然其為古地實無疑問。「妢胡」為地名，故杜氏亦不會易其字為「焚」，故此為擬音之例明矣。古籍少見「妢」字，《說文》無載，故杜氏以一常用同音字讀之，且妢胡處楚國旁，相對中原而言，是蠻夷之國。〔註75〕當地語言與中原之語言有所不同，故「妢胡」之名或為位於中原之官以讀音記之，並無確實寫法。

2.〈夏官司馬‧大馭〉「掌馭玉路以祀。及犯軷，王自左馭，馭下祝，登，受轡，犯軷，遂驅之。」〔註76〕「杜子春云：『罰當為軷。軷讀為別異之別，謂祖道、軷軷、磔犬也。《詩》云：『載謀載惟，取蕭祭脂，取羝以軷。』《詩》家說曰：『將出祖道，犯軷之祭也。』〈聘禮〉曰：『乃舍軷，飲酒于其側。』《禮》家說亦謂道祭。』」〔註77〕

此處杜注先易「罰」字為「軷」，再為「軷」字擬其讀音為「別」。按杜氏易字，蓋因《周禮》有二本，一本作「罰」，一本作「軷」，鄭注云「故書『軷』作『罰』」，可知杜氏從今書不從故書。杜氏謂此為乘車出行時對路神的祭祀，其祭名為軷，《說文》與此義同。〔註78〕《周禮》一本作「罰」，蓋以音近之字易之，兩者上古同屬月部。〔註79〕「軷」為祭名，故無通用此義

〔註74〕 《左傳‧襄公二十八年》傳「齊侯、陳侯、蔡侯、北燕伯、杞伯、胡子、沈子、白狄朝于晉」，杜注云：「陳侯、蔡侯、胡子、沈子，楚屬也。」說見左丘明傳；杜預注；孔穎達正義：《春秋左傳正義》，《十三經注疏》整理本（北京：北京大學出版社，2000年），卷三十八，頁1232。《釋例‧土地名》云：「汝陰縣西北有胡城。」說見杜預：《春秋釋例》，《四庫全書》（上海：上海古籍出版社，1987年），卷七，頁15。孫詒讓案：「今安徽潁州府阜陽縣西北有故胡城，即此。」說見《周禮正義》，卷七十四，頁3119。又《釋例》附唐人盟會圖疏，云「胡在豫州郾城」，說見《春秋釋例》，《四庫全書》，卷七，頁64。孫詒讓案：「則在今河南許州郾城縣，與杜說異，未知孰是。」說見《周禮正義》，卷七十四，頁3119。

〔註75〕 竊按孫詒讓所引二說，對照戰國時期各國分布圖，不論是今安徽潁州府阜陽縣，或是今河南許州郾城縣，亦是楚國之地域範圍。古地位置參考譚其驤《中國歷史地圖集》（香港：三聯書店，1991～1992年）。

〔註76〕 《周禮注疏》，《十三經注疏》整理本，卷三十二，頁1003。

〔註77〕 《周禮注疏》，《十三經注疏》整理本，卷三十二，頁1003。

〔註78〕 《說文解字》云：「軷，出將有事於道，必先告其神，立壇四通，樹茅以依神為軷。既祭軷，轢於牲而行為範軷。」見許慎撰；徐鉉校定：《說文解字》（北京：中華書局，1963年），卷十四，頁302。

〔註79〕 「軷」字上古讀並母月部入聲，「罰」字讀奉母月部入聲。說見《王力古漢語字典》頁957和頁1392。可見二字韻部相通，而上古無輕唇音，故「罰」字

之字例，可知杜氏此處擬「軷」音爲「別」。「別」字有兩讀，一讀並母月部入聲，與「軷」字同。〔註80〕段玉裁謂：

> 故書作「罰」，杜據《詩》、《禮》改作「軷」，讀「軷」音如「別」，三字聲類同也。「讀如」今本作「讀爲」，誤。此字既定作「軷」矣，不當又易爲「別」也，故其下文稱《詩》、《禮》爲「軷」證。〔註81〕

段說是也。其謂「三字聲類同」，不是指字形的聲符，而是指三字上古同屬月部。段氏謂杜注「讀如」該爲「讀爲」者，竊據杜注中，以「讀如」作擬音功能者不多，其餘皆謂「讀爲」。倘段氏以爲今本爲誤，則今本於所有杜注以「讀爲」作擬音功能者皆爲誤，然杜注用「讀爲」處甚多，若全作擬音用者皆爲誤，並不合理。蓋杜氏「讀爲」之意甚廣，其「讀」之意不單指字之讀音，更指其怎樣「讀取」文意，故有易字之例作「讀爲」。後人於校勘古書時才對糾字誤、擬字音等有特定區分之用詞，杜時近古，尚無明例，故段氏謂杜注此處誤者，未必合理。蓋「軷」字於西漢時亦只見於古代典籍，罕見於當時，故杜氏擬「別」音以明之。

3. 〈春官宗伯·小史〉「掌邦國之志，奠繫世，辨昭穆。若有事，則詔王之忌諱。」〔註82〕「杜子春云：『帝當爲奠，奠讀爲定，書帝亦或爲奠。』」〔註83〕

杜注云「帝當爲奠」，則杜氏所據之本爲「帝」字。又云「書帝亦或爲奠」，即杜氏所見或本作「奠」字。可知杜氏所見二本，一作「帝」，一作「奠」，而杜氏易「帝」爲「奠」。杜氏必改「帝」爲「奠」者，蓋「奠繫世」之「奠」作動詞用，如前句「掌邦國之志」的「掌」和後句「辨昭穆」之「辨」。而「帝」於古書有二義，一爲「最高的天神，上帝」；一爲「君主的稱號，皇帝」。〔註84〕二義皆作名詞用。此處「帝繫世」解作「確定王室的族譜」，〔註85〕故杜氏必以「奠」易「帝」。蓋杜氏不以「定」易「帝」，徐養原云：「帝與定形聲俱不相近，故必轉爲奠，然後可讀爲定也。」〔註86〕徐說可供參考。竊以爲杜氏無意以「定」易「帝」，蓋杜注亦有易字之例，其易字或糾字誤，

於上古蓋讀重唇，即與並母同，故二字古音同。

〔註80〕 說分別見於《王力古漢語字典》，頁 69 和頁 1392。
〔註81〕 《周禮漢讀考》，《續修四庫全書》，卷四，頁 15（總頁 329）。
〔註82〕 《周禮注疏》，《十三經注疏》整理本，卷二十六，頁 821。
〔註83〕 《周禮注疏》，《十三經注疏》整理本，卷二十六，頁 821。
〔註84〕 說見《王力古漢語字典》，頁 263。
〔註85〕 呂友仁：《周禮譯注》（鄭州：中州古籍出版社，2004 年），頁 337。
〔註86〕 《周官故書考》，《續修四庫全書》，卷二，頁 12（總頁 134）。

不必理會易字和被易字間的形、聲關係，直接以「當為」論之則可。蓋杜氏讀「奠」為「定」者，為擬音之例也。「奠」字讀定母文部去聲，「定」字有兩讀，「制定」義則讀定母耕部去聲。〔註87〕二字聲母相同，主要元音亦十分相近，故古音亦近。「奠」字有「定」義，見《尚書・禹貢》「奠高山大川」。〔註88〕孔安國《傳》謂「奠」、「定」二字於「制定」義同，且音亦同，故杜氏以「定」讀「奠」者，蓋取「定」之音、義也。〔註89〕杜氏不直接以「定」字易「帝」，蓋「定」之字義較多，其中一義為「安定、平定」，〔註90〕安放於此句於義亦通。然杜注易「帝」為「奠」，並讀為「定」者，則指為「制定」義者甚為明顯。

第三節　釋義之例

據現存所輯杜注，其釋義皆釋字或詞，沒有釋句之例。杜氏釋義之例，甚少是純粹為經文釋義，多是於釋義前先有易字之例，然後再為所用之易字作訓釋。按其釋義情況，可大致分為三類。第一，釋其易字之例，一般是訓釋該字之義，及配合句中字詞來訓釋，以明其義，也使其易字之例添上理據，使之更具說服力。第二，引其他經典作據。杜注於釋義時，亦有引用經典作據之例，一般是以其他典籍中相同的字義作對照，以明其釋義。第三，釋古物時會與今物作對照。杜氏在釋義時，有以今物與《周禮》所載之物作對照，由於《周禮》所載之名物、制度，與漢時相距甚遠，時人不易明白。杜注以漢時物作比況，好讓讀者更易理解。以上各項，今舉例分析如下：

一、釋其易字之例

1. 〈秋官司寇・大司寇〉「凡邦之大事，使其屬躍。」〔註91〕「杜子春云：『避當為辟，謂辟除姦人也。』」〔註92〕

鄭玄謂「故書『躍』作『避』」，杜氏所據本為「避」字，與鄭注「避」、

〔註87〕說分別見於《王力古漢語字典》，頁184和頁219。
〔註88〕《尚書正義》，《十三經注疏》整理本，卷六，頁159。
〔註89〕另徐養原云：「奠讀為定者，奠本有定義，《大司徒》『奠地守』，注云『定地守』是也。以雙聲疊韻求之，亦俱可通，奠在霰韻，定在徑韻，古先韻與清青每相出入。《匠人》『凡行奠水』，鄭司農讀奠為停，停與定亦同音也。」說見《周官故書考》，《續修四庫全書》，卷二，頁12～13（總頁134～135）。
〔註90〕《王力古漢語字典》，頁219。
〔註91〕《周禮注疏》，《十三經注疏》整理本，卷三十四，頁1069。
〔註92〕《周禮注疏》，《十三經注疏》整理本，卷三十四，頁1069。

「辟」二本皆異。杜氏不從「避」字，以「辟」字易之。蓋二字之義不同，《說文》「避，回也」，〔註93〕「辟，法也」。〔註94〕「辟」字本亦有「躲避」之意，後此義則寫作「避」。〔註95〕孫詒讓謂「辟除爲辟法引申之義，其字當作辟；辟除而使人回避，其字當作避」。〔註96〕孫氏以爲二字於義亦通。竊按孫氏對二字之理解，「辟」字則具主動性，而「避」字則較被動。此文謂「使其屬躃」，即派遣部屬清道，禁止行人來往。杜氏易「避」爲「辟」，蓋因此文乃使部屬辟除行人，具主動性。以「避」解「使行人迴避」，文意雖通，然前文謂「凡邦之大事」，故該以比較強硬且主動的態度而行。若以「避」字解，便會是差使部屬使人回避，其義未免較爲迂迴。杜氏謂「辟除姦人也」，即辟除犯法的人，而所指犯法者，該指於此事阻塞道路的人。從杜氏對「辟」字之釋義，能明白其易「避」爲「辟」之由。

2.〈春官宗伯・眡瞭〉「鼖、愷獻，亦如之。」〔註97〕「杜子春讀『鼖』爲『憂慼』之慼，謂戒守鼓也。擊鼓聲疾數，故曰慼。」〔註98〕

「鼖」字四見於《周禮》，其義爲巡夜所擊之鼓。〔註99〕杜氏易「鼖」爲「慼」，其謂因擊鼓聲疾數，故曰慼。杜氏以「慼」字之音義易之，段玉裁謂「鼖是正字，無煩改易也」。〔註100〕王引之謂：

〈掌固〉「夜三鼖以號戒」，杜云「鼖讀爲造次之造，謂擊鼓行夜戒守也」。家大人曰：「造」、「慼」二字，古聲皆與鼖相近。〈考工記〉「不微至，無以爲慼速也」，鄭注曰「齊人有名疾爲慼者」，《釋文》「慼，徐劉將六反，李音促」，是「慼」聲近「鼖」而訓爲「疾」也。杜云鼖讀爲憂慼之，擊鼓聲疾數，故曰慼。聲則同於憂慼，義則取諸數疾，故又云「鼖讀爲造次之造」。造次，亦疾意也。〔註101〕

〔註93〕《說文解字》，卷二，頁41。
〔註94〕《說文解字》，卷九，頁187。
〔註95〕說見《王力古漢語字典》，頁1415。
〔註96〕《周禮正義》，卷六十六，頁2761。
〔註97〕《周禮注疏》，《十三經注疏》整理本，卷二十三，頁727。
〔註98〕《周禮注疏》，《十三經注疏》整理本，卷二十三，頁727。
〔註99〕《三禮辭典》，頁1288。另「鼖」字分別見於〈地官司徒・鼓人〉、〈夏官司馬・掌固〉、〈春官宗伯・眡瞭〉和〈春官宗伯・鎛師〉。
〔註100〕《周禮漢讀考》，《續修四庫全書》，卷三，頁31（總頁307）。
〔註101〕王引之：《經義述聞》（南京：江蘇古籍出版社，1985年），卷九，頁12（總頁212）。

王說是也，謂杜注「戚」字取「憂戚」之讀音，而取「疾」之義。「造次」者亦見於《論語・里仁》「君子無終食之間違仁，造次必於是，顛沛必於是」，馬融注謂「造次，急遽」。〔註102〕又《釋文》引鄭注「造次，倉卒也」。〔註103〕可證杜氏易「鼕」為「戚」、「造」，皆以其音義易之，亦因「鼕」字已不常用，故以音義皆同之字易之。可見，杜注以釋義解其易字之由。

3.〈地官司徒・胥〉「各掌其所治之政，執鞭度而巡其前，掌其坐作出入之禁令，襲其不正者。」〔註104〕「杜子春云：『當為襲，謂掩捕其不正者。』」〔註105〕

鄭注謂「故書『襲』為『習』」，杜氏所見本該與鄭同。杜子春以為「襲其不正者」句中的「襲」字不誤。徐養原謂「襲、習古字通，掩襲與重襲義雖異，而音則同，故亦通作習」。〔註106〕徐說謂二字音同，是也。「習」、「襲」二字同讀邪母緝部入聲，〔註107〕音同可通。杜氏易「習」為「襲」，蓋以「襲」義近而易之，其釋義謂「掩捕其不正者」，謂胥之職為管轄區內對流動販賣和不按時入市交易的禁令，掩捕那些不守禁令的人。〔註108〕「習」、「襲」二字雖音同可通，但「習」字無「掩捕」之義，而「襲」則有之，見《左傳・襄公二十三年》「齊侯襲莒」，杜預注謂「掩其不備曰襲」。〔註109〕杜子春謂「掩捕其不正者」，與此「掩其不備」義同。因胥之職為掩捕不守禁令的人，故其掩捕之行為必是在犯令者沒有備之下而行，故杜氏以「襲」字易之，其易字之由從釋義之處得以窺見。

二、引典籍為例作對照

1.〈天官冢宰・酒正〉「唯齊酒不貳，皆有器量。」〔註110〕「杜子春云：『齊酒不貳，謂五齊以祭不益也。其三酒，人所飲者，益也。《弟子職》曰：「周旋而貳，唯嗛之視。」』」〔註111〕

〔註102〕《論語注疏》，《十三經注疏》整理本，卷四，頁52。
〔註103〕《經典釋文》，卷六，頁339。
〔註104〕《周禮注疏》，《十三經注疏》整理本，卷十五，頁448。
〔註105〕《周禮注疏》，《十三經注疏》整理本，卷十五，頁448。
〔註106〕《周官故書考》，《續修四庫全書》，卷一，頁28（總頁127）。
〔註107〕說分別詳見《王力古漢語字典》頁967和頁1239。
〔註108〕呂友仁：《周禮譯注》，頁190。
〔註109〕《春秋左傳正義》，《十三經注疏》整理本，頁1132。
〔註110〕《周禮注疏》，《十三經注疏》整理本，卷五，頁146。
〔註111〕《周禮注疏》，《十三經注疏》整理本，卷五，頁146。

杜氏引〈弟子職〉文以釋「齊酒不貳」。「齊酒」是五種清濁不同之酒。〔註112〕古時祭祀，酒正需準備五齊、三酒。齊酒是未經過濾的濁酒，用於祭祀，乃尸所飲，主於尊神，講究質樸，所以不添；三酒則是人所飲，講究文飾，故有添酒三次、兩次、一次之差。〔註113〕故杜氏謂「五齊以祭不益也」。杜氏所引〈弟子職〉「三飯二斗，左執虛豆，右執挾匕，周還而貳，唯嗛之視」句，尹知章注：「貳謂再益。」〔註114〕孫詒讓謂《管子》此文「以益食爲貳，與此經益酒爲貳義同」，〔註115〕是也，故杜氏引《弟子職》文作對照，以釋「貳」爲「益」之義。

2.〈春官宗伯・菙氏〉「掌共燋契，以待卜事。」〔註116〕「杜子春云：『燋讀爲細目燋之燋，或曰如薪樵之樵，謂所熱灼龜之木也，故謂之樵。契謂契龜之鑿也。』《詩》云：『爰始爰謀，爰契我龜』。」〔註117〕

杜注引《詩》證其「契謂契龜之鑿」義。杜氏以爲「燋」與「契」爲二物，前者爲灼龜木，後者爲鑿龜之器，並引《詩經・大雅・緜》「爰始爰謀，爰契我龜」作證。毛傳謂「契，開也」。〔註118〕孫詒讓謂開、刻義近，即謂鑿之，杜意《詩》契龜亦爲鑿刻。〔註119〕鄭玄則不從杜說，謂「契」即《儀禮・士喪禮》之「楚焞」，以爲契是一端尖銳的荊木棍，用以燒灼龜甲。〔註120〕竊以爲杜、鄭二人所指之「契」各有不同。古時稱「契」之物有二，一爲鑿龜之刀具，一爲灼龜之本條。〔註121〕而《詩》與《周禮》所載之況不同，前者所指爲人有所謀，先將其謀刻於龜甲上再燒灼以卜之，後者如菙氏之職爲占筮前作準備，占筮的過程則爲占人之職，占筮的結果會由史官記錄在簡策上。蓋當時已無鑿刻於龜甲之事，杜氏以爲是契龜之鑿，乃使其說有根源。《周禮》所載之職實無明行於當朝，故杜、鄭二氏也

〔註112〕《三禮辭典》，頁262。
〔註113〕呂友仁：《周禮譯注》，頁67。
〔註114〕黎翔鳳撰；梁運華整理：《管子校注》（北京：中華書局，2004年），卷十九，頁1146～1147。
〔註115〕《周禮正義》，卷九，頁356。
〔註116〕《周禮注疏》，《十三經注疏》整理本，卷二十四，頁761。
〔註117〕《周禮注疏》，《十三經注疏》整理本，卷二十四，頁761。
〔註118〕毛亨傳；鄭玄箋；孔穎達疏：《毛詩正義》，《十三經注疏》整理本（北京：北京大學出版社，2000年），卷十六，頁1154。
〔註119〕《周禮正義》，卷四十八，頁1956。
〔註120〕呂友仁：《周禮譯注》，頁316。
〔註121〕說詳見《三禮辭典》，頁543～544。

是憑不同理由而臆測。而鄭說較可取，因下文「以明火爇燋，遂歃其焌契，以授卜師，遂役之」。《三禮辭典》謂「若非灼龜之楚焞，則不能言焌，知契與楚焞爲一物」，〔註 122〕此說是也，故可知杜氏所指爲以金所造的鑿龜之契，而鄭氏所指爲木造的灼龜之契。

3.〈春官宗伯・甸祝〉「掌四時之田表貉之祝號。」〔註123〕「杜子春讀貉爲『百爾所思』之『百』，書亦或爲『禡』。貉，兵災也。甸以講武治兵，故有兵祭。《詩》曰『是類是禡』，《爾雅》曰：『是類是禡，師祭也。』」〔註124〕

杜注引《詩・大雅・皇矣》「是類是禡，是致是附，四方以無侮」句，〔註125〕以及《爾雅・釋天》「是類是禡，師祭也」〔註126〕二處，以證「貉」爲兵祭義。段玉裁謂杜氏易「貉」爲「禡」，而訓其音義爲「百」。「貉」、「禡」、「百」三字，同在古音第五魚鐸部。〔註127〕「貉」可通「禡」，皆可解爲古代軍隊出征和駐紮時舉行的祭禮。〔註128〕鄭箋云「類也、禡也，師祭也」，〔註129〕與《爾雅》義同。杜注引二處，皆證「貉」即「禡」。「禡」是軍中之祭，祭祀始造軍法之神。其神或曰蚩尤，或曰黃帝。祭禡的目的在於鼓舞士氣，多獲禽獸。〔註130〕蓋因「貉」字義多，亦多見於其他典籍，故杜氏引《詩》及《爾雅》以證其說。

三、釋物時與今物作對照

1.〈春官宗伯・小宗伯〉「凡王之會同、軍旅、甸役之禱祠，肄儀爲位。」〔註131〕「杜子春讀『肄』當爲『肆』，『義』爲『儀』，謂若今時肆司徒府也。小宗伯主其位。」〔註132〕

此文謂凡是天子爲會同、軍旅、田役之事舉行祈禱和報謝神靈的祭祀，

〔註122〕《三禮辭典》，頁544。
〔註123〕《周禮注疏》，《十三經注疏》整理本，卷二十六，頁804。
〔註124〕《周禮注疏》，《十三經注疏》整理本，卷二十六，頁804～805。按賈疏、孫詒讓《周禮正義》皆作「貉，兵祭也。」
〔註125〕《毛詩正義》，《十三經注疏》整理本，卷十六，頁1216。
〔註126〕按「是類是禡」句，「類」字《爾雅》作「禷」。見郭璞注；邢昺疏：《爾雅注疏》，《十三經注疏》整理本（北京：北京大學出版社，2000年），卷六，頁200。
〔註127〕《周禮漢讀考》，《續修四庫全書》，卷三，頁48（總頁315）。
〔註128〕《王力古漢語字典》，頁1317。
〔註129〕《毛詩正義》，《十三經注疏》，卷十六，頁1216
〔註130〕呂友仁：《周禮譯注》，頁330。
〔註131〕《周禮注疏》，《十三經注疏》整理本，卷十九，頁587。
〔註132〕《周禮注疏》，《十三經注疏》整理本，卷十九，頁587。

要預先演習禮儀，小宗伯就負責安排預演中的神位和百官之位。〔註133〕杜氏以漢代之制度，謂「若今時肄司徒府」，與此文作對照。蓋西漢時亦有肄儀之事，《史記・淮南衡山列傳》「諸侯各以其國爲本，不當相坐。與諸侯王列侯會肄丞相諸侯議」。《集解》引徐廣曰：「詣都座就丞相共議也。」〔註134〕孔廣森言：「因肄儀會丞相府而議也。後哀帝定三公官，以丞相爲司徒，司徒府中有百官大朝會殿，故肄儀者就焉。」〔註135〕又《漢書・公孫劉田王楊蔡陳鄭傳》「長樂嘗使行事肄宗廟，還謂掾史曰：『我親面見受詔，副帝肄，栒侯御。』」服虔曰：「兼行天子事，先肄習威儀也」。〔註136〕孔廣森又謂杜注「援漢況周，容肄儀時亦宗伯攝王事」，〔註137〕其說是也。足見漢時亦有肄習威儀之事，與《周禮》所載事異而義近。杜注此言，使讀者更能體察文意。

2. 〈春官宗伯・典瑞〉「珍圭以徵守，以恤凶荒。」〔註138〕「杜子春云：『「珍」當爲「鎮」，書亦或爲「鎮」。以徵守者，以徵召守國諸侯，若今時徵郡守以竹使符也。鎮者，國之鎮，諸侯亦一國之鎮，故以鎮圭徵之也。凶荒則民有遠志，不安其土，故以鎮圭鎮安之。』」〔註139〕

此文言天子徵用郡守，用竹使符作據。古時天子征召諸侯，需以玉器作憑據。此文言「珍圭以徵守」，即天子以珍圭來征召諸侯。珍圭爲玉名，杜氏以爲珍圭即鎮圭。「鎮圭」見於〈春官宗伯・大宗伯〉「王執鎮圭」。蓋天子所執之圭，長尺二寸，上下刻四鎮之山，中間有必，必即繫帶，以便於持取。〔註140〕杜氏謂「以徵召守國諸侯，若今時徵郡守以竹使符也」，蓋於當時天子征召諸侯（按：西漢末年已無諸侯，此所指爲征召重要的官員），已無用玉器作據，而以竹使符作據。竹使符有載於《史記》、《漢書》。《史記・孝文本紀》「九月，初與郡國守相爲銅虎符、竹使符」。應劭曰：「竹使符皆以竹箭五枚，長五寸，鐫刻篆書，第一至第五。」張晏曰：「符以代古之珪璋，從簡易也。」〔註141〕則知漢時已

〔註133〕呂友仁：《周禮譯注》，頁256。
〔註134〕《史記》，卷一百一十八，頁3094。
〔註135〕孔廣森：《禮學卮言》，《續修四庫全書》影印清嘉慶𪩘軒孔氏所著書本（上海：上海古籍出版社，1995年），卷六，頁8。
〔註136〕《漢書》，卷六十六，頁2891～2892。
〔註137〕《禮學卮言》，卷六，頁8～9。
〔註138〕《周禮注疏》，《十三經注疏》整理本，卷二十，頁634。
〔註139〕《周禮注疏》，《十三經注疏》整理本，卷二十，頁634。
〔註140〕《三禮辭典》，頁1218。
〔註141〕《史記》，卷十，頁424。亦互見於《漢書・文帝紀》，卷四，頁118。

用銅虎符、竹使符以易玉器。此外，於《後漢書‧杜詩列傳》「舊制發兵，皆以虎符，其餘徵調，竹使而已」。〔註142〕可見杜氏言「若今時徵郡守以竹使符也」甚是。杜氏以漢時同作徵調憑據之「竹使符」，比況《周禮》之「珍圭」，使時人能明「珍圭」之義。

3.〈春官宗伯‧笙師〉「掌教龡竽、笙、塤、籥、簫、篪、篴、管，舂牘、應、雅，以教祴樂。」〔註143〕「杜子春讀篴爲蕩滌之滌，今時所吹五空竹篴。」〔註144〕

此注杜氏釋「篴」於當時之意。篴爲樂器，即「笛」，以竹爲之，五孔。〔註145〕杜氏明言爲「五空竹篴」，孫詒讓謂當時有不同孔量之篴。《說文》「笛，七空筩也，羌笛三孔」。〔註146〕另外，馬融《長笛賦》：

> 近世雙笛從羌起，羌人伐竹未及已。龍鳴水中不見己，截竹吹
> 之聲相似。剡其上孔通洞之，裁以當簻便易持。易京君明識音律，
> 故本四孔加以一，君明所加孔後出，是謂商聲五音畢。〔註147〕

徐養原謂當時對笛之孔數，或云四孔加一孔；或云五孔；或云七孔三孔；或云六孔、七孔。竊以爲當時笛之孔數，可大致分成五孔、七孔兩類。至於有四孔、六孔之說，蓋是只計笛身之孔數而已，而七孔之笛疑是篪之類。西漢時，笛之類別已比古時的數量、類別俱多，而各類笛子的明顯分別則在於其孔數，故杜氏以當時之「五空竹篴」比況古時之篴，使時人明笙師所掌教之篴爲何。

第三章　《周禮》杜子春注特點

第一節　杜注多不從故書異文

《周禮》流傳至漢代，有不同的版本。從鄭玄注中，不難發現其他版

〔註142〕該傳傳名爲〈郭杜孔張廉王蘇羊賈陸列傳〉，見范曄撰；李賢等注：《後漢書》（北京：中華書局，1965年），卷三十一，頁1097。
〔註143〕《周禮注疏》，《十三經注疏》整理本，卷二十四，頁737。
〔註144〕《周禮注疏》，《十三經注疏》整理本，卷二十四，頁737。
〔註145〕《三禮辭典》，頁1122。
〔註146〕《說文解字》，卷五，頁98。
〔註147〕徐氏引文無「羌人伐竹未及已」至「裁以當簻便易持」句，竊據《文選‧長笛賦》文增。「是謂商聲五音律」，「律」字據《文選‧長笛賦》改作「畢」。見蕭統編；李善注：《文選》上冊（香港：商務印書館，1960年），頁376。

本之異文。鄭玄所謂「故書」，並不是指先秦流傳下來，以篆書寫成的故書，而是比其所據之本更古者。〔註148〕此「故書」之本或與杜注所見本不同，又或此「故書」本即杜氏所據本。杜注中亦有載「故書」異文，故可知漢時所傳本或繁省不一。而現存輯錄的杜注大多都不從「故書」之字，只有少數從「故書」之例。對於不同版本的異文，杜氏亦有以「或為」表示，然而，杜氏一般亦會從異文中作出選擇，而其選擇亦多不從「故書」。今舉例如下：

杜注不從「故書」例：

鄭注所載故書異文	杜注之選擇
故書「鉤」為「拘」	拘讀為鉤
故書「縮」為「數」	數讀為縮
故書「玉」為「王」	王讀為玉
故書「廛」為「壇」	讀壇為廛
故書「域」為「邦」	邦當為域
故書「浥」為「攝」	當為浥
故書「爟」為「燋」	燋當為爟

杜注不從「故書」例，然以「或為」作備考：

鄭注所載故書異文	杜注不從故書，但存之以作備考
故書「位」為「涖」	涖當為位，書亦或為位
故書「奠」或為「帝」	帝讀為定，其字為奠，書亦或為奠
故書「祀」或作「禩」	讀禩為祀，書亦或為祀
故書「協」作「叶」	叶，協也，書亦或為協，或為汁

〔註148〕杜子春或鄭玄以前可能出現之《周禮》古本有四說。一為河間獻王所得之古文先秦舊書，又謂河間獻王得《周官》於李氏之說；二為漢朝廷「秘府」中曾有一部《周禮》，因秦始皇焚書而被隱藏，至漢「開獻書之路」而出於「山岩屋壁」，出而復入於漢王朝之「秘府」；三為魯恭王壞孔子宅得古文於壞壁之中；四為孔安國獻《周禮》之說。詳參楊天宇《周禮譯注》，頁5～9。學者對上述說法有不同意見，然從以上四說，可知早於杜子春以前，有《周禮》古本之機會甚大，故鄭玄得見《周禮》古本並不足怪。而且，在鄭玄以先，已有不少研究《周禮》者，當中或亦載有不同之版本。

杜注從「故書」例：

鄭注所載故書異文	杜注從故書例
故書「齎」爲「資」	齎讀爲資
故書「漆林」爲「桼林」	當爲桼林
故書「中」爲「得」	當爲得
故書「埶」或作「弋」	埶當爲弋
故書「畏」或作「威」	當爲威

　　綜觀杜注選取「故書」與「今書」之情況，杜氏皆多取「今書」而棄「故書」，其原因有二。一是文字之演變。蓋文字因字義之增多，往往創造新字而承擔本字的部分字義。至漢時，有部分後起字或仍在過渡階段，還未完全承擔本字的某一義，故杜注仍用本字而不用後起字。又或有些字的字義於當時已分化得十分清楚，故杜注從後起字而不從本字。二是文字的記錄。古時傳抄古籍，除了照着一簡本抄錄外，亦有一人誦讀，一人抄寫之況。因此，有以同音字假借之例出現。蓋一人在誦讀之時，一人即時抄寫，或未能即時想出該字，而改以同音字記錄，因此出現不同版本之異文。杜注或從「故書」，或從「今書」，並不是純粹以其版本而言，而是據文意、字義等作出選擇。雖然古時通用字多，幾乎同音字皆能作通假之用，但是，有些字只是同音，而義不同者，杜氏就未必取用。杜注除了擬音之例以外，一般都以同義字易字，以求字音、字義能準確對應。

第二節　以今字易古字

　　1. 〈天官冢宰・內饔〉「豕盲眡而交睫，腥。」〔註149〕「杜子春云：『盲眡當爲望視。』」〔註150〕

　　杜注云「盲眡（按：該爲眡）當爲望視」者，孫詒讓謂「其『眡』、『視』爲古今字」，〔註151〕是也。蓋「眡」與「視」爲古今文之關係，《說文》記「視」字之古文爲「眡」。〔註152〕《周禮》用「眡」字，不用「視」字，〔註153〕如

〔註149〕《周禮注疏》，《十三經注疏》整理本，卷四，頁109。
〔註150〕《周禮注疏》，《十三經注疏》整理本，卷四，頁110。
〔註151〕《周禮正義》，卷八，頁274。
〔註152〕《說文解字》，卷八，頁177。
〔註153〕「視」字只一見於〈春官宗伯・大宗伯〉「殷覜曰視」，然此「視」指畿外

〈天官冢宰・大宰〉「王眂治朝，則贊聽治」。鄭注云「王視之，則助王平斷」，〔註154〕則可知「眂」與「視」義同。蓋漢時已不用「眂」字，故杜注以今字「視」字易之。

　　2. 〈地官司徒・大司徒〉「五曰以儀辨等，則民不越。」〔註155〕「杜子春讀爲儀，謂九儀。」〔註156〕

　　故書「儀」或爲「義」，杜注不從故書讀「義」，而讀「儀」。此文謂「通過禮儀教民知道人有上下尊卑之分，這樣以來人民就不會舉止僭越」。〔註157〕可知此「義」解作「禮儀」。孫詒讓謂：「『義』、『儀』古今字」，又謂：

　　　　此「儀」或爲「義」者，故書自有作「儀」、作「義」兩本，全經威儀字甚多，故書不皆作「義」也。凡威儀字，古正作「義」，漢以後叚「儀度」之「儀」爲之。杜、鄭皆以今叚字讀古正字，取通俗也。〔註158〕

孫說是也。蓋「義」字該爲本字，古亦有以「義」解「威儀」義，如《左傳・莊公二十三年》「朝以正班爵之義，帥長幼之序」。〔註159〕王引之謂「義讀爲儀，正義曰：朝以正班爵之等義。等義，即等儀，孔讀得之，《周官・司士》云『正朝儀之位，辨其貴賤之等』，是也」。〔註160〕班爵謂不同等次，古時小國朝大國、在下者見在上者，皆須以禮示之，以作尊敬。此處謂以禮正國之威儀。《說文》「義」字亦謂「己之威儀也」。〔註161〕而此義後作「儀」。然古書中於此義或作「儀」，或作「義」，如《禮記・中庸》「禮儀三百，威儀三千」，〔註162〕則以「儀」表示。蓋此義早於漢以前已可混用，而至漢時，解作「威儀」之「儀」已取代「義」字，故杜注以今字讀古字，以「儀」讀「義」。

　　　　六服眾多諸侯或親自前來，或派卿前來探望也。說見呂友仁：《周禮譯注》，頁245。
〔註154〕《周禮注疏》，《十三經注疏》整理本，卷二，頁61。
〔註155〕《周禮注疏》，《十三經注疏》整理本，卷十，頁290。
〔註156〕《周禮注疏》，《十三經注疏》整理本，卷十，頁291。
〔註157〕呂友仁：《周禮譯注》，頁134。
〔註158〕《周禮正義》，卷十八，頁710。
〔註159〕《春秋左傳正義》，《十三經注疏》整理本，卷十，頁315。
〔註160〕《經義述聞》，卷十七，頁15（總頁404）。
〔註161〕《說文解字》，卷十二，頁267。
〔註162〕鄭玄注；孔穎達疏：《禮記正義》，《十三經注疏》整理本（北京：北京大學出版社，2000年），卷五十三，頁1699。

第四章 《周禮》杜子春注的價值

　　《周禮》杜子春注今雖不能見其全貌，但從現有輯佚資料中所得，其對於研究古籍亦頗有價值。其價值可分為四點，今分述如下：一為從杜注中能見古通用字之例；二為杜注對鄭玄注的影響；三為從杜注中能見漢時之注解體例已具一定規模；四為有助解釋其他古籍。

第一節　見古通用字之例

　　古人通用字之例多不勝數，幾乎同音字皆能假借通用，從杜注中亦能窺見。明白古通用字之情況，才能更準確讀懂古書，此為杜注價值之一。蓋杜注所載古通用字之例亦多，下文所引以通用字之聲符不同者為主。因聲符相同者，古時多亦通用，而聲符不同而通用者則較少，更能藉此得知古通用字例之價值。

　　1. 〈天官冢宰・小宰〉「六曰斂弛之聯事。」〔註163〕「杜子春弛讀為施。」〔註164〕

　　清人丁晏引〈遂人〉、〈遂大夫〉、〈土均〉注，並《毛傳》、《禮記・孔子閒居》引《詩》注，謂「弛」、「施」者古多通用。〔註165〕竊按「弛」、「施」二字聲旁皆從「也」，可通，且「弛」、「施」於古籍中皆有與「弛」互通之例。「弛」、「弛」皆作放鬆弓弦義，〔註166〕分別見於《說文》「弛，弓解也」，〔註167〕和《管子・戒》「弛弓脫釬而迎之」。〔註168〕此外，「施」字古通「弛」，《論語・微子》「君子不施其親」，《釋文》作「弛」字。〔註169〕另《禮記・坊記》「君子弛其親之過而敬其美」，鄭玄注謂「弛，猶棄忘也」。〔註170〕二字皆指「棄置」之義。「施」字本無此義，竊以為「棄置」義乃「弛」字之引申義，而因「施」字音近而假借為「棄置」義之「弛」。可見，杜注以「施」讀「弛」之據，亦見古通用字之例。

〔註163〕《周禮注疏》，《十三經注疏》整理本，卷三，頁67。
〔註164〕《周禮注疏》，《十三經注疏》整理本，卷三，頁67。
〔註165〕丁晏：《周禮釋注》，《續修四庫全書》影印清咸豐二年聊城海源閣刻六藝堂詩禮七編本（上海：上海古籍出版社，1995年），卷一，頁12。
〔註166〕說詳見《王力古漢語字典》，頁286～287。
〔註167〕《說文解字》，卷十二，頁270。
〔註168〕《管子校注》，卷十，頁513。
〔註169〕《論語注疏》，《十三經注疏》整理本，卷十八，頁290。
〔註170〕《禮記正義》，《十三經注疏》整理本，卷五十一，頁1645。

2. 〈冬官考工記・慌氏〉「湅帛，以欄爲，渥淳其帛，實諸澤器，淫之以蜃。」〔註171〕「杜子春云：『淫當爲湮，書亦或爲湛。』」〔註172〕

蓋杜氏所見最少該有二本，一本作「淫」，一本作「湛」。杜注易「淫」爲「湮」，又謂「湮」字或爲「湛」。按「湮」字音與「淫」、「湛」異，故不通。「湮」字讀泥母質部入聲，「淫」字讀喻母侵部平聲，「湛」爲多音字，其中一讀與「淫」字同，而「淫」、「湛」音同可通。〔註173〕王引之謂「湮即湛之譌也。湛、淫古字通，故子春讀淫爲湛」，〔註174〕並引《爾雅》「久雨謂之淫」和《論衡・明雩》「久雨爲湛」作據，王說是也。故從杜注能知曉古人運用通用字之情況，「淫」、「湛」兩字今音已完全不同，唯從古注才能知悉二字之關係。

3. 〈冬官考工記・輿人〉「以其隧之半爲之較崇。」〔註175〕「杜子春云：『當爲較。』」〔註176〕

鄭玄謂故書「較」作「榷」。《說文》「較」字作「較」，謂「車騎上曲銅也，从車爻聲」。〔註177〕另「榷」字則謂「水上橫木，所以渡者也。从木崔聲」。〔註178〕徐養原謂「榷」爲水上橫木，「較」爲車上橫木，意義亦相近，故「較」、「榷」古字通。又引《晉書・林邑傳》「韓戢估較太半」，〔註179〕謂「估較」即「榷酤」，爲「較」、「榷」通用之證。〔註180〕徐氏謂因二字義近而通，其據並不充足。因義近之字多，而並非所有義近之字都能互相通用，且其引《晉書》之例並不能明證「較」與「榷」的關係。即或「估較」與「榷酤」同，「較」與「榷」亦無必然相同的關係。竊究二字古音同屬見母藥部入聲，〔註181〕其音同可通。此證比起「較」、「榷」義近而古字通用之說，則更爲充分，可知杜氏以「較」易「榷」之由。

〔註171〕《周禮注疏》，《十三經注疏》整理本，卷四十，頁1310。

〔註172〕《周禮注疏》，《十三經注疏》整理本，卷四十，頁1310。

〔註173〕說分別詳見《王力古漢語字典》頁589、頁600和頁606。另「淫」、「湛」二字聲母爲喻四，據學者從中古音上推擬上古音，喻四聲母皆古歸定母。然《王力古漢語字典》未錄，故依昔爲喻四。

〔註174〕《經義述聞》，卷九，頁41（總頁226）。

〔註175〕《周禮注疏》，《十三經注疏》整理本，卷三十九，頁1269。

〔註176〕《周禮注疏》，《十三經注疏》整理本，卷三十九，頁1269。

〔註177〕《說文解字》，卷十四，頁301。

〔註178〕《說文解字》，卷六，頁124。

〔註179〕房玄齡等撰：《晉書》（北京：中華書局，1974年），頁2546。

〔註180〕《周官故書考》，《續修四庫全書》，卷四，頁7（總頁158）。

〔註181〕說分別詳見《王力古漢語字典》，頁510和頁1395。

第二節　對鄭玄注之影響

　　漢人杜子春《周禮》注為現存最早的《周禮》注解，後來為《周禮》作注者不少曾直接受學於杜氏，或先師受學於杜氏而再傳。鄭玄為研究三《禮》之大家，鄭注中亦存杜注例百多條，足見杜注之價值。學者曾據鄭注所引杜子春關於《周禮》的八十八條校勘材料，研究鄭玄對杜校所作的取捨，發現有鄭注從杜校之說、鄭注不從杜說而引之以備作參考等情況。〔註182〕蓋彼文只論《周禮》校勘之例，杜注大概可分成校勘和訓詁之例。鄭注有從杜說之例、不從杜說而備作參考之例。然鄭注不會直言「杜說是也」，其從杜說的情況或只引杜說，或根據杜說再加以補充，現表列如下：〔註183〕

鄭注從杜說，並加以補充

《周禮》原文	杜注	鄭注
《地官司徒・大司徒》「五比為閭，使之相受。」	授當為受，謂民移徙所到則受之，所去則出之。	玄謂受者，宅舍有故，相受寄託也。
《天官冢宰・庖人》「共喪紀之庶羞，賓客之禽獻。」	當為獻。	禽獻，獻禽於賓客。
《地官司徒・司市》「市之羣吏平肆展奠賈，上旌于思次。」	奠當為定	奠讀為定，整勑會者，使定物賈，防誑豫也。
《春官宗伯・大司樂》「播之以八音。」	藩當為播，讀如后稷播百穀之播。	播之言被也。
《春官宗伯・鎛師》「凡軍之夜三鼜，皆鼓之，守鼜亦如之。」	一夜三擊，備守鼜也。《春秋傳》所謂賓將趨者，音聲相似。	守鼜，備守鼓也。鼓之以鼖鼓。

鄭注不從杜說，然杜說於義亦通，故引之備作參考

《周禮》原文	杜注	鄭注
《天官冢宰・小宰》「掌建邦之宮刑，以治王宮之政令，凡宮之糾禁。」	宮，皆當為官。	玄謂宮刑，在王宮中者之刑。

〔註182〕詳見楊天宇〈杜子春對《周禮》今書的校勘及鄭玄對杜校的取捨〉，《傳統中國研究集刊（第五輯）》，（上海：上海人民出版社，2008年），頁247～257。此文列舉杜注校勘之例與鄭玄注之取捨，引例說明。

〔註183〕由於篇幅有限，表格只展示數例。關於鄭玄注對杜子春注的取捨，可參攷附錄《周禮》杜子春注、鄭玄注對照表〉。

《天官冢宰・女祝》「掌以時招、梗、禬、禳之事。」	讀梗爲更。	玄謂梗，禦未至也。
《地官司徒・大司徒》「五黨爲州，使之相賙。」	賙當爲糾，謂糾其惡。	賙者，謂禮物不備，相給足也。
《地官司徒・師氏》「掌國中失之事。」	當爲得，記君得失，若《春秋》是也。	中，中禮者也。
《地官司徒・質人》「壹其淳制」	淳當爲純，純謂幅廣，制謂匹長也，皆當中度量。	玄謂淳讀如「淳尸盥」之淳。

第三節　注解體例已具規模

　　古籍早在先秦時候已廣泛流傳，至漢時由於種種原因，如語言的發展、口耳相傳和傳抄的錯誤等，漢代人已經不能完全讀懂，於是有一些人專門爲這些古書做注解，像毛亨、孔安國、馬融、鄭玄等，都是著名的注解家。〔註184〕西漢注解家數量較少，如孔安國、杜子春等，東漢則數量大增。而東漢注家能見西漢或以前之注解，均比現在我們所見爲多。綜觀現輯杜注，其體例亦頗有系統。

　　杜注注釋有易字、擬音、釋義之例，這些例子上文皆已詳列，故此處不贅。杜注之體例亦有其系統，一般是先易字，再擬音，後釋義。如〈冬官考工記・鮑人〉「察其線，欲其藏也」。杜注云：「綜當爲糸旁泉，讀爲縼，謂縫革之縷。」〔註185〕便是典型的例子。在易字方面，蓋古書多用通假字，杜注則據文意，以最接近之字義易之。在擬音方面，由於當時未有反切之法，杜氏以直音法擬讀音，如〈冬官考工記・輈人〉「凡揉輈，欲其孫而無弧深」。杜子春云：「弧讀爲盡而不汙之汙。」〔註186〕是一例。至於釋義方面，一般釋字義、詞義，皆以「甲，乙也」的訓詁形式出現，亦有引其他典籍作據之例。

　　至於注解體例之標示，一般以「當爲」、「讀爲」爲主。「當爲」者，皆指易字之例，亦偶有以「當作」者爲易字之例。「讀爲」者，或爲易字之例，或爲擬音之例。段玉裁《周禮漢讀考》謂「讀爲」該爲「讀如」、「讀從」。然綜觀杜注只有一例爲「讀如」，其他皆作「讀爲」。〔註187〕蓋當時大抵只以「讀

〔註184〕王力：《古代漢語》（北京：中華書局，1999年，第3版），頁611。
〔註185〕《周禮注疏》，《十三經注疏》整理本，卷四十，頁1301。
〔註186〕《周禮注疏》，《十三經注疏》整理本，卷四十，頁1277。
〔註187〕「讀如」一例，僅見於〈春官宗伯・大司樂〉「播之以八音。」杜注云：「藩當爲播，讀如后稷播百穀之播。」見《周禮注疏》，《十三經注疏》整理本，

爲」標示，鄭注亦少見「讀如」之例，段氏謂「讀如」、「讀從」皆以後代注例論之。杜氏亦有以「或爲」、「或作」標示《周禮》不同版本之異文。由此可見，當時作注解之體例已大抵具規模，後代注家或把這些標示按類別而劃分得更仔細，然亦離不開此種形態。

第四節　有助解釋其他古籍

杜子春注亦有助解釋古代典籍，例如《史記・扁鵲倉公列傳》「齊王太后病，召臣意入診脈，曰：『風癉客脬，難於大小溲，溺赤。』」《索隱》謂「癉，病也，音亶。……言風癉之病客居在膀胱」。〔註188〕按《索隱》之義，「癉」爲疾病。《周禮・地官司徒・泉府》「斂市之不售貨之滯於民用者」，杜子春注謂「癉當爲滯」，〔註189〕「滯」有「久」義，如《國語・魯語上》「不腆先君之幣器，敢告滯積。」韋昭《注》「滯，久也」。〔註190〕以「滯」義理解「風癉客脬」爲「風久客脬」似乎更恰當。按《黃帝內經素問・生氣通天論篇第三》「故風者，百病之始也，清靜則肉腠閉拒，雖有大風苛毒，弗之能害，此因時之序也」，〔註191〕知古人以爲風乃病之源頭，對應上文「風癉客脬」，即風久居於膀胱，故致齊太后病。此爲以杜注解古籍之例，可見杜注之價值。

第五章　結　語

根據本文對《周禮》杜子春注之研究，可總結以下數點：

一、《周禮》於漢時有大量學者研究，其中杜子春爲現存可知最早的《周禮》注家。杜子春注今佚，但從不同的輯佚資料中能窺見一二，尤以鄭玄《注》所存最多。鄭玄注解《周禮》時，亦不時引用杜說，可見杜注之價值。

二、杜子春一如其他古文經學家，着重文字訓詁、考析名物。本文以易字、擬音、釋義三個角度分析杜子春的注解角度和方法。杜子春時已用「當爲」、「讀爲」、「或爲」等校勘用語作注，用法與後人稍有不同。「易字」之例

卷二十二，頁 686。
〔註188〕《史記》，卷一百零五，頁 2801。
〔註189〕《周禮注疏》，《十三經注疏》整理本，卷七，頁 228。
〔註190〕上海師範大學古籍整理組校點：《國語》（上海：上海古籍出版社，1978 年），卷五，頁 187。
〔註191〕田代華整理：《黃帝內經素問》（北京：人民衛生出版社，2005 年），頁 5

有糾字誤、明字義；「擬音」之例有明多音多義字、擬字音；「釋義」之例有釋其易字之由、徵引典籍為例作對照、與今物作對照等。由此可見，杜子春熟讀舊典，多能徵引文獻作考析，着重訓詁考證，鮮有義理發微。

三、《周禮》流傳版本甚多，而杜子春作注時多不從故書異文。然而，杜注不是一味只從今書，不從故書。從其選擇得知，可歸納出兩個原因，一是字義分化的過程中，杜注不貿然以後起字易本字；二是傳抄古籍時，後人或以同音字記之，杜注則用回本字，以求字之音義皆準。此外，杜注亦有以今字易古字，有些古字至漢時已經被另一字代替，時人已不常用本字，故杜子春以後起之同音同義字易之，俾便明白古書之義。

四、杜注雖然只有輯本，但從中亦能窺見其價值。從杜注中能見古通用字之例，對於了解先秦至漢代古籍有所裨益。此外，鄭玄以三《禮》注名家，在其《周禮》注中記載了不少杜子春注。即或鄭注未必全採納杜說，然亦存杜注在其中，杜注之價值可見一斑。此外，從杜注中能知悉西漢時的注解體例已具規模。

五、雖然現存杜注只有不足二百條，但從中亦能藉杜注解釋古代典籍的字、詞等，後人與典籍成書相距甚遠，或以今義釋古義，以致未能把握真意。仔細研究，杜注亦能助我們發現古籍詮釋不確之例，實有裨益。

參考書目

專書

1. 丁度等編：《宋刻集韻》，北京：中華書局，2005 年，第 2 版。

2. 丁晏：《周禮釋注》，《續修四庫全書》影印清咸豐二年聊城海源閣刻六藝堂詩禮七編本，上海：上海古籍出版社，1995 年。

3. 上海師範大學古籍整理組校點：《國語》，上海：上海古籍出版社，1978 年。

4. 公羊壽傳；何休解詁；徐彥疏：《春秋公羊傳注疏》，《十三經注疏》整理本，北京：北京大學出版社，2000 年。

5. 孔安國傳；賈公彥疏：《尚書正義》，《十三經注疏》整理本，北京：北京大學出版社，2000 年。

6. 毛亨傳，鄭玄箋，孔穎達疏：《毛詩正義》，《十三經注疏》整理本，北京：北京大學出版社，2000 年。

7. 孔廣森：《禮學卮言》，《續修四庫全書》影印清嘉慶顨軒孔氏所著書本，

上海：上海古籍出版社，1995 年。

8. 王力：《古代漢語》，北京：中華書局，1999 年，第 3 版。

9. 王力主編：《王力古漢語字典》，北京：中華書局，2000 年。

10. 王引之：《經義述聞》，南京：江蘇古籍出版社，1985 年。

11. 王夢鷗：《鄭注引述別本禮記考釋》，臺北：臺灣商務印書館，1969 年。

12. 王鍔：《三禮研究論著提要》，蘭州：甘肅教育出版社，2001 年。

13. 司馬遷撰；裴駰集解；司馬貞索隱；張守節正義：《史記》，北京：中華書局，1963 年。

14. 田代華整理：《黃帝內經素問》，北京：人民衛生出版社，2005 年。

15. 皮錫瑞：《經學通論》，北京：中華書局，1954 年。

16. 皮錫瑞著；周予同注釋：《經學歷史》，北京：中華書局，2008 年，第 2 版。

17. 何晏集解；邢昺疏：《論語注疏》，《十三經注疏》整理本，北京：北京大學出版社，2000 年。

18. 呂友仁：《周禮譯注》，鄭州：中州古籍出版社，2004 年。

19. 杜預：《春秋釋例》，《四庫全書》，上海：上海古籍出版社，1987 年。

20. 周何：《禮學概論》，臺北：三民書局，1998 年。

21. 房玄齡等撰：《晉書》，北京：中華書局，1974 年。

22. 林尹：《周禮今注今譯》，北京：書目文獻出版社，1985 年。

23. 段玉裁《周禮漢讀考》，《續修四庫全書》影印清嘉慶刻本，上海：上海古籍出版社，1995 年。

24. 胡玉縉：《許廎學林》，北京：中華書局，1958 年。

25. 范甯集解；楊士勛疏：《春秋穀梁傳注疏》，《十三經注疏》整理本，北京：北京大學出版社，2000 年。

26. 范曄撰；李賢等注：《後漢書》，北京：中華書局，1965 年。

27. 唐作藩：《上古音手冊》，南京：江蘇人民出版社，1982 年。

28. 唐作藩：《音韻學教程》，北京：北京大學出版社，2002 年，第 3 版。

29. 孫啓治、陳建華：《古佚書輯本目錄（附考證）》，北京：中華書局，1997 年。

30. 孫詒讓：《周禮正義》，北京：中華書局，2003 年。

31. 徐養原：《周官故書考》，《續修四庫全書》影印清光緒陸氏刻湖州叢書本，上海：上海古籍出版社，1995 年。

32. 班固著；顏師古注：《漢書》，北京：中華書局，1962 年。

33. 馬王堆漢墓帛書整理小組編：《戰國縱橫家書》，北京：文物出版社，1976 年。

34. 高明：《禮學新探》，香港：香港中文大學聯合書院中文系，1963 年。

35. 馬國翰：《玉函山房輯佚書》影印清同治十年（1872）濟南皇華館書局刊本，臺北：文海出版社，1967 年。

36. 許慎撰；徐鉉校定：《說文解字》，北京：中華書局，1963 年。

37. 陳廷敬：《三禮指要》，上海：商務印書館，1937 年。

38. 陸德明：《經典釋文》，上海：上海古籍出版社，1985 年。

39. 郭璞注；邢昺疏：《爾雅注疏》，《十三經注疏》整理本，北京：北京大學出版社，2000 年。

40. 楊天宇：《鄭玄三禮注研究》，天津：天津人民出版社，2007 年。

41. 楊家駱：《周禮注疏及補正》，臺北：世界書局，1963 年。

42. 劉善澤：《三注漢制疏證》，長沙：岳麓書社，1997 年。

43. 鄭玄注，賈公彥疏：《周禮注疏》，《十三經注疏》整理本，北京：北京大學出版社，2000 年。

44. 鄭玄注；孔穎達疏：《禮記正義》，《十三經注疏》整理本，北京：北京大學出版社，2000 年。

45. 黎翔鳳撰；梁運華整理：《管子校注》，北京：中華書局，2004 年。

46. 蕭統編；李善注：《文選》，香港：商務印書館，1960 年。

47. 錢玄、錢興奇：《三禮辭典》，南京：江蘇古籍出版社，1988 年。

48. 錢玄：《三禮通論》，南京：南京師範大學出版社，1996 年。

49. 聶崇義纂輯，丁鼎點校解說：《新定三禮圖》，北京：清華大學出版社，2006 年。

50. 魏徵、令狐德棻撰：《隋書》，北京：中華書局，1982 年。

51. 譚其驤：《中國歷史地圖集》，香港：三聯書店，1991～1992 年。

52. 裘錫圭：《文字學概要》，北京：商務印書館，1988 年。

53. 董同龢：《漢語音韻學》，臺北：文史哲出版社，1985 年，第 8 版。

期刊

1. 楊天宇〈杜子春對《周禮》今書的校勘及鄭玄對杜校的取捨〉，《傳統中國研究集刊：第五輯》，2008 年 12 月，頁 247～257。

附錄四：《周禮》杜子春注、鄭玄注對照表

此附錄爲杜子春注與鄭玄注對照表。本表先列相應的《周禮》原文，再列杜子春注內容並出處，繼而再列鄭玄《注》、《釋文》內容，藉以比較杜子春注與鄭玄注的關係。備註一欄將列鄭玄注對杜子春注取捨之傾向。

凡例

本表格所引《周禮》原文、鄭玄注內容，皆取北京大學出版社於 2000 年出版之《周禮注疏》、《十三經注疏》整理本。

本表格所引杜子春注內容，以馬國翰《玉函山房輯佚書》影印清同治十年（1872）濟南皇華館局書局刊本作輯錄，並據《周禮注疏》、《經典釋文》、《集韻》等作校正。

鄭玄注內容甚繁，本表格只引錄與杜子春注相關之部分，其餘皆以[……]省略。不適用者將以「X」表示。

備註部分，以甲、乙、丙、丁等作分類記號。「甲」爲「鄭說與杜說同」；「乙」爲「鄭說與杜說異」；「丙」爲「鄭玄沒有相應說法，只引杜說作參攷」；「丁」爲「鄭說部分同意杜說」。

編號	周禮篇名	周禮原文	杜子春注	杜注出處	鄭玄注	釋文注	備註
1	天官冢宰·小宰	掌建邦之宮刑，以治王宮之政令，凡宮之糾禁。	宮，皆當爲官。	鄭注	玄謂宮刑，在王宮中者之刑。	宮刑，鄭如字，干。杜作官。	乙
2	天官冢宰·小宰	六日斂弛之聯事。	弛讀爲施。 弛，尸氏反，劉本作施，音弛，杜作施。	鄭注 釋文	玄謂荒政弛力役，及國中貴者、賢者、服公事者、老者、疾者皆舍，不以力役之事。	弛，尸氏反。	丁
3	天官冢宰·小宰	四日聽稱責以傅別。	傅辨讀爲傅別。	鄭注	傅別，謂爲大手書於一札，中字別之。	X	甲
4	天官冢宰·小宰	六日廉辨。	廉辨或爲廉端。	鄭注	辨，辨然不疑惑也。	X	丙
5	天官冢宰·小宰	七事者。	當爲七事，書亦爲七事。	鄭注	七事，謂先四、如之者三也。	X	甲
6	天官冢宰·宮人	共喪紀之庶羞、賓客之禽獻。	當爲獻。	鄭注	禽獻，獻禽於賓客。獻，古文爲獸。	X	甲
7	天官冢宰·宮人	夏行腒鱐、膳膏臊；秋行犢麛、膳膏腥；冬行鱻羽、膳膏羶。	膏臊，大膏也。膏腥，豕膏也。鮮，魚也。羽，鴈也。膏羶，羊脂也。 臊，杜云大膏也。 腥，杜云豕膏。 鱻羽，杜云鮮	鄭注 釋文	玄謂膏腥，雞膏也。	臊，素刀反。杜云大膏也。腥，音星，杜云豕膏。鄭云：「鮮，魚也。」杜云羽，鴈也。杜云：「鮮羽，鴈也。」	乙

序號	出處	經文	杜子春注	注	鄭玄注	音注	類別
8	天官冢宰·內饔	豕盲眡而交睫，腥；	盲眡當為望視	鄭注	X	盲，亡兌反。眡，視二反，又普視。	丙
9	天官冢宰·甸師	祭祀，共蕭茅。	茜讀為蕭，蕭，香蒿也。	鄭注	玄謂《詩》所云「取蕭祭脂」。《郊特牲》云「蕭合黍稷，臭陽達於牆屋。故既薦然後焫蕭合羶薌」者，是蕭之謂也。	茜，所六反。	甲
10	天官冢宰·鱉人	祭祀，共廗、蚳，蚳以授醢人。	廗，蟻也。蚳，蟻子。《國語》曰：「蟲舍蚳蝝」	鄭注	X	X	丙
11	天官冢宰·鱉人	春獻鱉蜃	蝝，蟓也	《文選·東京賦》注	X	X	丙
12	天官冢宰·腊人	臑、胖，	讀胖為版，臑脀胖皆音胦灰脊肉。《禮記》以胖為半體。	鄭注 / 集韻 / 釋文	臑者魚之反覆。臑又詁臑，則是臑亦臑。大，二者同矣。胖宜為胖，胖肉大臠肉片也，析肉片也。	普半反，杜音版。	乙
13	天官冢宰·酒正	辨五齊之名，一曰泛齊，二曰醴齊，三曰盎齊，四曰緹齊，五曰沈齊。	讀齊皆為粢。又《禮器》曰：「緹酒之用，玄酒之尚。」	鄭注	玄謂齊者，每有祭祀，以度量節作之。	X	丙
14	天官冢宰·酒正	唯齊酒不貳，	齊酒不貳，謂五齊以祭不益也；其三酒，人所飲者，益也。〈弟子職〉曰：「周旋而貳，唯嗛之視。」	鄭注	X	X	丙

	《周禮》	引文	鄭注	出處		異文	音注	甲乙丙丁
15	天官冢宰·凌人	掌冰正，歲十有二月，令斬冰，三其凌。	讀掌冰為主冰也。政當為正，正謂夏正。三其凌，三倍其冰。	鄭注	〈豳·七月〉正義	凌，冰室也。釋度也。故書「正」為「政」。	X	乙
16	天官冢宰·凌人	䖉菹	讀䖉為卯	鄭注		X	䖉，音卯。北人音柳。	丙
17	天官冢宰·凌人	鷹鹽	鷹當為鶿	鄭注		故書鷹或為鶿。	X	丙
18	天官冢宰·舍	設楗柘再重。	讀為楗柘，楗柜謂行馬。	鄭注 / 〈齊風·敝笱〉正義 / 《文選·藉田賦》注		故書柘為柜。[……]玄謂行馬再重者，以周衛有外內列。	楗，步禮反。柜，步禮反。柜，戶故反。柜，音矩，下同，徐故反。	甲
19	天官冢宰·舍	棘門。	棘門或為材門。	鄭注		X	X	丙
20	天官冢宰·司會	以參互攷日成，	讀為參互。	鄭注		參互，謂司書之要貳，與職內之人，職歲之出。	X	甲
21	天官冢宰·職幣	皆辨其物而奠其祿，	祿當為錄，定其錄籍	鄭注		奠，定也。故書錄為祿樣。	X	丁

序	篇名	經文	杜子春注	鄭注			類
22	天官冢宰·司裘	諸侯則共熊侯、豹侯	虎當爲豹。	鄭注	王之大射：虎侯，王所自射也；熊侯，諸侯所射；豹侯，卿大夫以下所射。諸侯之大射：熊侯，諸侯所自射；豹侯，群臣所射。麋侯，君臣共射焉。故書「諸侯則共熊侯虎侯」。	X	丙
23	天官冢宰·內宰	使各有屬以作二事	當爲二，二事謂絲、枲之事。	鄭注	故書二爲三。	X	丙
24	天官冢宰·內宰	出其度、量、淳、制，祭之以陰禮。	讀敦爲純。純謂幅廣也。制謂匹長。	鄭注	故書淳爲敦。玄謂純制，〈天子巡守禮〉所云「制幣丈八尺，純四緎」與？	淳，劉諸允反，注皆同。純，徐音純。純，諸允反，下同。	乙
25	天官冢宰·九嬪	凡祭祀，贊玉齍，	王讀齍爲粢。	鄭注	玉齍，王敦。受黍稷器。	X	甲
26	天官冢宰·女祝	掌以時招、梗、檜、禳之事	讀梗爲更。	鄭注	玄謂梗，禦未至也。	梗，古猛反，徐依鄭音亢。	乙
27	天官冢宰·典婦功	以授嬪婦及內人女功之事齎	讀齎爲資	鄭注	事齎，謂以女功之事來取絲枲。	齎，音咨，本亦作資。	丙
28	天官冢宰·縫人	喪，縫棺飾焉，	當爲焉	鄭注	故書焉爲馬。	X	丙
29	天官冢宰·夏采	以乘車建綏復于四郊。	當爲緌，禮非是也	鄭注	故書緌爲綏。玄謂〈明堂位〉曰：「凡四代之服器，魯兼用之。」「有虞氏之旂，夏后氏之綏。」則旌旂所有足綏者，當作緌，字之誤也。	X	乙

序號	篇名	經文	注讀	出處	說解	音義	類
30	地官司徒·敍官	廛人	讀廛爲廛，說云「市中空地」。	鄭注	故書廛爲壇。玄謂廛，民居區域之稱。	慶，宜連反，徐長戰反。	丁
31	地官司徒·大司徒	以土會之灋辨五地之物生	讀壇爲壇。讀生爲性。	鄭注	X	X	丙
32	地官司徒·大司徒	五曰以儀辨等	義讀爲義，謂九儀。	鄭注	儀，謂君南面臣北面，父坐子伏之屬。玄謂書漏半爲漏半則象暑陰風偏而不和，是未得其所求。	X	乙
33	地官司徒·大司徒	以求地中	當爲求。	鄭注	故書求爲救。玄謂土圭而置土圭則景暑陰風偏而不和，是未得其所求。	X	甲
34	地官司徒·大司徒	九曰蕃樂	讀蕃樂爲播樂，謂閉藏樂器而不作。	鄭注	X	蕃，方袁反。	丙
34			蕃讀藏樂器而不作。	〈大雅·雲漢〉正義			
35	地官司徒·大司徒	五比爲閭，使之相授；	當爲受，謂民移徙所到則受之，所去則出之。	鄭注	故書受爲授。玄謂受者，宅舍有故，相受託也。	X	丁
36	地官司徒·大司徒	五黨爲州，使之相贐	贐當爲糾，謂糾其惡。	鄭注	贐者，謂禮物不備，相給足也。	X	乙
37	地官司徒·小司徒	乃分地域而辨其守，	邦當爲域	鄭注	分地域謂建邦國，造都鄙，制鄉遂也。故書域爲邦。	X	甲

編號	出處	經文	杜注	注類	注文	釋文／類別
38	地官司徒·鄉師	共芻稍。	秅當爲秅洰也。	鄭注／釋文	玄謂秅、〈土虞禮〉所謂「苴刌茅，長五寸，束之」者是也。	秅·子都反，一音子餘·子都反。或云：「束之」鄭將呂反。」　乙
39	地官司徒·鄉師	巡其前後之屯，謂前後屯也	讀爲在後曰殿也	鄭注	玄謂後屯，車徒異部也。今書多爲屯，從屯。	X　丁
40	地官司徒·鄉大夫	四曰和容，五曰興舞。	讀和容爲和頌，無讀爲舞。	鄭注	故書舞爲無。玄謂和載六德，容包六行也。	X　丙
41	地官司徒·族師	月吉，則屬民而讀邦法	當爲「正月吉」；書亦或爲「戒令改事月吉，則屬民而讀邦法。」	鄭注	月吉，每月朔日也。	X　丙
42	地官司徒·族師	春秋祭酺，亦如之。	當爲酺	鄭注	故書酺或爲步。酺者，爲人物烖害之神也。玄謂〈校人職〉又有冬祭馬步，則未知此世所云步與？人鬼之步與？蓋亦爲壇位如《雩祭》云。	X　丙
43	地官司徒·閭胥	凡春秋之祭祀、役政、喪紀之數，聚衆庶；既比，則讀灋	讀政爲征，壁爲既。	鄭注／釋文	故書「既」爲「壁」。	政役·如字，杜音征。　丙
44	地官司徒·閭胥	凡事，掌其比觵撻罰之事	當言觵撻罰之事	鄭注	觵撻者，失禮之罰。故書或言「觵撻罰」	X　乙
45	地官司徒·封人	設其楅衡	楅衡所以持牛，令不得觸人	鄭注／《文選·東京賦》注	玄謂楅設於鼻，衡設於角，如椒狀也。	X　乙

編號	篇名	經文	當為	出處	故書	音注	鑑別
46	地官司徒·牧人	凡外祭毀事，用尨可也。	瓬當為甌，龍當為尨。尨謂雜色不純，毀謂候禳毀除之屬。	鄭注	故書毀為瓬，尨作龍。	X	丙
47	地官司徒·載師	以宅田、土田、賈田任近郊之地，以官田、牛田、賞田、牧田任遠郊之地。	嵩當讀為崇，五十里為近郊，百里為遠郊	〈魯頌·駉〉正義	故書郊或為嵩。	X	丙
48	地官司徒·載師	唯其漆林之征二十而五。	當為桼林	鄭注	故書「漆林」為「桼林」。	X	丙
49	地官司徒·遺人	鄉里之委積，以恤民之艱阨；門關之委積，以養老孤；郊里之委積，以待賓客；野鄙之委積，以待羈旅；	謹阨當為艱阨，寄當為旅	鄭注	艱阨猶困乏也。[……]旅，過行寄止者。[……]故書「艱阨」作「謹阨」、「艱」作「笴」。	謹 謹，音艱，又音謹。	丁
50	地官司徒·師氏	掌國中失之事。	當為得，記君得失，若《春秋》是也。	鄭注 釋文	故書「中」為「得」。中禮者也。	鄭丁仲反，注「中」、「中禮者」同，杜音得。	乙
51	地官司徒·師氏	凡國之貴遊子弟學焉。	遊當為猶，言雖貴猶學焉。	鄭注	遊，無官司者。	X	乙
52	地官司徒·師氏	王舉則從。	當為與，謂王與會同興紀之事。	鄭注	舉猶行也。故書「舉」為「與」。	X	乙
53	地官司徒·司市	市之群吏平肆展成奠賈，	奠當為定。	鄭注	奠讀為定，整勑會者，使定物賈，防詔豫也。	奠，音定，又田見反。	甲

序號	篇名	經文	注文	出處	故書	音注	類別
54	地官司徒·司市	其柎刑者歸于士。	當爲柎。	鄭注	故書附爲柎。	柎，劉方符反，沈音附。	丙
55	地官司徒·質人	壹其淳制，	淳當爲純，純謂幅廣，制謂匹長也，皆當中度量。	鄭注	玄謂淳讀如「淳尸盥」之淳。	其淳，音淮，音純。淳尸，劉章純反，下同。	乙
56	地官司徒·廛人	總布	總當爲儳，謂無肆立持者之稅也。	鄭注 / 釋文	玄謂總讀如租稅之總。謂守斗斛銓衡者之稅也。	總，劉依杜音儳，鄭音穩，音讒。儳，音穩，音讒。	乙
57	地官司徒·胥	襲其不正者。	當爲襲，謂捕其不正者。	鄭注	故書襲爲習。	X	丙
58	地官司徒·肆長	斂其總布	總當爲儳。	鄭注	X	X	丙
59	地官司徒·泉府	斂市之不售貨之滯於民用者，	滯當爲癉。	鄭注	故書「滯」爲「癉」。	癉，音旦，又丁左反。	丙
60	地官司徒·掌節	以英蕩輔之。	蕩當爲帑，謂以函器盛此節。或曰：英蕩，畫函。	鄭注	X	蕩，如字，又吐黨反，帑，音奴。	丙
61	地官司徒·遂人	以興鋤利甿，	讀鋤爲助，佐助。	鄭注	X	鋤，音助，李音又音鉏。	丙
62	地官司徒·里宰	以歲時合耦于鋤，	鋤讀爲助，謂相佐助也。	鄭注	玄謂鋤者，里宰治處也，若今街彈之室。於此合耦，使相佐助，因放而爲名。	X	丁
63	地官司徒·委人	以甸聚待頒賜。	當爲羈。	鄭注	故書羈作奇	X	丙
64	地官司徒·草人	騂剛用牛，	挈讀爲騂，謂地色赤而土剛強也。	鄭注	故書騂爲挈	X	丙

序號	篇目	經文	當為受	出處	說明	音	類
65	地官司徒·掌葛	以權度受之，		鄭注	以知輕重長短也。故書受或書授。	X	丙
66	春官宗伯·敍官	敍師	讀敍為「眛萲箸」之眛。	鄭注	玄謂讀如眛萲餡之眛。	眛，戚莫拜反，劉、李音眜。眜音眛，莫戒反，又音眜。	甲
67	春官宗伯·大宗伯	以吉禮事邦國之鬼神示，	書為告禮者，非是。當為告禮，書亦多為告禮。	鄭注	故書受或為「告」。告，吉禮之別十有二。	X	甲
68	春官宗伯·小宗伯	大肆，以秬鬯渳，	讀「湢」為「泯」，以秬鬯渳尸	鄭注	玄謂大肆，始陳尸，伸之。	湢，亡畀反，杜音泯，亡忍反，李忍反。	丙
69	春官宗伯·小宗伯	卜葬兆，甫竁，亦如之；	讀「竁」為「穿」，皆謂葬穿壙也。	鄭注／釋文	今南陽名穿地為竁，聲如腐脆之脆。	竁，昌絹反，鄭大夫音昌銳反，脆，七歲反，舊作脃，或昌汭反，清劣反，字書無此字，舊倉沒反，但有隴字，音平劣反，今注本或有作隴音者，則與劉鄆音為協。	甲
70	春官宗伯·小宗伯	肄義為位。	讀「肄」當為「肄」，「義」為「儀」，謂若今時肄司徒府也。小宗伯主其位也。	鄭注	肄，習也。故書「肄」為「肄」，「義」為「儀」。	肄，以志反，習也；沈音四，李似二反。	丁
71	春官宗伯·肆師	及其祈珥。	讀幾當為祈，珥當為餌。	鄭注	故書「祈」為「幾」。玄謂「幾」讀「進幾」之幾，「珥」當為「餌」，「機餌」者，變禮之餌也。	珥，而志反，注餌同。	乙

序號	篇章	經文	杜子春注	出處	鄭玄注	釋文	甲乙
72	春官宗伯·肆師	凡師甸用牲于社宗，則為位。	沱當為位，書亦或為位，宗謂宗廟。	鄭注	宗，遷主也。《尚書傳》曰：「王升舟入水，鼓鐘亞，觀臺亞，將舟亞，宗廟亞。」故書「位」為「沱」。	X	甲
73	春官宗伯·鬯人	祭門用瓢齎，	讀齎為柔。瓢，謂瓢蠡也。	鄭注 釋文	故書「瓢」作「剽」。玄謂讀齎為齊，取甘瓠，割去柢，以齊為尊。	齎，音齊，在兮反，杜音資。	乙
74	春官宗伯·鬯人	凡山川四方用蜃，	讀當為蜃，蜃，水中蜃也。	鄭注	故書「蜃」或為「祳」，書蜃蜃形。	X	甲
75	春官宗伯·尊彝	其朝賤用兩大尊，	賤當為踐。	鄭注	朝踐，謂薦血腥、酌醴，始行祭事。故書踐作餕。	X	甲
76	春官宗伯·司尊彝	醴齊縮酌，	「數」當為「縮」。讀「齊」為「粢」	鄭注	故書「縮」為「數」玄謂〈禮運〉曰：「玄酒在室，醴醆在戶。」「……」〈郊特牲〉曰：「醆酒涚于清、汁獻。」明酌也。醴酒涚于明酌，餀明清與醆酒涚于舊澤之酒也。	數，音朔，下同。為薦，子兮反。	甲
77	春官宗伯·典瑞	珍圭以徵守，以卹凶荒。	「珍」當為「鎮」，書亦或為「鎮」。以徵守者，以徵召守國諸侯，若今時徵郡守以竹使符也。鎮者、國之鎮，諸侯亦一國之鎮，故以鎮圭徵之也。凶荒則民有遠志，不安其土，故以鎮圭安之	鄭注	玄謂珍主、王使之瑞節、制大小當與琬琰相依。王使人徵諸侯、憂凶荒之國、則授之、執以往、致王命焉、如今時使者持節矣。	X	甲

序號	篇章·職官	經文	當爲	出處	說明	音義	類
78	春官宗伯·內宗	掌宗廟之祭祀薦加豆籩，	當爲豆籩	鄭注	加爵之籩豆。故書爲邊豆。	N/A	乙
79	春官宗伯·大司樂	播之以八音。	藩當爲播，讀如后稷播種之播。	鄭注	播之言被也。故書播爲藩。	X	丙
80	春官宗伯·大胥	比樂官，	次比樂官也。	鄭注／釋文	比猶校也。	比，鄭如字，下同。杜眦志反。	乙
81	春官宗伯·瞽矇	諷誦詩、世奠繫，	奠讀爲定，其字爲奠，書亦或爲奠。世奠繫，謂帝繫，諸侯卿大夫世本之屬是也。小史主次序先王之世，昭穆之繫，述其德行。瞽矇主誦詩，并誦世繫，以戒勸人君也。故《國語》曰：「教之世，而爲之昭明德而廢幽昏焉，以休懼其動。」	鄭注	謂諷誦詩，主謂敿作樞謚時也。諷誦誦詩，以爲主論。世奠繫，謂書於瑟，猶鼓琴瑟，以誦其音，美之。雖不歌，猶鼓琴瑟，以播其音，美之。	奠，音定。	丁
82	春官宗伯·眡瞭	鼗、磬、柷、敔，亦如之。	讀「磬」爲「憂戚」之戚，謂戒守鼓戚。擊鼓戚聲疾數也。故曰戚。	鄭注／三禮圖	X	X	丙
83	春官宗伯第三·典同	凡聲，高聲帮，	讀「帮」爲「鏗鎗」之鏗。謂謂鍾形答高也。	鄭注／集讀	故書「帮」或作「眼」。玄謂高謂鍾大上，上大也；鍾大上則聲上藏，表然旋如裹。	帮，古本反，又苦耕反。眼，音銀。《字林》又苦耕反。鏗，苦耕反。	甲
84	春官宗伯·典同	微聲韽，	「韽」讀爲「闇不明」之闇。	鄭注	玄謂讀飛鉆任淫闇之闇，韽聲小不成也。	韽，劉音閻，又鄭於貪反，鄭於念反，戚於念反，李烏南反，烏南反。	甲

序號	篇名	經文	杜子春注	出處	鄭玄注	音讀	類
85	春官宗伯·典同	侈聲筰，	「筰」讀為「行倡喈喈」之喈	鄭注	玄謂侈俆則聲迫筰出去疾也。	筰，側百反。側百反。	甲
86	春官宗伯·典同	厚聲石。	石如磬石之聲	鄭注	鍾微薄則聲掉，鍾大厚則如石，叩之無聲。	X	甲
87	春官宗伯·磬師	擊編鍾。	讀編為編書之編	鄭注	鍾有不編、不編者鍾師擊之。	X	丙
88	春官宗伯·磬師	教縵樂、燕樂之鍾磬。	讀縵為怠慢之慢。	鄭注／釋文／集韻	玄謂縵讀為縵錦之縵，謂雜聲之和樂者也。《學記》曰：「不學操縵，不能安弦。」	縵，莫半反，杜音慢。慢。	丙
89	春官宗伯·鍾師	《王夏》、《肆夏》、《昭夏》、《納夏》、《章夏》、《齊夏》、《族夏》、《祴夏》、《驁夏》	內讀為納。祴讀為陔鼓之陔。王出入奏《王夏》，尸出入奏《肆夏》，牲出入奏《昭夏》，四方賓來奏《納夏》，臣有功奏《章夏》，夫人祭奏《齊夏》，族人侍奏《族夏》，客醉而出奏《祴夏》，公出入奏《驁夏》。《春秋傳》曰：「穆叔如晉，晉侯享之，金奏《肆夏》之三，不拜；工歌《文王》之三，又不拜；歌《鹿鳴》之三，三拜：曰：《三夏》，天子所以享元侯也，使臣不敢與聞。《肆夏》與文王、《鹿鳴》，俱稱三，謂其三章也。以此知《肆夏》	鄭注／〈小雅·大雅譜〉正義	故書「納」作「內」。玄謂納讀為《陔夏》言之，以《文王》、《鹿鳴》則《九夏》皆詩篇名，頌之族類也。此歌之大者載在樂章，樂崩亦從而亡，是以頌不能具。	納夏，本或作夏。納。	丙

				鄭注			X	丙
90	春官宗伯·笙師	掌教龡竽、笙、塤、籥、簫、箎、篴、管，	詩也。」《國語》曰：「金奏《肆夏》、《繁遏》、《渠》，天子所以享元侯。」《肆夏》、《繁遏》、《渠》，所謂《三夏》矣。呂叔玉云：《肆夏》、《繁遏》、《渠》皆《周頌》也。《肆夏》，《時邁》也。《繁遏》，《執競》也。《渠》，《思文》也。肆，遂也。《詩》云：肆于時夏，允王保之。繁，多也。遏，止也。言福祿止於周之多穰穰，降福簡簡，福祿來反。渠，大也。言天道之大也。《思文》后稷配天，王道之大也。故《國語》謂之曰「昭令德以合好也」。	鄭注	讀籥為蕩滌之滌，今時所吹五孔竹籥。	玄謂籥如笛，三空。	X	丙
91	春官宗伯·鎛師	凡軍之夜三鼜，皆鼓之，守鼜亦如之。		鄭注	一夜之三鼜，備守鼜也。《春秋傳》所謂賓將趨者，音聲相似。	守鼜，備守鼓也。鼓之以鼜鼓。	X	甲
92	春官宗伯·鞮鞻	掌土鼓豳籥。		鄭注	土鼓，以瓦為匡，以革為兩面，可擊也。	《明堂位》曰：「土鼓蕢桴、葦籥，伊耆氏之樂。」	X	丙

序號	篇章	經文	注者	注文一	注文二	釋文／分類
93	春官宗伯·籥章	國祭蜡，則龡《豳》頌，擊土鼓，以息老物。	鄭注	籥當為蜡。〈郊特牲〉曰：「天子大蜡八，伊耆氏始為蜡。歲十二月，而合聚萬物而索饗之也，蜡之祭也。主先嗇而祭司嗇也，黃衣黃冠而祭，息田夫也。既蜡而收，民息已。」	故書「蜡」為「䄍」。	丙
94	春官宗伯·典庸器	其屬而設筍虡，陳庸器。	鄭注	筍讀博選之選，橫者為筍，從者為鐻。	設筍虡，視瞭當以縣樂器焉。	鐻，音距，舊本作此字，今或作虡。／丙
95	春官宗伯·大卜	一曰《玉兆》，二曰《瓦兆》，三曰《原兆》。	鄭注	《玉兆》，帝顓頊之兆。《瓦兆》，帝堯之兆。《原兆》，有周之兆。	兆者，灼龜發於火，其形可占者。其象似玉瓦原之罅，是用名之焉。	X／丙
96	春官宗伯·大卜	一曰《連山》，二曰《歸藏》，三曰《周易》。	鄭注	《連山》，宓戲；《歸藏》，黃帝。	名曰連山，似山出內雲氣也；歸藏者，萬物莫不歸而藏於其中。	X／乙
97	春官宗伯·大卜	二曰《噅夢》	鄭注／釋文	噅讀為偉。奇偉之奇為偉。	玄謂噅讀如諸戎掎之掎，掎亦得也。亦言夢之所得人作焉。	噅，居綺反，注「掎」同，又紀宜反，杜其宜反。／乙
98	春官宗伯·龜人	東龜曰果屬	鄭注	讀果為贏。	X	果，魯火反。注贏同。／丙
99	春官宗伯·菙氏	掌共燋契	鄭注	燋讀為細目樵之樵，薪樵，故謂所蒸灼龜之木也，故謂之樵也。《詩》云：「爰契我龜」。	玄謂〈士喪禮〉曰：「楚焞置于燋，在龜東。」楚焞即契，所用灼龜也。燋謂炬，其存火。	譙，哉約反，李又哉堯反，一音哉益反。樵，在消反。／乙

序號	篇目	經文	注型	注文一	注文二	釋文（音）	類別
100	春官宗伯·菙氏	凡卜，以明火爇燋，遂龡其焌契，以授卜師，遂役之。	鄭注	明火，以陽燧取火於日。焌讀爲英俊之俊。書亦或爲俊。	玄謂焌讀如戈鐏之鐏，謂以契柱燋火而吹之也。	焌，音俊，又存悶反，又祖悶反，李祖悶反。	乙
101	春官宗伯·占人	凡卜簭既事，則繫幣以比其命，幣以比其命	鄭注	繫幣者，以帛書其占，繫之龜也。云謂卜簭之事，及兆於策，反兆史必書其命龜之事。神之幣而合藏焉。書禮，王與大夫盡并開金縢之書，乃得周公所自以爲功代武王之說，是命龜書。	X	X	丙
102	春官宗伯·占夢	二曰噩夢	鄭注	噩當爲驚愕之愕，謂驚愕而夢。	X	噩，五各反，「鄂」同。	丙
103	春官宗伯·占夢	乃舍萌于四方，以贈惡夢	鄭注	讀「萌」爲「明」，又云：「明」字當爲明。明謂夜空。明謂冥方，置四方。書亦或爲明。	萌，榮始生也。	萌，亡耕反。	乙
104	春官宗伯·占夢	遂令始難毆疫	鄭注 / 釋文	儺讀爲難同之難，《月令》：季春之月，命國難，九門磔攘，以畢春氣。仲秋之月，天子乃儺，命有司大儺，旁磔，出土牛，以送寒氣。季冬之月，命有司大儺，旁磔，出土牛，以送寒氣。	故書「難」或爲「儺」，玄謂執兵以有儺卻也。	難，威乃多反，劉依杜乃旦反，注以意求之，儺字亦同。	乙
105	春官宗伯·大祝	二曰造	鄭注	讀「竈」爲次之造，書亦或爲造，造祭於祖也。	故書「造」作「竈」。玄謂類造，加誠肅，求如志。	造，七報反，注下皆同。	丙
106	春官宗伯·大祝	三曰誥	鄭注	誥當爲告，書亦或爲告	X	X	丙

序號	出處	經文	杜子春注	注者	鄭玄注	釋文／集韻	類別
107	春官宗伯·大祝	一曰命祭	命祭，祭有所主命也。	鄭注	命祭者，《玉藻》曰「君若賜之食，而君客之，則命之祭，然後祭」是也。	X	甲
108	春官宗伯·大祝	五曰振祭，六曰擩祭	振祭、振讀之振。禮家讀為慎。擩讀為虞。丙內。	鄭注	玄謂振祭、擩祭本同，不食者既擩則祭之，食者既擩必振乃祭也。	X	丙
109	春官宗伯·大祝	四曰振動	振讀為振鐸之振。動讀為哀慟之慟。	鄭注 釋文	玄謂振動戰栗變動之拜。《書》曰「王動色變」。	振動、如字，李音。董，杜徒弄反，以兩手相擊，如鄭大夫之說，蓋古之遺法。	丙
110	春官宗伯·大祝	七曰奇拜	奇讀為奇偶之奇，謂先屈一膝，今雅拜是也。或云：奇拜謂屈一膝，持載拜。倚拜謂持節、身倚之以拜。	鄭注	一拜，答臣下拜。再拜拜，拜神與尸。	奇，紀宜反，注同。	丁
111	春官宗伯·大祝	凡大禋祀、肆享、祭示	防當為祈。	鄭注	故書「祈」為「防」。	肪、必庚反。	丙
112	春官宗伯·小祝	大喪，贊渳	當為湖，湖謂浴尸。	鄭注 集韻	故書「湖」為「攝」。	X	丙
113	春官宗伯·小祝	設熬，置銘；	熬謂重也。《檀弓》曰：「銘，明旌也。以死者為不可別，故以其旗識之，愛之斯錄之矣，敬之斯盡其道也。重，主道也。殷主綴重焉，周主徹重焉，奠以素器，以主人有哀素之心也。」	鄭注	玄謂熬者，棺既蓋，設於其旁，所以惑蚍蜉，使不食其肉也。《喪大紀》曰：「君四種八筐，大夫三種六筐，士二種四筐。」熬，煎穀也。加魚腊焉。《士喪禮》曰：「熬，黍稷各二筐，有魚腊，饌于西坫南。」又曰：「設熬，旁一筐，乃塗。」	熬、五羔反。為「取」，下「取」名，音銘，名」同。	乙

序號	篇名・經文		注文	字音	類
114	春官宗伯・小祝 及葬，設道齎之奠，分禱五祀。	鄭注	齎當爲粢。道中祭也。漢儀每街路輒祭。 玄謂齎猶送也。送道之奠，謂遣道輠祭也。	齎，音咨。	乙
115	春官宗伯・小祝 有寇戎之事，則保郊，祀于社。	鄭注	讀「禩」爲「祀」，書亦或爲「祀」。 故書「祀」或作「禩」。玄謂「祀」，保祀互文，郊社皆守而祀之。	禩，音祀。	甲
116	春官宗伯・喪祝 掌大喪勸防之事。	鄭注	防當爲披。 玄謂勸猶倡也。防謂執披。執披備傾戲。	披，彼寄反，同。	乙
117	春官宗伯・甸祝 掌四時之田表貉之祝號。	鄭注	讀貉爲「百爾所思」之貉，書亦或爲禡。貉兵祭也，甸以講武治兵，故有兵祭。《詩》曰「是類是禡」，《爾雅》曰：「是類是禡，師祭也。」 玄謂田者，習兵之禮，故亦禱氣，禱氣勢執之十百而多獲。	貉，莫駕反，注禡同。	丙
118	春官宗伯・甸祝 禂牲、禂馬，乃斂禽禂馬，	鄭注	禂，禱也。爲馬禱無疾，爲田禂多獲禽牲。《爾雅》云「既伯既禂」，《詩》馬祭也。伯既禂。伯既禂。 玄謂禂讀如伏誅之誅，今侏大字也。爲牲也。禂之故書爲馬祭，求肥健。	禂，音誅，一音禱。	乙
119	春官宗伯・司巫 國有大烖，則帥巫而造巫恒。	鄭注	司巫帥巫官之屬，會聚常處以待命也。 玄謂恒，久也。巫久者，先巫之故事，當按視所施爲。	X	甲
120	春官宗伯・司巫 祭祀，則共匰主及道布及蒩館。	鄭注	蒩讀爲鉏。匰，器名。主，謂木主也。鉏，鉏主也。道布，新布三尺也。蒩，藉也。書或爲蒩館，或爲席也。館，讀爲餽飽。或曰：布者，以席藉之。 玄謂道布者，爲神所設巾，（中霤禮）曰「以功布爲道布，屬于几」也。蒩之言藉也，祭食有當藉者，館所以承蒩，謂若今筐也。	蒩，子都反，鉏，子都反，下同。	乙

編號	經文	杜子春注		鄭玄注	校	類
121	春官宗伯·男巫	掌望祀望衍授號，以旁招以茅。	鄭注	玄謂衍讀為延，聲之誤也。望祀，謂有牲粢盛者。延，進也。謂但用幣帛致其神。	X	乙
122	春官宗伯·男巫	冬堂贈，無方無筭。	鄭注	故書贈為賭。玄謂「贈」為堂贈也。無方，四方為可也。無筭，道里無數，遠益善也。	賭，音曾。	丁
123	春官宗伯·男巫	春招弭，以除疾病。	鄭注	讀「弭」為「彌兵」之彌。	玄謂「弭」讀為「敉」，字之誤也。敉，安也，安凶禍之誤為「敉」反。	弭，與彌同，及下「敉」，皆亡氏反。	丙
124	春官宗伯·大史	與羣執事讀禮書而協事。	鄭注	叶，協也，書亦或為協，或為汁也。	叶，合也。合謂習讀所當共之事也。故書「協」作「叶」。	叶，音協	甲
125	春官宗伯·小史	奠繫世，	鄭注	帝當為奠，奠讀為定。奠讀亦或為奠。	故書「奠」為「帝」。玄謂「帝」王有事祈祭於其神。	奠，音定。	丙
126	春官宗伯·巾車	金路，鉤，樊纓九就，	鄭注	拘讀為鉤	鉤，鞶領之鉤也。故書「鉤」為「拘」。	X	甲
127	春官宗伯·巾車	木路，前樊鵠纓，	鄭注	鵠或為結	木路無龍勒，以淺黑飾革為樊，鵠色飾韋為纓。	鵠，戶篤反。	丙
128	春官宗伯·巾車	輦車，組輓，有翠，羽蓋。	鄭注	翠當為蕤，書亦或為耗。	有蕤，所以禦風塵。故書「蕤」為「耗」。	耗，氀，並音耗，或音毛。	甲
129	春官宗伯·巾車	大祭尾橐，疏飾；小服皆疏；	鄭注	讀「捐」為「沙」。	玄謂「疏」讀「捐」為「捐」。	捐，本又作肙，思如反。	丙

序號	篇目	經文	校語	注類	鄭注	音義	等第
130	春官宗伯·巾車	漢車，漢蔽，	「轍」讀為「華藻」之藻，直謂華藻也。	鄭注	故書「漢」作「轍」。玄謂「轍」讀為「華藻」之藻，直謂華藻也。玄謂漢，水草，蒼色，以蒼土堊車，以蒼繪為蔽也。	轍，音撤，又音會。藻：李一音倉會反。	甲
131	春官宗伯·巾車	駹車，萑蔽，然；髹，髹飾；	龍讀為駹，軟讀黍挽之黍，直謂髹漆也。	鄭注	故書「駹」作「龍」，「髹」作「軟」。玄謂駹車，邊側有漆飾也。	軟，音次。黍，音七。	甲
132	春官宗伯·巾車	毀折入齎于職幣；	齎讀為資，資謂財也。車毀折者，入財以償繕治之直。	鄭注	計所傷敗入其直。	齎，音咨。	甲
133	春官宗伯·巾車	歲時更續，共其幣車。	更當為續，讀當為新，續當為續、更受新、歸其故弊車也。	鄭注	故書「更續」為「受讀」。玄謂書受當為更，易其故，讀俱受新耳。更，易也。其舊，共其弊車。巾車既更續之，取其車材，共於車人，材或有中用之。	X	甲
134	春官宗伯·巾車	大祭祀，鳴鈴以應雞人。	當為鈴	鄭注	雞人主呼旦，鳴鈴以和之，聲且警眾。故書「鈴」或作「輪」。	輪，音零，音，劉音頒。	甲
135	春官宗伯·車僕	苹車之萃，	苹車當為軿車。卒字當為萃，書亦或為萃。	鄭注	苹猶屏也，所用對敵自蔽隱之車也。故書「苹」作「苯」。	萃，七內反。卒：主同。苯，薄田反，又薄田反。	乙
136	春官宗伯·司常	皆畫其象焉，	畫當為書	鄭注	玄謂書當為畫，畫雲氣也。異於在國，畫軍事之飾。	X	甲
137	春官宗伯·神仕	以繢國之凶荒、	繢，除也	鄭注	玄謂此「繢」讀如「潰離」之潰。	繢，胡對反，又戶外反。	丙

序號	篇章	《周禮》經文	杜子春注	出處	鄭玄注	音義	類
138	夏官司馬·敍官	司爟，下士二人，徒六人。	爝當爲爟，書亦或爲爟，爟爲私火。	鄭注	故書「爟」爲「爝」。玄謂爟讀如予若觀火之觀。今燕俗名湯熱爲爟，則爟亦謂熱火與？	司爟，古喚反。爝，子約反。李又音灼。	乙
139	夏官司馬·大司馬	公司馬執鐲。	公司馬，謂五人爲伍，伍之司馬也。	鄭注	伍長謂之公司馬者，雖卑同其號。	X	丙
140	夏官司馬·掌固	夜三鼜以號戒。	讀鼜爲造次之造，謂擊鼓行夜戒守也。《春秋傳》所謂「賓將趣」者與？造與趣音相近，故曰「終夕與燎」。	鄭注	玄謂鼜，擊鼜、謦守鼓也。三巡之間，又三擊鼜。	鼜，音戚。造，七報反，下同。	甲
141	夏官司馬·射人	以矢行告。	以失行告，告曰射事于王，王則執矢也。	鄭注	玄謂令去侯者，命負侯者去侯也。〈鄉射〉曰：「司馬命獲者執旌以負侯。」	X	乙
142	夏官司馬·服不氏	射則贊張侯，以旌居乏而待獲。	待當爲持，書亦或爲持。讀之之乏，持獲者所蔽。	鄭注 / 《文選·東京賦》注	玄謂待射者中舉旌以獲。	X	乙
143	夏官司馬·戎右	贊牛耳桃茢。	滅當爲烕。	鄭注	故書「茢」爲「滅」。茢，苕帚，所以掃不祥。	茢，音列，沈音例。	乙
144	夏官司馬·馭	及犯軷，	罰當爲軷，軷讀爲別異之別。謂祖道、轢軷祭脂。《詩》云：「載謀載惟，取羝祭軷」《詩》家說曰：「將出祖道，犯軷之祭也。」〈聘禮〉曰：「乃舍軷，飲酒于其側。」《禮》家說亦謂道祭。	鄭注	行山曰軷。《春秋傳》曰「跋涉山川」。故書「軷」作「罰」。	軷，蒲末反。注「跋涉」同。別，彼列反，下同。	丁

序號	職官	經文	鄭注		故書／玄謂	陸德明音義	評級
145	夏官司馬·大馭	及祭，酌僕，僕左執轡，右祭兩軹，祭軓，乃飲。	文當如此，「左」不當重，軹當作軹。軹非是。重軹言是。其或言軹，亦非是。軓當爲軌，軓當言軌，軹當讀車軓前，或讀軹軓爲兩軵之笄。	鄭注	故書軹爲軒，軓爲範。書亦或爲軒言。	軹，音犯。注軓雜。軒。劉音雞。同。	丙
146	夏官司馬·廋人	掌十有二閑之政教，以阜馬、佚特、教駣、攻駒及祭馬祖、	佚當爲逸。	鄭注	玄謂逸者，用之不使甚勞，安其血氣也。	佚，音逸。	甲
147	夏官司馬·職方氏	其利金錫竹箭	崙當爲崙。書亦或爲崙前。	鄭注	崙，條也。故書「前」爲「晉」。	X	甲
148	夏官司馬·職方氏	其浸頻湛	湛讀當爲人名湛之湛，湛或爲湛。	鄭注	湛，未聞。	湛，直減反，劉又音沈。李唐感反。	乙
149	夏官司馬·職方氏	其澤藪曰薆養	讀薆爲乂。	鄭注	X	薆，音乂。	丙
150	夏官司馬·訓方氏	誦四方之傳道。	傳當爲傅，書亦或爲傳。	鄭注	傳道，世世所傳說往古之事也。故書「傳」爲「傅」。	傳，直專反。注同。	甲
151	夏官司馬·形方氏	無有華離之地。	離當爲雜，書亦或爲雜。	鄭注	正之使不孤邪離絕。	X	乙
152	秋官司寇·敘官	條狼氏	條當爲滌，除也。	鄭注	玄謂滌，除也。	條，音滌，徒歷反。注同。	丁
153	秋官司寇·大司寇	凡邦之大事，使其屬躃。	避當爲躃，謂躃除姦人也。	鄭注	故書「躃」作「避」。玄謂躃，止行也。	避，本亦作躃，音畢。	乙

序號	篇目	經文	杜子春注	注別	鄭玄注	音義（釋文）	類別
154	秋官司寇·小司寇	以八辟麗邦瀵，附刑罰：	讀麗為羅。	鄭注	玄謂麗，附也。《易》曰：「日月麗乎天。」	X	乙
155	秋官司寇·朝士	縣邸憲刑貶。	笁當為祭。憲謂幡書以明之。	鄭注	故書「憲」為「慮」，「貶」為「笁」。玄謂慮，謀也。謂當圖謀，貶猶減也。謂減國用，為民困也。所貶視時為多少之法。	笁，彼驗反。	乙
156	秋官司寇·閩隸	掌子則取隸焉。	子當為祀。	鄭注	玄謂掌子者，王立世子，置立臣使掌其家事，而以閩隸役之。	X	乙
157	秋官司寇·薙氏	春始生而萌之，	薙當為萌，謂耕反其萌牙，書亦或為萌。	鄭注	故書「萌」作「薨」。玄謂萌之者，以茲其所生者，夷之以鈎鎌迅披芟之也，若今取茇矣。	薨，音萌。	甲
158	秋官司寇·翦氏	掌除蟲蠹	蠹當為蠹。	鄭注	故書「蠹」為「櫜」，穿食人器物者，蟲物，蟲魚亦是也。	櫜，丁古反。蠹，劉古毛反，本或作櫜，他各反。	甲
159	秋官司寇·蟈氏	以其煙被之，則凡水蟲無聲。	假令風從東方來，則於水東面為烟，令烟西行，被之水上。	鄭注	X	被，皮義反，注同。	丙
160	秋官司寇·壺涿氏	以炮土之鼓敺之，	讀炮為「苞有苦葉」之苞。	鄭注	故書「炮」作「泡」。玄謂瓦爐之炮，炮土之鼓，瓦鼓也。敷石投之，使驚去。	炮，步交反，注「泡」同。	乙
161	秋官司寇·壺涿氏	則以牡橭午貫象齒沈之，	梓當為橭。橭讀為枯。書或為樗。榆木名。書當為樗。五貫當為午貫。	鄭注	故書「橭」為「梓」，「午」為「五」。		丙
				釋文		橭，劉音沽、杜讀橭為枯，劉亦音枯。案：如杜義則音枯；山榆也。梓音子，本或作樗。	

	出處	引文	改字	鄭注	說明	類
162	冬官考工記·敘官	或通四方之珍異以資之，	齊當爲資。	鄭注	資、取也、操也。故書「資」作「齊」。玄謂此五材、金、木、皮、玉、土。	X	乙
163	冬官考工記第·敍官	妢胡之笴，	妢讀爲枌咸丘之枌。書或爲邠。妢胡，笴當爲簳，簳謂箭簳。	鄭注	妢胡、胡子之國。在楚旁，笴，矢榦也。《禹貢》荆州貢櫄榦栝柏及菌簵楛。故書「笴」爲「笱」。	妢，扶云反。笴，古老反。注作槀，「笴」爲「簳」同。	丙
164	冬官考工記·敍官	刮摩之工，玉、楖、雕、矢、磬。	雕或爲舟舟，非也。	鄭注	故書「雕」或「舟」。	X	丙
165	冬官考工記·輪人	十分寸之一謂之枚，	當爲「四尺之二十分寸之一」。	鄭注	故書「十」與上「二」合爲「廿」字。	X	丙
166	冬官考工記·輪人	弓長六尺，謂之庇軹，	秘當爲庇，謂覆幹也。	鄭注	庇，覆也。故書「庇」作「秘」。玄謂轂，轂末也。轂廣六尺六寸，兩轂并六寸，則兩軹之廣凡丈一尺六寸也。六尺六弓倍之，加部廣，凡丈二尺六寸。有字曲減，可覆軹，不及幹。	庇，方二反。	甲
167	冬官考工記·輿人	以其隆之半爲之較崇。	當爲較	鄭注	較，兩輢上出武者。兵車自較而下凡五尺五寸。故書「較」作「權」。	較，古學反。權，音角。	甲
168	冬官考工記·輿人	飾車欲侈。	當爲侈。	鄭注	故書「侈」作「移」。	X	乙

序號	篇目	《周禮》原文	杜子春注	注別	校記	釋文／音	類別
169	冬官考工記·輈人	凡揉輈，欲其孫而無弧深。	弧讀為盬而不汙之汙。	鄭注／釋文／集韻	玄謂弧，木弓也。凡弓引之中參、中參，深之極也。	孤，音胡，杜音烏。汗，李音烏，一音紆。	乙
170	冬官考工記·輈人	不伏其轅，必縊其牛。	偪當作伏牛。	鄭注	故書「偪」作「偪」。	偪，音逼。	乙
171	冬官考工記·輈人	終日馳騁，左不犍，	犍讀為蹇。輈和則馬不蹇也。	鄭注／釋文 引 杜子春 音蹇／集韻	書犍讀為券。玄謂桊字今倦字也，載任者在左，輈和利則久馳騁，尊者不罷倦。	犍，杜音蹇，鄭音倦。	乙
172	冬官考工記·鳧氏	兩欒謂之銑，	當為欒，書亦或為鸞。銑，鍾口兩角。	鄭注	故書「欒」作「樂」。	欒，本又作鸞，力端反。銑，先典反。	丙
173	冬官考工記·鳧氏	為遂，六分其厚：以其一為之深。	當作圜。	鄭注	故書「圜」或作「圍」。	X	丙
174	冬官考工記·栗氏	權之然後準之，	當為水。金器有孔者，水入孔中，則當重也。	鄭注	準，故書或作「水」。玄謂準擊平正之，又當齊其小大。	X	乙
175	冬官考工記·栗氏	其臀一寸，其實一豆；	當為臀。謂覆之其底深一寸也。	鄭注	故書「臀」作「唇」。	臀，徒門反，徐、劉徒恩反。	丙
176	冬官考工記·栗氏	凡鑄金之狀，	當為狀，謂鑄之形狀。	鄭注	故書「狀」作「壯」。	X	丙
177	冬官考工記·鮑人	察其綜，欲其藏也。	綜當為糸旁泉，讀為緅，謂縫革之縷。	鄭注	故書「綜」或作「緃」。	綜，思賤反，注緅同。	丙

序號	出處	引文	鄭玄改字		注文	釋文	甲乙丙
178	冬官考工記·㡛氏	淫之以蜃。	淫當為涅，書亦或為湼。	鄭注	玄謂涅，薄粉之，令帛白。	X	乙
179	冬官考工記·玉人	命圭七寸，謂之躬圭，伯守之。	當為七寸。	鄭注	故書或云「命圭五寸，謂之躬圭」。玄謂五寸者，璧文之闕亂存焉。	X	甲
180	冬官考工記·玉人	黃金勺，	當為勺，謂酒尊中勺也。	鄭注	勺，故書或作「約」。	X	丙
181	冬官考工記·玉人	以致稍餼。	當為餼。	鄭注	致稍餼，造賓客納稟食也。餼或作氣。	X	甲
182	冬官考工記·梓人	則必如將廢措，其匪色必似不鳴矣。	當為措。	鄭注	措猶頓也。故書「措」作「晉」。	廢措，七故反，同。晉，劉音錯，七洛反，又七故反。	甲
183	冬官考工記·匠人	置槷以縣，眠以景。	槷當為弋，讀為杙。	鄭注	故書「槷」或作「弋」，古文「弋」假借字。玄謂槷，古文臬，假借字，於所平之地中央，樹八尺之臬，以縣正之，眠之以其景，將以正四方也。《爾雅》曰：「在牆者謂之杙，在地者謂之臬。」	槷，魚列反，注臬同。弋，以職反，劉杙音子栗反。下杙同，劉杙音弋則反。	乙
184	冬官考工記·匠人	環涂七軌，	當為環。環涂，謂環城之道。	鄭注	故書「環」或作「轘」。	環，如字，劉戶串反。轘，戶關反。	丙
185	冬官考工記·匠人	凡任，索約大汲其版。	當為汲。	鄭注	故書「汲」作「沒」。玄謂汲，引也。	X	甲
186	冬官考工記·車人	其博三寸，	當為博。	鄭注	故書「博」或為「摶」。	摶，徒丸反。	丙

	《周禮》	杜子春注	鄭注	鄭玄注	音義	
187	冬官考工記·弓人	夫角之中，恆當弓之畏。	當為威。威謂弓淵央與淵淵相當。	鄭注	故書「畏」或作「威」。玄謂讀為「秦師入隈」之隈。	畏，烏回反，下同。	乙
188	冬官考工記·弓人	凡昵之類不能方。	檿讀為不義不昵之昵，或為刻。刻，黏也。	鄭注	故書「昵」或作「檵」。玄謂檵脂膏腫敗之腫也。	昵，女乙反，又音職。檿，音職。刻，女乙反。《爾雅》云：「膠也」。貼，音職，呂，沈云：「膏。敗也。」	甲
189	冬官考工記·弓人	利射侯與弋。	當為與	鄭注	故書「與」作「其」。	X	丙

後　記

　　研究中國經學並不容易，卷帙繁多，前人的註解亦多不勝數，單單是整理的工夫已耗費不少時間。研究《周禮》更不容易，其內容記載官制，相對枯燥，從中發掘研究題目更不容易。然而，經學作爲中國文化重要的一環，仍必須繼續傳承下去。

　　《周禮》在十三經中較少受到注視，除了因爲內容枯燥外，亦與《周禮》的流傳有關。自西漢以還，學者對《周禮》的眞僞問題有一番熱烈的討論。不少學者認爲《周禮》爲僞書，此亦較少學者研究《周禮》的原因，認爲它是僞書，沒有價值。然而，自西漢發現《周禮》，漢代賈逵、馬融、鄭玄等已爲其作注，唐代賈公彥撰有《周禮注疏》，清代阮元編纂《十三經注疏》亦有《周禮》一書，孫詒讓更撰作《周禮正義》，近代錢穆、徐復觀也曾對《周禮》作出研究。《周禮》能夠流傳，且在經學上有一定的地位，可知其價值。唐文治先生謂：「夫欲救世先救人，欲救人先救心，欲救心先讀經，欲讀經先知經之所以爲經。」

　　以《周禮》作研究對象，是機緣巧合下的決定。友人曾說笑，指我向難度挑戰。我倒沒有這種心態，起初只是蒐集資料，以求擬定題目，並無非研究《周禮》不可之心。及後，在爬梳整理資料的過程中，慢慢產生趣味。從事文獻研究的過程是孤獨的，但過程中增長學問是令人雀躍的。錢穆先生說過：「讀書只要有恆心，自能培養出興趣，自能養成爲習慣，從此可以提高人生境界。這是任何數量的金錢所買不到的。」今天的社會不怎麼重視人文學科，更遑論重視文獻研究。拙作得以出版，實有賴各方及出版人員的協助，竊不敢居功，只望在洋洋的學術領域中盡一分力。當中實有不足之處，還望得通人碩彥教正，不勝感激。

　　「滴水之恩，湧泉相報」，求學的道路縱然崎嶇，但幸獲各位恩師的耐心指導和關心，特於此致謝。感謝何師廣棪爲拙著寫序，並對學生多予肯定，何師在教學上的認眞實值後輩倣效。拙作《徐復觀〈周禮〉學研究》即爲何師指導的碩士畢論文；感謝鄧師國光一直提點和關愛學生，拓闊我在國學研究上的眼界，拙作亦獲鄧師指點，特此致謝；感謝潘師銘基在學習上的指導，又爲學生在工作上遇到的問題多給意見和勉勵。本文附錄三〈《周禮》杜子春注研究〉即爲潘師指導的學士畢業論文；感謝劉師衞林給予打開學術之門的鑰匙，讓我一步步開展研究的漫長路途；感謝花木蘭文化事業有限公司杜潔祥先生、許郁翎先生對拙作予以肯定，能夠出版成書，實屬難得。最後，感謝家人的支持，特別在過去半工讀的日子裡，對我多加體諒和包容，給予空間完成論文。

二零一九年五月三十一日於九龍寓所